中国旅游业普通高等教育应用型规划教材
广西高等院校精品课程教材

旅游市场营销

主　编　张念萍
副主编　田巧莉　谢　新　单妮娜

中国旅游出版社

项目策划：段向民
责任编辑：孙妍峰　段向民
责任印制：冯冬青
封面设计：何　杰

图书在版编目（CIP）数据

旅游市场营销 / 张念萍主编. -- 北京 : 中国旅游出版社, 2017.4（2018.7 重印）
中国旅游业普通高等教育应用型规划教材
ISBN 978-7-5032-5453-6

Ⅰ. ①旅… Ⅱ. ①张… Ⅲ. ①旅游市场－市场营销学－高等学校－教材 Ⅳ. ①F590.8

中国版本图书馆 CIP 数据核字（2015）第 268099 号

书　　名：旅游市场营销

作　　者：张念萍主编
出版发行：中国旅游出版社
（北京建国门内大街甲9号　邮编：100005）
http://www.cttp.net.cn　E-mail:cttp@mct.gov.cn
营销中心电话：010-85166503
排　　版：北京旅教文化传播有限公司
经　　销：全国各地新华书店
印　　刷：北京明恒达印务有限公司
版　　次：2017年4月第1版　2018年7月第2次印刷
开　　本：787毫米×1092毫米　1/16
印　　张：14
字　　数：332千
定　　价：39.80元
ISBN　978-7-5032-5453-6

前言

“旅游市场营销”是旅游管理类专业一门主干基础课。课程以旅游营销系统作为教学内容框架，将旅游活动（包括旅游者和旅游产业的活动）置于旅游营销系统中进行观察和分析，构建完整的旅游市场营销理论教学与实践体系。随着国内外旅游市场的快速发展，过去同质化、粗放式和单一式的旅游产品模式营销运作思维，早已难以满足当今消费者的需要。

旅游营销，不仅包含对旅游产品或服务的营销，也包括对各种旅游产品所依托存在的目的地的形象的营销。由于旅游产品具有综合性、无形性、生产与消费同步性等特点，旅游营销在主体、方式等方面都表现出不同于其他产品营销的某些属性。为了吸引消费者的目光，提高旅游产品的竞争力，为游客提供满意服务，世界各旅游目的地与旅游景区，正在走向主题化、品牌化的道路，互联网技术的应用更给旅游市场营销带来了天翻地覆的变化。

本教材基于“工作过程及任务导向”思维，适用于应用型高等院校的旅游管理、酒店管理等专业，突出应用型高校人才实操能力的培养，并引导、激发学生的创新与发展能力，提升学生可持续发展的潜力。教材具有深入浅出、简明扼要、系统性强的特点，以旅游管理知识系统与实践运用为教学内容框架，将旅游市场营销活动（包括旅游目的地与旅游企业和旅游产业的营销活动）置于旅游系统中进行学习、观察，并进行情景模拟和实操训练。各章节收集了大量案例，并总结、提炼了旅游市场调研与分析、旅游市场营销策划及旅游市场营销管理的运作流程。各章节间相互连接，具有承接关系，层次逻辑清楚、简明而实用，可操作性强。

全书共12章，各章内容既相互独立，又相互联系。其中，前言、第一章、第二章、第五章、第十二章由张念萍编写；第三章至第四章由谢新编写；

第六章至第九章由田巧莉、单妮娜合作编写；第十章、第十一章由谢新、单妮娜合作编写。在本教材的整个编写过程中，全书由张念萍统稿，谢新、田巧莉、单妮娜做了大量的核对和修正工作。

在教材编写过程中，中国旅游出版社对于教材体例设计、内容框架等给予了很大帮助，得到桂林旅游学院旅游休闲与管理学院全体教师的大力支持。本书是在本人主编，并在中国旅游出版社出版的《旅游市场营销实务》基础上改编而成，特别感谢中国旅游出版社段向民女士在本书编写过程中给予的极大关心！

本书在编写过程中，参考和借鉴了营销界、旅游界诸多同行和专家的成果。在此，一并致以深深的谢意！

受时间与编者水平所限，本书难免有不足之处。敬请专家和广大读者批评指正。

张念萍

2017年4月

于桂林

目录
CONTENTS

第一章

旅游市场营销的基本概念

本章导读

学习旅游市场营销，应先理解市场与市场营销的概念，并运用旅游市场营销概念解释旅游行业的营销现象。本章重点阐述旅游市场营销的含义、旅游市场营销的作用，以及旅游目的地与旅游企业营销管理任务。同时，通过旅游市场营销观念与市场营销理论的介绍，了解旅游市场与旅游市场营销理论研究和实践运用的内容体系。

【学习目标】

1. 了解市场与市场营销的基本含义。
2. 明确旅游市场与旅游市场营销的含义与特点。
3. 掌握旅游市场营销的主要作用和基本任务。

【导入案例】

出售快乐的地方——迪士尼乐园

上海迪士尼乐园于2016年6月16日正式开园，它是中国大陆第一个、亚洲第三个，世界第六个迪士尼主题公园。

迪士尼乐园是由美国沃尔特·迪士尼创立的。第一座迪士尼乐园于1955年7月17日在美国加州洛杉矶附近建成，开幕后大受欢迎，一时间国内外成千上万的游客涌向了迪士尼乐园。

迪士尼乐园千方百计让每位游客享受欢乐。即迪士尼乐园，地球上最快乐的地方

（Disneyland The Happiest Place）。为此，只要有与快乐紧密相关的题材都被迪士尼乐园大胆采用，在乐园里你不仅可以感受小木偶从木偶变成人的有趣过程，还可以乘坐可爱的小飞象飞上天空。园内米老鼠、唐老鸭、白雪公主、睡美人等充满魔力的梦幻人物无不令人惊喜，迪士尼乐园让快乐成为现实中的真正产品。

迄今为止，美国加利福尼亚州、佛罗里达州，法国巴黎，日本东京，中国香港和上海6处地方建有迪士尼乐园。迪士尼世界不仅是个游乐场，同时还是一个旅游中心，每一座迪士尼乐园都带动了当地旅游业和文化市场的繁荣与发展，都取得了巨大的、令人瞩目的成就。

案例分析：

1. 迪士尼乐园最吸引人的地方是什么？

2. 为什么说迪士尼乐园是个游乐场，同时又是一个旅游中心？

第一节　市场营销与旅游市场营销

“市场营销”一词是由英文“Marketing”一词翻译而来，其原意：一是指市场上的买卖活动；二是指一门学科。市场营销又称为市场营销学、市场学、市场行销或行销学。

一、市场与市场营销

（一）什么是市场

我国古代社会进入农业时期，社会生产力有了一定发展以后，先民们开始有了少量剩余产品可以交换，因而产生了原始市场。《周易·系辞》写道：“神农日中为市，致天下之民，聚天下之货，交易而退，各得其所。”司马光在《资治通鉴》中也说：“神农日中为市，致天下之民，聚天下之货，交易而退，此立市始。”北宋画家张择端的《清明上河图》生动地记录了中国12世纪汴京城内及近郊在清明时节繁忙集市的生活景象（见图1–1）。

研究市场营销，必须首先对市场有所了解。市场营销学研究的是市场营销活动，而市场营销又与市场密切相关。因此，人们对市场的定义，因人们对其认识的角度不同而有所不同。通常意义的市场是指买卖商品的场所，把货物的买主和卖主正式组织在一起进行交易的地方。如农贸市场、家具市场等。有时，则指商品行销的区域，如国内市场、国际市场、农村市场、城市市场等。在经济领域，市场是指在产品交换过程中所反映的各种经济行为和经济关系的总和。在市场上，产品的供应者（即企业）和产品的消费者（即顾客）以市场为纽带紧密地联系在一起。一方面，供应者通过市场销售自己的产品；另一方面，消费者通过市场取得自己的产品。市场的各种现象和各种行为都反映着他们之间的经济联系。这种通过市场交换所反映的关系，实质上是人与人之间的经济关系。

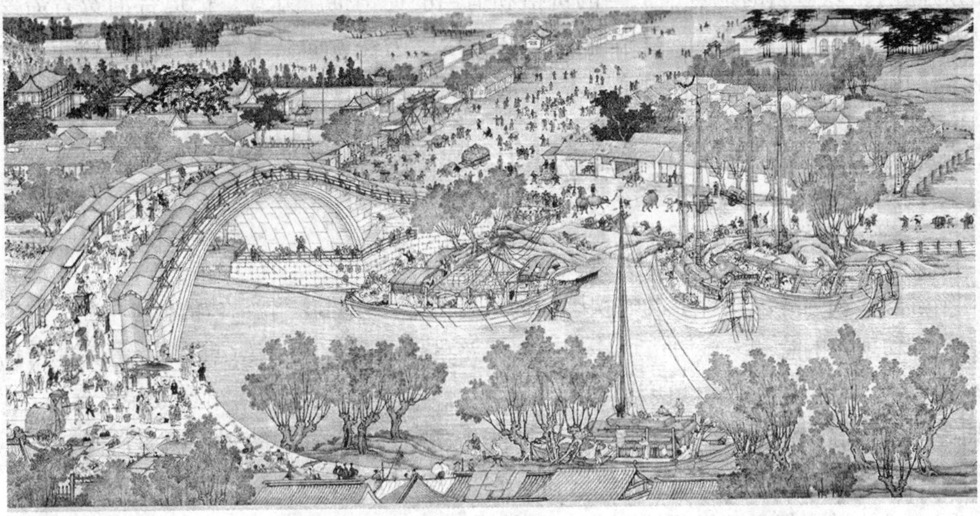

图 1-1 《清明上河图》虹桥局部（张择端，北宋画家）

市场营销理论认为，卖方构成产业，买方构成市场。即市场为在一定时期内，某一地区中存在的对产品具有支付能力的、现实的及潜在的购买者。现实购买者是指既有支付能力又有购买兴趣的人；潜在购买者是指可能具有支付能力和购买兴趣的人。

（二）市场营销的概念

市场营销是指企业以满足消费者的各种需要与欲望为目的，通过采取一系列营销活动，占领市场，扩大销售，实现预期利润目标的商务活动过程。

美国市场营销协会将市场营销定义为：市场营销是创造、沟通与传送价值给顾客，及经营顾客关系以便让组织与其利益关系人受益的一种组织功能与程序。营销大师菲利普·科特勒（Philip Kotler）给市场营销下的定义则强调了营销的价值导向：市场营销是个人和集体通过创造产品和价值，并同别人进行交换，以获得其所需所欲之物的一种社会和管理过程。

可见，市场营销是以消费者为中心，以消费者需求为出发点。市场营销活动包括市场调研、选择目标市场、产品或服务开发、市场开发、产品或服务定价、渠道选择、产品或服务推广、产品或服务销售等一系列与市场营销相关的业务经营活动。市场营销所针对的领域是产品或服务的交换与流通。首先，市场营销必须以顾客需求为出发点。在市场环境多变、消费需求也变化多端的情况下，企业应当及时地判断、发掘、刺激和适应市场需求，甚至创造市场需求，通过对消费者需求的满足与引导，使企业获取应有的利润。其次，市场营销由一系列相关的营销活动构成。企业营销活动要获取应有的营销效果，必须通过市场调研了解分析市场，进行目标市场选择，综合考虑各种市场营销影响因素，制定适合的营销策略，才能真正达到营销的目的。最后，通过满足顾客需求获取利润。市场营销的实质是在市场调研与分析的基础上，以消费者的需求为中心，在一定的时间内，以适当的地点、适当的价格和适当的促销推广方式，把适合消费者需要的产品和服务提供给消费者。一方面满足顾客需求，另一方面获取企业应得的利润。企业的产品同营销推广同顾客需求越相适应，企业获取利润的可能性越大。

二、旅游市场与旅游市场营销的含义

（一）旅游市场

旅游是人们为寻求精神上的愉快感受而进行的非定居性旅行和在游览过程中所发生的一切关系和现象的总和。旅游市场作为市场经济的组成部分，与传统意义上的其他市场并无本质区别。从市场营销学角度而言，旅游市场通常是指旅游需求市场或旅游客源市场，即某一特定旅游产品的经常购买者和潜在购买者。从经济学角度来讲，它是旅游产品供求双方交换关系的总和；从地理学角度来讲，它是旅游市场旅游经济活动的中心。

因此，旅游市场是旅游需求市场和旅游供给市场的总和，反映着国家之间、国家与旅游经营者之间、旅游经营者之间、旅游经营者与旅游消费者之间错综复杂的经济关系。旅游市场的形成和发展是这些关系协调发展的必然产物。随着旅游业的不断发展，旅游市场也呈现出一些新的特点：

1. 全球性与异地性

旅游市场的全球性是就国际旅游而言的。20 世纪 90 年代以来，随着世界经济一体化的进一步发展，国与国之间的往来越来越频繁，由此带动了政治、经济、文化、生活等方面的全球一体化进程。全球化极大地激发了国与国之间的商务往来，商务旅游热潮一浪高过一浪。同时，人们也更加渴望走出国门，了解其他国家与地区、其他民族的文化和风俗。

旅游市场的异地性是指旅游消费者（游客）进行旅游活动的时候，通常伴随着游客地理位置的变化。也就是说，旅游产品的产地（旅游目的地）与旅游消费者的定居地点一般不在同一个地域。

【知识链接 1–1】

欧洲加强旅游目的地促销

欧盟委员会提供资金，于 2006 年建立了一个网站——The European Tourist Destination Porta（“欧洲旅游目的地通道”），提供一些实用信息，如旅行计划（交通、天气、日程等），推荐旅游活动和旅游目的地，并实现与各个国家官方旅游网站的链接等。与此同时，欧洲很多城市和地区还主办各种文化活动（如欧洲文化之旅等）和体育活动，将其作为促销的重要手段。另外，欧盟委员会还将和成员国合作，通过“欧洲最佳旅游目的地奖”来奖励那些在促进旅游可持续发展方面取得成功的国家，并对其经验进行推广。

2. 波动性与多样性

旅游业以需求为主导，影响需求的因素多种多样，从而使旅游市场具有较强的波动性。任一因素的变化都会引起旅游市场的波动。国际国内政治局势、各种重大的社会活动、节假日、突发事件、汇率变化、物价升降、工资涨跌以及旅游消费者心态变化、气候的变化等，都是影响旅游需求的因素。例如，我国“十一”黄金周期间，大量游客出游，造就了“黄金周”旅游热潮。北京2008奥运会、上海2010世博会的举办，也让国内外游客趋之若鹜。

旅游市场的多样性表现在旅游产品种类、旅游购买形式、旅游交换关系的多样性上。

【知识链接1–2】

人质事件损坏菲律宾国家形象

2010年8月23日，曾荣膺菲律宾“十佳警察”称号的被辞退的警察门多萨，劫持了一辆包括21名中国香港游客在内的25人旅游大巴。全副武装的门多萨与警方的对抗造成了一场9死7伤（其中8人是香港游客）的惨剧。菲律宾人质劫持事件令该国的国际形象大为受损。24日，香港特区政府对菲律宾发出最高级别的黑色旅游警示，提醒居民不要前往该国。其后，不少国家和地区的游客也纷纷取消了赴菲律宾旅游的计划。

3. 竞争性与关联性

旅游市场的竞争性体现在旅游消费者对稀缺旅游资源的竞争，以及旅游经营者对旅游消费者的竞争。随着经济的发展，人们生活水平逐渐提高，闲暇时间的增多、经济条件的改善，决定了旅游产业有着良好的发展前景。正因如此，旅游市场不断出现新的进入者，他们开发出许多相同或不同种类的旅游产品，最终使旅游产品越来越多，旅游市场的竞争也越来越激烈。

旅游业同时又是一个关联性很强的产业。一个区域旅游市场的发展，往往需要多个旅游目的地与旅游企业共同营造良好的旅游环境，打造既相互竞争又相互支撑的旅游景区景点。此外，旅游行业与其他行业的相关度也很大。据世界旅游组织测算，旅游业收入每增加 1 元，可带动相关行业增收 4.3 元。因此，旅游市场的发展，能带动许多相关市场的迅速发展。

（二）旅游市场营销

旅游市场营销是指以旅游消费需求为导向，设计适当的旅游产品、服务和项目，协调各种旅游经济活动，从而提供有效产品和服务，使游客满意，使企业获取经济利益与社会效益的过程。具体还可以分为景区旅游营销、酒店旅游营销、旅行社旅游营销等。

旅游市场营销是一个动态过程，旅游目的地与旅游企业为了使旅游消费者满意，并实现自己的经营目标，必须采取包括旅游市场调研、目标旅游市场选择、旅游产品或服务开发、旅游市场开发、旅游产品或服务定价、旅游渠道选择、旅游产品或服务推广、旅游产品或服务销售等一系列与旅游市场相关的业务经营活动。

现代旅游市场营销具有成长性、创新性、服务性、信息性和脆弱性等特征。

1. 成长性

随着国内市场国际化及旅游经济全球化时代的到来，旅游业成为国民经济新的增长点。在我国，第三产业龙头的旅游行业有“朝阳产业”之称。

第二次世界大战以后，国际旅游业得以迅猛发展。从世界范围看，20 世纪 60 年代，旅游业的发展进入了第一个高潮。与此同时，市场营销被引进旅游业并得到普遍的应用。不少经营者开始重视学习市场营销理论，并采用其他行业的研究成果，对旅游目的地与旅游企业的组织结构进行调整。在经济较为发达的西方国家，多数拥有 150 间（套）以上客房的旅游饭店先后设置了营业部和营销部。

新中国成立以来，我国旅游业的发展经历了两个完全不同的阶段。1978 年以前，旅游目的地与旅游企业主要从事政府接待，旅游在国民经济结构中不构成一种产业。1978 年，经济体制开始改革，我国旅游业走向市场，得到了前所未有的大发展。

2. 创新性

创新是旅游市场营销永恒的主旋律。旅游目的地与旅游企业必须积极适应外界环境变化，通过不断创新来应对赖以生存和发展的环境。

随着经济的快速发展，人们的收入水平和消费水平同步上升，旅游消费需求也向高级阶段发展。旅游消费者已从原有的“观光式”旅游，如大众化的山水、名胜游等趋同消费，向个性化、参与性强的“体验式”旅游消费转变。消费个性化使得单一需求的大市场不复存在，无差异目标市场策略很可能劳而无功。旅游学界有一个共识，人均 GDP 为 1000 美元时，进入国内旅游需求增长期，旅游市场表现形态以观光旅游市场为主；人均 GDP 达到 2000 美元时，旅游市场向休闲旅游转化；人均 GDP 达到 3000 美元时，旅游市场向度假旅游升级；人均 GDP 达到 5000 美元时，开始进入成熟的度假经济时期。中国人均 GDP 已达 3000 美元，已从旅游资源大国成为旅游经济大国，正向旅游经济强国迈进，旅游市场发展彰显朝阳产业的无限潜力。

旅游市场营销创新并不仅仅是某种新功能的实施或某项新活动的执行，而是一个贯穿旅游目的地与旅游企业经营活动始终的全方位创新过程。这就要求旅游目的地与旅游企业不断创新旅游概念、创新旅游产品、创新旅游服务技术，以至于创新管理和制度等。

3. 服务性

旅游是人的一种活动，旅游服务就是为旅游消费者服务。旅游业属于服务行业，旅游业的竞争就是服务质量的竞争。要想长久地吸引游客，旅游目的地与旅游企业就必须在服务中真正做到“无微不至”，才能及时、准确地为客人提供更加优质、高效的服务。有优质的服务作保障，才能赢得游客的回头率。

【知识链接 1-3】

香格里拉经营理念 8 项指导原则

香格里拉饭店经营的理念包括五个核心价值：尊重备至、温良谦恭、真诚质朴、乐于助人、彬彬有礼。在此基础上，香格里拉提出了以下 8 项指导原则：

第一，将在所有关系中表现真诚与体贴。

第二，将在每次与顾客接触中尽可能多地为其提供服务。

第三，将保持服务的一致性。

第四，确保我们的服务过程能使顾客感到友好，员工感到轻松。

第五，希望每一位高层管理人员都尽可能地与顾客接触。

第六，确保决策点就在与顾客接触的现场。

第七，将为员工创造一个能使他们的个人、事业目标均得以实现的环境。

第八，客人的满意是事业的动力。

在旅游消费观念日益成熟的今天，游客在衡量一项旅游产品的价值时，已经用“值不值”的消费意识替代了以往传统的“贵不贵”的消费意识。许多旅游目的地与旅游企业经营者思考的焦点开始由“我们的企业”转移到“我们的客人”。“以优质产品作为争取和留住顾客”的理念，已不再是企业经营的法宝，越来越多的旅游目的地与旅游企业注重提升顾客的满意程度。服务所产生的品牌和企业口碑效应要远大于产品本身，同时它所带给顾客的满意或不满意程度也要远大于产品。现代旅游市场营销更加强调向顾客提供系统化的专业服务，特别是超过顾客期望的增值服务。

4. 信息性

在社会发展、技术进步的过程中，“地球村”正在形成，旅游市场营销面临着以全球化为背景的信息竞争。互联网、电视等传播的旅游信息促进了国内游、出境游、入境游的发展，也促进了企业走出国门，迈向国际市场。

旅游信息在旅游目的地与旅游企业营销活动中显得至关重要，是旅游目的地与旅游企业营销的命脉，营销部门则是旅游目的地与旅游企业的信息中心。

5. 脆弱性

快速变化的经营环境、日益复杂多样的顾客需求、爆炸式的信息泛滥，带来了旅游市场的竞争性，也导致了旅游市场营销竞争日趋激烈，表现为旅游产品“老化”速度特别快、旅游消费者容易见异思迁、营销业绩大起大落的“脆弱性”。

旅游目的地与旅游企业间的竞争使得各旅行社、宾馆、酒店的产品质量、服务质量不断提高，旅游消费者对导游、住宿、餐饮等产品和服务质量的期望也随之上升，游客变得更加挑剔。众多旅游目的地与旅游企业发现令旅游消费者满意越来越困难，但这往往不是旅游目的地与旅游企业降低了产品和服务质量标准，而是跟不上旅游消费者预期提高的步伐。今天的特色旅游线路有可能成为明天的大众化线路，今天的特殊服务有可能成为明天的标准化服务。模仿能力强、模仿速度快，使得企业原来想通过开拓新线路、新项目吸引游客的难度加大。旅游产品“老化”速度快使得旅游目的地与旅游企业的产品创新侧重于微小的变化和延伸，尽量将有新鲜感的产品尽快推向市场。面对见异思迁的旅游消费者，旅游目的地与旅游企业经营者只有了解旅游消费者的动机和愿望，采用营销理念指导经营，才有可能最低限度地减少失误。

三、旅游市场营销的作用及旅游营销管理任务

（一）旅游市场营销的三大作用

第一，旅游市场营销有助于旅游目的地与旅游企业了解市场需求，寻找市场机会。旅游市场营销要求旅游目的地与旅游企业经营者不断分析旅游消费者的各种需求，从市场需求和供给的差异中寻找市场；从对复杂人群不同需求的分析中，寻找旅游目的地与旅游企业经营的市场机会。

第二，旅游市场营销有助于旅游目的地与旅游企业区别游客需求，确定目标顾客。旅游消费者的需求会因时间、地点的不同而差异极大，旅游市场营销要求深入分析旅游消费者的需求状况，确定旅游目的地与旅游企业最适合的顾客，针对不同旅游消费者确定针对性强的营销对策，从而合理地调整旅游市场供求矛盾，使之保持相对的最佳经营状态。例如，旅游淡季时实行优质低价服务，拓展客源；旅游旺季时实行高质高价服务，获取利润最大化。

第三，旅游市场营销有助于满足游客需要，实现旅游目的地与旅游企业经营目标。企业经营的目的在于创造利润。但在当今社会中，单纯以创造利润为中心的经营方式早已不适应现代市场形势。旅游目的地与旅游企业应当树立“以旅游消费者为中心”的经营理念，更加注意旅游消费者的满意度，把创造利润的过程建立在满足旅游消费者的需求之上。

（二）旅游目的地与旅游企业市场营销管理 8 项任务

旅游市场营销活动十分广泛，旅游目的地与旅游企业从事市场营销活动的人员结构也十分复杂。因此，旅游目的地与旅游企业要想使每个营销人员及每项营销活动都能充分发挥其作用，就必须进行营销管理。

1. 旅游目的地与旅游企业营销管理

旅游目的地与旅游企业市场营销管理是指对旅游目的地与旅游企业经营项目和营销活动进行分析、计划、组织和控制，以满足旅游消费者需求，实现旅游目的地与旅游企业总体目标。由定义可以看出，旅游目的地与旅游企业市场营销管理主要包含以下两个方面的内容。第一，旅游目的地与旅游企业市场营销管理是一种包括分析、计划、执行和控制的过程。第二，旅游目的地与旅游企业市场营销管理的目的在满足旅游消费者需要，实现企业总体目标。

2. 旅游目的地与旅游企业市场营销管理的 8 项任务

美国营销学家菲利普·科特勒在其《市场营销管理》中，以实例方式区分出 8 种不同需求方式，又针对这 8 种不同需求方式确定了旅游市场营销管理的 8 项基本任务（见表 1–1）。这是我们第一次看到将人类需求与市场营销直接嫁接在一起的方式。将这些需求紧密地与市场营销连接起来，使市场营销管理者能够彻底认知到需求是如何对市场营销所起作用的。

表 1–1　市场需求类型与市场营销管理任务

需求类型	市场表现	市场营销管理任务
负需求	如果市场上的大部分人不喜欢这种产品，甚至宁愿花钱去避开此种产品，此产品市场就处于负需求状况	分析市场为何不喜欢此种产品，研究如何经由产品再设计、降低价格和正面促销的营销方案来改变市场的看法与态度
无需求	指目标消费者对产品不感兴趣或漠不关心	寻求某些把产品利益和人们的自然需求与兴趣结合起来的方法
潜在需求	许多消费者具有的那种不能由现有的任何产品来满足的强烈需求	估量潜在市场的大小和开发有效的产品和服务来满足其需要
下降需求	其中一种或多种产品需求的下降	分析市场衰退的原因，通过产品的创造性再营销，把需求下降扭转过来
不规则需求	因季节、节日甚至每个小时不同的需求变化，造成生产能力闲置或过度使用	同步市场营销，通过灵活定价、促销和其他激励因素来寻求改变需求时间模式
饱和需求	其营业额感到满意时，面临饱和需求	在面对消费者爱好改变和竞争日益加剧的情况下维持现在的需求水平
过度饱和需求	面临超过他们可能或愿望应付的需求水平	减缓营销，寻找暂时或永久地减少需求的方法
有害需求	有害的产品常引起有组织的力量去反对其消费，如烟、剧毒品、手枪、X级电影的禁售和反对多子女运动	使有害品嗜好者放弃它，而使用的手段是传播恐惧、提高价格和减少可以买到的机会

（1）扭转性营销。当发现旅游目的地与旅游企业产品面临负需求状态时，就应该采取扭转性营销。市场营销管理的任务是找出旅游消费者产生负需求的原因，加强对旅游消费者的引导，使旅游消费者对产品的态度由躲避扭转为喜欢。

（2）刺激性营销。旅游消费者无需求，表现为对旅游产品表现出不重视或不感兴趣的态度。此时，应采用刺激性营销。如创造特色旅游产品，纠正旅游消费者对产品的错误认识，使他们觉得旅游产品有价值，进而产生旅游消费。

（3）开发性营销。不少人对旅游具有心理上的需求，但并不真正购买，这种情况称为潜在需求。此时，旅游市场营销人员应该想方设法，开发潜在旅游消费者的购买欲望，进而转变为旅游消费行动。

（4）重振营销。当旅游消费者对某一旅游产品的需求不再强烈，如果不采取一定措施，将来还可能进一步下降。此时，必须采用重振营销策略。如发现需求下降是因竞争对手的增多而引起的，那么就可以通过降价竞争、开拓新市场等措施来重振需求，创造良好的需求水平。

（5）协调营销。有些旅游产品在市场上的需求不稳定，销售量时大时小，呈不规则状态，这种状态为波动性需求状态。这种状态下，旅游市场营销的任务是平稳需求，使需求与生产同步，造成需求时间与供给时间的协调配合，获得经济上的利益。例如，旅游目的地与旅游企业在淡季可以采用降价、折扣、奖励及包价等营销措施来鼓励旅游消费者使用旅游产品，尽可能地使需求与生产同步协调发展。

（6）维持营销。当旅游产品销售处于最高峰时，旅游目的地与旅游企业的设施得到了充分利用，产销配合，经营处于最佳状态，这种需求状态称为饱和性需求。此时，旅游市场营销主要任务在于维持适当的价格，以便不让其他竞争者加入，采取适当的推销力量，选择适当的销售渠道来维持最佳的现状，保证获得最大的经济收入。

（7）降低营销。过度饱和需求状态对旅游目的地与旅游企业来说就是出现产品供不应求的状态。这种需求状态往往造成旅游消费者需求得不到满足，这样就很可能使未来的需求遭到破坏，导致未来收益受到损失。所以，在这种情况下，应采取降低营销策略，通过减少销售渠道、转嫁旅游消费者、适当提价、减少广告宣传等措施来减少旅游消费者的需求，以达到降低需求的目的。

（8）反营销。有些旅游产品的市场需求，从消费者、供应者的立场来看，对社会有不良影响，这种旅游需求称为有害需求或不健康需求。反营销就是指旅游目的地与旅游企业不但要不提倡和不支持不健康需求而且要主动抵制和破坏不健康需求。如饭店禁止吸烟，不提供高度烈性酒；旅游目的地与旅游企业内部不提供色情服务项目等。

第二节 旅游市场营销观念

市场营销观念的变化发展来源于长期的经营实践，是经营者对经营实践的理性感悟。所以，各种营销理念的形成和演变，有其历史的必然性。它们都与一定的社会经济发展水平、市场上商品的供求和竞争等情况相联系、相适应，是在市场经济不断发展和市场营销实践经验不断积累的基础上逐步发展、演变的。其中，最重要的原因是市场环境。

现代旅游目的地与旅游企业与其他行业类型的企业一样，其市场营销观念可以归纳为五种，即生产观念、产品观念、推销观念、市场营销观念和社会营销观念。

一、生产观念

生产观念是指企业的一切经营活动以生产为中心，“以产定销”，即生产什么就买什么。这是早期生产力不发达时期普遍存在的营销观念。随着生产力的发展，生产观念演变为要以比竞争者效率更高的生产满足消费者需求的产品及服务。

生产观念强调的是以生产者为中心，任何经济活动都是围绕着生产进行的。第一，企业主要精力放在产品的生产上。追求高效率、大批量、低成本；产品品种单一，生命周期长。第二，企业对市场的关心，主要表现在关心市场上产品的有无和产品的多少，而不是市场上消费者的需求。第三，企业管理中以生产部门作为主要部门。

二、产品观念

产品观念是指企业不是通过市场分析开发相应的产品和品种，而是把提高质量、降低成本作为一切活动的中心，以此扩大销售、取得利润的经营指导思想。产品观念仍然以生产为中心，不注重市场需求，不注重产品销售，但注重生产数量和产品质量。提倡的是“酒香不怕巷子深”，这是生产观念的后期表现。

产品观念认为，消费者最喜欢高质量、多功能和具有某种特色的产品，企业应致力于生产高值产品，并不断加以改进。它产生于市场产品供不应求的“卖方市场”形势下。最容易滋生产品观念的场合莫过于当企业发明一项新产品时。此时，企业最容易导致“市场营销近视”，即不适当地把注意力放在产品上，而不是放在市场需要上，往往造成虽然产品质量优良，但是产品单一，缺乏包装和宣传，只看到自己的产品质量好，看不到市场需求在变化，致使企业经营陷入困境。

三、推销观念

推销观念（或称销售观念）产生于20世纪20年代末至50年代前，是为许多企业所采用的另一种观念，表现为“我卖什么，顾客就买什么”。推销观念认为，消费者通常表现出一种购买惰性或抗衡心理，企业必须积极推销和大力促销，以刺激消费者大量购买本企业产品。

推销观念在现代市场经济条件下，大量用于推销那些非渴求物品，即购买者一般不会想到要去购买的产品或服务。许多企业在产品过剩时，也常常奉行推销观念。其典型代表是“王婆卖瓜，自卖自夸”。

四、市场营销观念

前述3种营销理念都是以企业为中心，只考虑企业自身情况而不考虑消费需求，迫使消费者接受自己所不喜欢的产品，认为消费者应当围着企业转。市场营销观念是在买方市场形成后产生的。20世纪五六十年代，科学技术日新月异，世界经济发展进入了所谓的“黄金时代”，市场上商品供过于求的现象继续发展，市场竞争越来越激烈，消费者需求变化也越来越快，对产品喜新厌旧成为消费市场的特征，产品经济生命周期大大缩短，企业面临越来越严重的市场问题，市场形势对买方更为有利。其基本特征是“以销定产”，以消费者为导向，这种理念则完全颠倒了消费者与企业的关系，它的出现是经营理念的一次革命。它是企业进行经营决策、组织管理市场营销活动的基本指导思想。市场营销观念是指企业把满足消费者需求作为一切经营活动的中心，通过消费者的广泛购买和重复购买来扩大销售、增加利润的一种经营指导思想。

市场营销观念认为，实现组织诸目标的关键在于正确确定目标市场的需要与欲望，并比竞争对手更有效、更有利地传送目标市场所期望满足的东西。其主要特点是“以消费者需求为中心，以市场为出发点”，这一阶段“宾客至上”“顾客就是上帝”“客人永远是对的”等观念成为企业的座右铭，买方在市场上的中心地位进一步形成。

市场营销观念往往是首先分析消费者需要，确定目标市场，然后根据市场需要来进行产品设计开发、生产过程、促销和售后服务等整体营销活动，从而满足目标市场的需要。

五、社会营销观念

20世纪70年代以来，企业利益与社会利益冲突，如环境污染、误导消费者、提供不健康消费产品及资源浪费等问题，引起了各国政府的关注。世界各国消费者运动风起云涌，声势浩大。随着全球环境破坏、资源短缺、人口爆炸等问题日益严重，要求企业顾及消费者整体与长远利益即社会利益的呼声越来越高。市场营销学界提出了一系列的新观念。如人类观念、理智消费观念、生态准则观念。这些观念的共同点认为企业生产经营不仅要考虑消费者需要，而且要考虑消费者和整个社会的长远利益。宣传这些观念也被称为社会营销观念。社会营销观念要求企业确定目标市场的需要、欲望和利益，比竞争者更有效地使顾客满意，同时维护与增进消费者和社会福利。

社会营销观念指企业兼顾企业利益、消费者个人利益和社会整体利益而开展一切活动，在取得消费者信任和社会好评的基础上扩大销售、增加利润的经营指导思想。它要求企业在制定市场营销策略时，必须兼顾社会利益、消费者利益和企业利益，而且企业利益是建立在消费者利益和社会利益基础之上的。

企业经营的目的是赢利。一些企业为牟取不正当利益，往往置消费者利益、社会利益于不顾，因而引起了消费者和社会各界的强烈反感。为此，许多国家纷纷出台保护消费者权益的法律，以维护消费者的合法权益；出台保护环境、防止环境污染的法律，以减少对环境的破坏；出台限制浪费资源的生产和消费的有关法律，以促进资源的节约使用和合理开发。同时许多国家还借助媒体力量形成舆论氛围，开展经营者教育和消费者教育，引导合法经营、文明经营、理性经营、健康消费。在此背景下，社会营销理念应运而生。

现实中，尽管以上5种旅游市场营销观念在历史上依次出现，但并不能简单地认为它们是依次取代。事实上，由于社会生产各个行业的生产力发展水平不同，企业的大小规模不同，企业的高层管理者的价值取向和经验判断有差别，因此在同一时期、同样的市场背景下，不同企业往往会选择不同的经营理念。

第三节　旅游市场营销理论及其内容体系

一、基于旅游行业发展的旅游市场营销理论

旅游市场营销是一门研究旅游目的地与旅游企业市场营销理念、营销活动规律、营销战略和营销策略的应用学科。旅游市场营销理论是市场营销理论的一个分支，但与一般市场营销理论相比又有其特殊性，主要表现在以下几个方面。

第一，旅游市场营销以满足旅游消费者的需求为中心。旅游消费者在旅游活动中产生食、住、行、游、购、娱等各种需求。目前旅游消费者不断成熟，旅游需求成为高层次的需求，旅游消费者为了追求更好的物质享受和精神满足，不再仅仅局限于单纯的观光游览，而转向休闲度假与文化欣赏，并把参与性、体验性融入其中，使得旅游消费具有愉悦性、综合性等特性。但也由于旅游消费者的个性、生活条件、经济收入的差别，以及所处社会环境的影响，旅游需求还表现出因人而异、各种各样的特性。那么旅游市场营销应该围绕食、住、行、游、购、娱六大要素展开营销活动。旅游市场营销理论要体现旅游行业的特点，围绕满足旅游消费者的基本需求来展开。

第二，旅游市场营销应关注旅游业的经济活动全过程。旅游业的经济活动全过程是由社会各相关部门和行业共同完成的。这些行业与部门大致分为三类：一是直接旅游目的地与旅游企业（包括旅行社、饭店、餐馆、旅游商店、交通公司、旅游景点、娱乐场所等）；二是辅助旅游目的地与旅游企业（包括管理公司、服务公司、影视公司、出版单位、通信设施以及食品、卫生等生活服务部门和行业）；三是开发性组织（包括相关的政府机构、旅游院校、旅游科研机构等）。旅游市场营销应当特别注重旅行社、交通

和以饭店为代表的住宿业及景区的营销运作，它们是为旅游消费者提供综合服务的各经济部门中起骨干作用的现代旅游业的支柱。

第三，旅游市场营销满足的是一种相对高层次需要。人们通过旅游消费满足其精神享受和发展需要，突出了旅游过程中精神方面的享受和放松。旅游市场营销过程中，从旅游定位、旅游资源开发、旅游营销组合到旅游营销管理，都必须有着较高的品位、丰富的历史与文化知识，旅游市场营销理论也要适应这些要求。

综上所述，旅游市场营销理论不是将一般市场营销理论简单地应用于旅游行业，而是必须真正切入旅游行业、针对旅游目的地与旅游企业特点来研究。

二、旅游市场营销理论研究的内容

旅游市场营销理论自产生以来，研究内容不断丰富。本书教学过程中，建议以旅游市场营销“工作过程及典型任务”为主线，将旅游市场营销分为5个模块。其中，第一个模块（旅游市场营销导论）是基本概念模块，介绍旅游市场营销的基本概念、观念、理论与内容体系；第二个模块（旅游市场营销调研预测与分析）重点讲授旅游市场营销调研预测与分析的相关理论与实际应用，阐述旅游市场营销调研与分析的基本概念和基本方法；第三个模块（旅游市场营销战略战术组合）围绕旅游市场营销战略战术组合理论与实践来展开，系统讲解旅游市场营销策划的含义、营销策略组合及营销策划实务；第四个模块（旅游市场营销管理实务）则是将有关旅游市场营销原理运用于营销管理实务之中，本模块阐述旅游市场营销管理所涉及的计划、组织、执行与控制等职能，强调其原理在管理实践中的运用；第五个模块（旅游市场营销新理论）介绍了市场营销理论的新发展及其在旅游市场营销方面的应用。

第一模块　旅游市场营销导论

本模块重点讲解旅游市场营销的含义，其中心是弄清旅游市场营销学的性质、研究对象和基本内容，旅游市场营销学与相关学科的关系，旅游市场营销管理的含义和任务，旅游市场营销管理哲学和管理过程，旅游市场营销道德等基本知识，为本课程的学习奠定基础。

第二模块　旅游市场营销调研预测与分析

本模块重在分析旅游市场机会，阐述旅游市场营销调研与分析的基本概念和基本方法。本模块包括旅游市场营销环境、旅游市场营销调研与预测、旅游消费者购买行为分析等子模块。

本模块内容主要研究旅游目的地与旅游企业与市场的关系，分析旅游市场营销环境，分析旅游消费者需求特点与购买行为模式，以便旅游目的地与旅游企业根据环境变化所带来的机会和威胁，选择正确的营销理念和营销模式。

第三模块　旅游市场营销战略战术组合

本模块系统讲解旅游市场营销策划的含义、营销策略组合及营销策划实务。本模块包括旅游目标市场营销战略、旅游产品策略、旅游价格策略、旅游营销渠道策略、旅游促销策略等子模块。

旅游目标市场营销战略包括从整体上介绍旅游市场营销战略的特征和影响因素，战略策划的内容、步骤和方法；旅游市场细分、目标市场选择及市场定位的有关策略。营销战略是市场营销的核心问题，是制定营销策略的指导和依据。

本模块的中心是从战术的角度阐述如何实践营销战略。主要包括旅游产品策略、旅游价格策略、旅游渠道策略和旅游促销策略构成的旅游市场营销策略组合（“4Ps”组合）。

旅游产品策略：以旅游消费者需求为导向，树立全新的整体旅游产品竞争意识，正确认识产品的特殊性，科学地运筹旅游产品经济生命周期，适时地、科学地运用营销策略。关注旅游新产品开发，科学地进行产品组合，以满足旅游市场不断变化的需求。打造旅游产品品牌，成为旅游目的地与旅游企业长期发展与竞争制胜的法宝。

旅游价格策略：研究旅游价值链下的游客成本、游客价值，制定旅游产品价格应考虑的影响因素，制定旅游产品价格的目标，研究旅游价格策略、价格的执行以及适应旅游市场变化的价格调整问题。

旅游营销渠道策略：以方便游客购买的便捷性为基本出发点，研究游客中间商的作用，研究旅游目的地与旅游企业如何以最低的成本、适当的途径，在适当的时间把旅游产品提供给适当的旅游消费者，研究渠道策略，研究包括网络渠道构建问题。

旅游促销策略：以沟通为主轴，将旅游业信息有效地传播给旅游消费者，激发旅游消费者的需求欲望，树立旅游目的地与旅游企业和产品的良好形象，介绍了旅游广告、旅游营业推广、人员推销和旅游公共关系四大沟通与促销方式。

第四模块　旅游市场营销管理实务

本模块阐述旅游市场营销管理所涉及的计划、组织、执行与控制等职能，强调其原理在管理实践中的运用。本模块包括旅游市场营销计划与组织、旅游市场营销执行与控制两个子模块。

“旅游市场营销计划与组织”子模块简要介绍了市场营销活动开展的计划工作，旅游市场营销的组织的基本任务；“旅游市场营销执行与控制”子模块探讨实施与控制等方面的内容。

第五模块　旅游市场营销新理论

本模块简要介绍市场营销新概念及其在旅游行业中的实践运用。结合当代旅游市场营销发展的最新趋势，本模块探讨了绿色营销、关系营销和网络营销等新观念、新理论和新方法，分别对它们的内涵及其对旅游目的地与旅游企业的意义与影响进行了研究。以创新作为结束篇，旨在使学习者开阔眼界和思路，紧跟时代潮流，站在旅游市场营销理论与实践发展的最前沿。

【复习思考题】

1. 如何理解旅游市场、旅游市场营销、旅游市场营销管理？
2. 学习旅游市场营销管理的任务及相关知识有何现实意义？
3. 旅游市场营销管理过程有哪些步骤？
4. 旅游市场营销的性质是什么？

【案例分析】

经营不善的统一嘉园景区

统一嘉园景区是以台湾风光和妈祖文化为特色的景区，由江阴民营企业家梁洪青先生创建。

2005 年“十一”黄金周期间，无锡旅游异常火爆。除了大家熟知的传统景区外，更有千年崇安古寺、蠡湖中央公园、马山欧洲嘉年华以及薛福成故居、东林书院、钱钟书故居等新景点，一齐赚足游客眼球。1 日至 7 日，全市接待旅游消费者达到 210 万人次，旅游总收入 13.27 亿元，同比分别增长 23% 和 30%；日均旅游收入近 2 亿元，创出历史新高。

然而，就在城市旅游一片繁荣之际，开业不到四年的无锡统一嘉园景区，却因资不抵债、经营难以为继而破产倒闭了。2006 年 1 月 12 日，在无锡市中级人民法院的大法庭内将举行一场特殊的拍卖——无锡一处知名人造景观统一嘉园，因为资不抵债被法院强制拍卖，所得款项将优先用于偿还银行拖欠贷款及工程欠款。

思考：

1. 无锡统一嘉园景区为什么逆市破产？
2. 如何让旅游目的地与旅游企业在营销运作中保持竞争优势？

经营不善的蝴蝶谷度假村

黎寨蝴蝶谷度假村为广西梧州市藤县重点旅游项目，主要以深谷漂流冲浪旅游观光、酒店住宿为主和野外训练拓展活动为辅，为国家 AAA 级景区。该景区位于梧州市藤县埌南镇黎寨村，距梧州市区 55 千米，分布了 3 米以上高度的瀑布 15 个，设有 28 个水滑道，最长的水滑道达 130 米，被誉为“天下最爽”的冲浪漂流。蝴蝶谷度假村于 2008 年对外开放，2013 年以来，由于原投资经营者经营不善，景区出现了亏损，无法清偿到期债务，债权人无奈申请破产清算。

思考：

1. 蝴蝶谷度假村为什么破产？
2. 如何让旅游目的地与旅游企业在营销运作中保持竞争优势？

第二章

旅游市场营销环境

本章导读

本章重点阐述旅游市场营销环境的概念与类别，以及旅游市场营销环境对旅游目的地与旅游企业的各方面影响。通过本章学习，了解影响旅游市场与旅游目的地与旅游企业的各类因素，理解旅游市场营销宏观环境与旅游市场营销微观环境的区别与联系，能够运用 SWOT 分析法分析旅游市场营销环境。

【学习目标】

1. 了解旅游市场营销外部环境和旅游市场营销内部环境及其主要因素。
2. 理解并掌握旅游市场营销环境各因素对旅游目的地与旅游企业的影响。
3. 理解旅游市场营销环境评价的目的，掌握 SWOT 分析法。

【导入案例】

邬家庄园的重生

2013 年元月刚过，一则限制“三公消费”的消息让国内旅游消费迅速降温，宁波市农家乐经营陷入低谷。此时，宁海县旌表义门农家乐旅游有限公司董事长邬国贤感受到了阵阵寒意，因为整体开业才半年的农家乐经营如同掉入冰窖。

2012 年 6 月，旌表义门农家乐旅游有限公司旗下的邬家庄园投入运营。作为省内首个度假旅游综合体和高档次的农家乐项目，邬家庄园以商务、政务和团体接待为目标定位。“禁令一出，生意都化为泡影。仅 1 月份，就有 11 场会议取消，当时工作联系单都已经下发到了各个部门。”邬国贤用“举步维艰”来形容当时的困境。

启示之一，以产品引导消费——一张孝敬卡，提升休闲度假产品内涵

本着引起社会注意的初衷，老邬将传统慈孝文化与互联网新思维有机结合，赋予休闲度假产品以文化内涵——“传承百善孝为先”的孝敬卡思路成形了。

“爸妈去哪儿？”“去趟邬家庄园，当回老爷太太！”这是孝敬卡的口号。今年5月13日，邬家庄园与银行合作推出旨在让父母休闲养生的尽孝之旅，迎来了第一批持有孝敬卡的50对老年夫妇。农庄规定，申领孝敬卡的游客，年龄必须是男士在60岁以上、女士在55岁以上的退休老人，而且原则上不许带小辈。老邬说，这样规定是希望老年人来到这里后尽可能全身心地放松，享受属于自己的晚年生活，散步、钓鱼、拍照、跳舞……大家其乐融融。除了这些活动，农庄还安排他们到周边景点观光旅游。

孝敬卡一经亮相，市场反响出人意料，两个半月内共接待了400~500对游客，一张金卡，4天3夜双人度假，收费999元，不仅包括食宿交通，还有贴心管家与游客专人对接、专车接送。老人到店后可以直接进房，离店时也无须停留，免除了办理手续的麻烦，安安心心吃好、住好、玩好。老邬坦言，从标价来看，孝敬卡项目利润不高。但能把农庄闲置资源合理利用起来，这也不失为上策。

启示之二，把游客当亲人——一项好服务，收获超预期回报

与孝敬卡相配套的，是农庄倾力主打的一项名为小管家的贴身服务。

晚餐想吃啥？明天想去哪里走走？孝敬卡主张“行程和饮食自己做主”，而为老人安排这一切的，就是管家。这些负责为老人“尽孝”的管家，是由经过专业培训的公司中高级管理人员兼任的。他们把游客当作自己的亲人，对入住农庄的所有老人，以“老爸”“老妈”相称。到了晚上，管家会进到房间，送上水果和祝福贺卡，陪老人聊聊天。

“老年人也把我们当子女看待，替我们着想。”已经接待了几十对“爸妈”的管家雪碧说，有一次，一批游客提前到来，房间没办法入住。一对老人知道后，上午九点就提前退了房，而他们离开的时间却是下午五点。两位老人就坐在酒店大厅等着离开。

贴身、细心的服务，在短短三四天里，使管家和旅客建立起感情纽带。管家的付出，也收获了超预期的回报——回去后，这些远道而来的老年人不仅留下了一封封感谢信，还送来锦旗，为农庄做起了免费广告，成为公司“口碑”的传播者。更出乎意料的是，有些老人成了回头客，还把老同事、朋友和邻居一起带来。一位温州的周爸爸，两三个月内总共来了四次。

随着客流回暖，旌表义门农家乐旅游有限公司开始与各方进行战略合作，与各大在线旅游OTA等旅游专业平台合作。邬国贤本人的名声在业内也越来越响。

案例分析：

邬家庄园陷入困境的原因以及如何走出绝境？

第一节　旅游市场营销环境概述

美籍奥地利人、理论生物学家 L.V. 贝塔朗菲（Ludwig Von.Bertalanffy）1937 年提出了一般系统论原理。贝塔朗菲强调，任何系统都是一个有机的整体，它不是各个部分的机械组合或简单相加，系统的整体功能是各要素在孤立状态下所没有的性质。他用亚里士多德的"整体大于部分之和"的名言来说明系统的整体性。同时认为，系统中各要素不是孤立地存在着，每个要素在系统中都处于一定的位置上，起着特定的作用。要素之间相互关联，构成了一个不可分割的整体。系统论的任务，不仅在于认识系统的特点和规律，更重要的还在于利用这些特点和规律去控制、管理、改造或创造一个系统，使它的存在与发展合乎人的目的需要。

现代旅游目的地与旅游企业是一个开放式的管理系统，它的经营活动与社会的各个方面有着千丝万缕的联系，因而必然受到外界环境的影响。与其他企业一样，旅游目的地与旅游企业处在一个动态的、复杂的环境中运行，是在各种宏观环境和微观环境不断变化的条件下开展经营活动的。分析旅游市场营销环境，就在于能够让旅游目的地与旅游企业驾驭市场环境，充分利用环境机会，有效化解环境威胁，增强旅游市场营销战略、营销策略与环境的适应性。

一、旅游市场营销环境的含义

旅游市场营销环境就是影响和制约旅游目的地与旅游企业市场营销活动的各种旅游目的地与旅游企业外部和内部因素所组成的系统。

旅游市场营销外部环境是指能够对旅游目的地与旅游企业绩效造成影响的外部力量和机构。根据对企业的影响是否直接区分为一般环境与任务环境。一般环境是指能影响某一特定社会中一切企业的宏观环境，如政治环境、社会环境、技术环境、经济环境等，对企业的影响比较间接，是对企业营销活动造成市场机会和环境威胁的主要社会力量。任务环境泛指能够直接影响企业的具体环境，包括对企业运行活动有着直接影响的要素及权利集团，如股东、客户、供应商、竞争对手、地方社团、政府部门、金融机构等。

旅游市场营销内部环境指旅游目的地与旅游企业内部的物质、文化环境的总和，包括企业资源、企业能力、企业文化等因素，也称企业内部条件。企业内部环境或条件分析目的在于掌握企业历史和目前的状况，明确企业所具有的优势和劣势。它有助于企业制定有针对性的战略，有效地利用自身资源，发挥企业的优势；同时避免企业的劣势，或采取积极的态度改进企业劣势。扬长避短，更有助于百战不殆。

旅游市场营销环境要素的相互关系，如图 2–1 所示。

- 旅游企业外部环境
  - 一般环境（宏观环境）
  - 任务环境（具体环境）
- 旅游企业内部环境

图 2-1　旅游市场营销环境要素的相互关系

二、旅游市场营销环境的特点

旅游目的地与旅游企业市场营销环境是一个多因素、多层次而且不断变化的综合体，包含的内容既广泛又复杂，各因素之间互有关联，表现出客观性、关联性、差异性、动态性和可变性等特点。

（1）客观性。旅游目的地与旅游企业是整个社会生活环境的一部分，其全部营销活动不可能离开它所处的环境而独自发生。因此，旅游目的地与旅游企业要从事市场营销活动，就会受到各种内外部环境客观因素的影响和制约。因此，旅游目的地与旅游企业必须随时能够充分发挥自身优势、回避劣势，把握外部环境变化带来的机遇，应付所面临的各种存在的外部环境的挑战。

（2）关联性。旅游市场营销环境既有旅游目的地与旅游企业外部环境，又有旅游目的地与旅游企业的内部环境，其环境因素有宏观因素，也有微观因素，它们共同构成旅游市场营销环境系统。同时，环境各因素之间也并不是截然分开的，它们相互联系、相互制约。

（3）差异性。影响旅游市场营销活动的内外部环境因素，由于性质、影响力各不相同，对旅游目的地与旅游企业的影响也有所差异。加上不同的旅游目的地与旅游企业有着不一样的特点，这些环境因素对不同企业开展营销活动的影响也不相同。如海南是我国冬天最暖和的省份，使得不少游客很乐意冬天前往避寒；而江西庐山四季如春，有“避暑胜地”美称，夏季有不少游客前往庐山避暑。

（4）动态性。旅游市场营销环境时刻都在发生变化。大多数情形下，旅游市场营销的宏观环境变化呈现为渐变状态，如政策、法律、社会文化等环境较为稳定，属于所谓的“渐变环境”，相对稳定状态的渐变环境对旅游市场营销产生的影响较小，这也是所谓“一般环境”的由来。但某些突发事件带来的“突变环境”会对旅游市场营销造成极大的冲击力，导致旅游营销业绩的大起大落，这是前文所述的旅游市场营销固有的“脆弱性”。如 2001 年美国“9·11”恐怖袭击事件使全美进入紧急状态，美国的旅游市场乃至整个欧洲旅游市场因此受到严重的冲击。

（5）可变性。旅游市场营销环境具有可转变性的特点，它既可能是旅游目的地与旅游企业营销的制约因素，又可能是机会因素。有时，旅游目的地与旅游企业表面上看面临着十分美好的发展机遇，但实际上却可能潜伏着巨大的风险。同样，有时候看起来毫无机会，但只要沉着冷静，善于分析环境、把握时机，也可能变挑战为机遇。例如，德国世界杯貌似使欧洲其他旅游目的地的旅游业进入了前所未有的困境，但是瑞士的一招“美男计”，让欧洲诸多世界杯“怨女”有了新的选择。

第二节 旅游市场营销一般环境

旅游市场营销一般环境是外部环境的宏观因素，对旅游目的地与旅游企业而言，这些环境因素都是不可控因素。旅游目的地与旅游企业进行市场营销离不开由政治法律、社会文化、人口、经济、科技、自然等重要力量所形成的宏观环境的影响（见图 2–2）。因此，旅游目的地与旅游企业在进行市场营销活动时，必须增强对宏观环境的适应性。

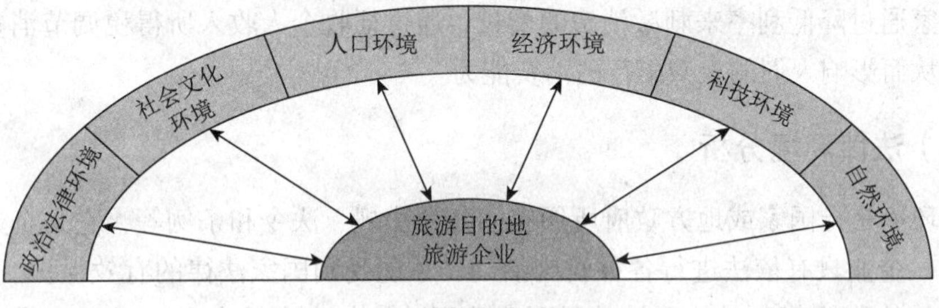

图 2–2 旅游市场营销一般环境

旅游市场营销一般环境属于旅游目的地与旅游企业的不可控因素，是一些大范围的社会约束力量。它对旅游目的地与旅游企业的影响面很广，其变化既可以给旅游目的地与旅游企业带来市场机会，造成营销的有利时机、条件；也可以给企业带来威胁、风险，造成营销的压力、障碍。当然，也可能对一些旅游目的地与旅游企业没有任何的影响。

一、政治法律环境

在任何社会制度下，企业的营销活动必定要受到政治法律环境的影响和制约。政治法律环境是指一个国家或地区的政治制度、体制、方针政策、法律法规等方面。这些因素常常制约、影响企业的经营行为，尤其是影响企业较长期的投资行为。一个国家的政治法律环境对该国旅游目的地与旅游企业的经营活动具有强制性的影响。

政治法律环境是影响旅游市场营销的重要宏观环境因素，包括政治环境和法律环境。政治环境引导着旅游目的地与旅游企业营销活动的方向，法律环境则为旅游目的地与旅游企业规定经营活动的行为准则。政治与法律相互联系，共同对旅游市场营销活动产生影响和发挥作用。

（一）政治环境分析

政治环境是指旅游目的地与旅游企业市场营销活动的外部政治形势。一个国家的政局稳定与否，会给旅游目的地与旅游企业营销活动带来重大的影响。如果政局稳定，旅游消费者觉得安全、踏实，就会给旅游目的地与旅游企业营销造成良好的环境。相反，政局不稳，社会矛盾尖锐，秩序混乱，就会影响经济发展和旅游市场的稳定。旅游目的地与旅游企业在市场营销中，特别是在出境旅游活动中，一定要考虑目的地国政局变动和社会稳定情况可能造成的影响。

政治环境分析主要分析国内的政治环境和国际的政治环境。国内的政治环境包括以下一些要素：政治制度；政党和政党制度；政治性团体；党和国家的方针政策；政治气氛。国际政治环境主要包括：国际政治局势；国际关系；目的地国的国内政治环境。

政治环境对旅游目的地与旅游企业营销活动的影响主要表现为国家政府所制定的方针政策，如人口政策、货币政策等，都会对旅游目的地与旅游企业营销活动带来影响。例如，国家通过降低利率来刺激消费的增长；通过征收个人收入所得税调节消费者收入的差异，从而影响人们的旅游出行的消费能力。

（二）法律环境分析

法律环境是指国家或地方政府所颁布的各项法规、法令和条例等，它是企业营销活动的准则，企业只有依法进行各种营销活动，才能受到国家法律的有效保护。近年来，为适应经济体制改革和对外开放的需要，我国陆续制定和颁布了一系列法律法规，如《中华人民共和国产品质量法》《企业法》《经济合同法》《涉外经济合同法》《商标法》《专利法》《广告法》《食品卫生法》《环境保护法》《反不正当竞争法》《消费者权益保护法》等。旅游目的地与旅游企业的营销管理者必须熟知有关的法律条文，才能保证企业经营的合法性，运用法律武器来保护企业与消费者的合法权益。

为解决市场竞争的诸多矛盾，规范市场竞争行为，保护旅游消费者正当权益不受侵害，各国政府出台了相关法律。特别是有关旅游业的立法，它们对于旅游市场需求的形成和实现具有重要的调节作用。而这些法律或规定是在旅游目的地与旅游企业的控制范围之外。

法律环境分析主要分析的因素有：

（1）法律规范。特别是和旅游目的地与旅游企业经营密切相关的经济法律法规。如《公司法》《税法》《企业破产法》《消费者权益保护法》《出境入境管理法》《中国公民出国旅游管理办法》《国家旅游发展规划管理办法》《旅游投诉管理制度》《旅游安全管理暂行办法》和《旅行社管理条例》等。

（2）国家司法执法机关。在我国主要有法院、检察院、公安机关以及各种行政执法机关。与企业关系较为密切的行政执法机关有工商行政管理机关、税务机关、物价机关、计量管理机关、技术质量管理机关、专利机关、环境保护管理机关、政府审计机关。此外，还有一些临时性的行政执法机关，如各级政府的财政、税收、物价检查组织等。

（3）企业的法律意识。企业的法律意识是法律观、法律感和法律思想的总称，是企业对法律制度的认识和评价。企业的法律意识最终会物化为一定性质的法律行为，并造成一定的行为后果，从而构成每个企业不得不面对的法律环境。

（4）国际法所规定的国际法律环境和目的地国的国内法律环境。对从事境外旅游营销活动的企业来说，不仅要遵守本国的法律制度，还要了解和遵守国外的法律制度和有关的国际法规、惯例和准则。只有了解掌握了这些国家的有关旅游管理政策，才能制定有效的营销对策，在国际营销中争取主动。

除各国之外，国际旅游组织也通过了一系列的国际法律法规，如1995年"可持续旅游发展世界会议"通过了《可持续旅游发展宪章》和《可持续旅游发展行动计划》，已经成为世界各国指导发展旅游市场可持续营销的行为准则。

二、社会文化环境

社会文化环境是影响旅游目的地与旅游企业市场营销诸多因素中最复杂、最深刻、最重要的因素。社会文化是某一特定人类社会在其长期发展历史过程中形成的，它主要由特定的价值观念、行为方式、伦理道德规范、审美观念、宗教信仰及风俗习惯等内容构成，它影响和制约着人们的消费观念、需求欲望及特点、购买行为和生活方式，对旅游目的地与旅游企业营销行为产生直接影响。

社会文化环境是指旅游目的地与旅游企业所处的社会结构、社会风俗和习惯、信仰和价值观念、行为规范、生活方式、文化传统、人口规模与地理分布等因素的形成和变动。社会文化环境所蕴含的因素主要有社会阶层、家庭结构、风俗习惯、宗教信仰、价值观念、消费习俗、审美观念等。在旅游目的地与旅游企业面临的诸方面环境中，社会文化环境较为特殊，它不像其他环境因素那样显而易见与易于理解，却又无时不在地深刻影响着旅游目的地与旅游企业的市场营销活动。

（一）社会阶层分析

社会阶层是指一个社会中具有相对的同质性和持久性的群体，它们是按等级排列的，每一阶层的成员具有类似的价值观和行为方式，不同阶层的人的生活方式、消费行为、需求结构是截然不同的。同一阶层的人基本上有相似的购买力以及购买习惯，对市场上某种商品的需求是变化中的稳定。人出生时的社会阶层是不可选择的，但其后所处的阶层是可能发生变化的，现代各国的社会阶层更加细分化、多样化、复杂化。

一般来讲，每一个社会阶层的成员都趋于制订相似的购买计划。例如，身份地位高的人常常会炫耀性消费，看重消费的象征性。因此他们在选择旅游团队时，会考虑其同伴的地位。这要求市场营销人员必须弄清楚哪些旅游产品有变成地位标志的可能性，以便采取相应的市场营销策略打入新市场。

（二）风俗习惯分析

风俗习惯是指人们在长期经济与社会活动中所形成的一种生活方式与习惯。不同的风俗，具有不同的旅游消费要求。了解目标旅游消费者的禁忌、习惯、避讳等是旅游目的地与旅游企业进行市场营销的重要前提。同时，风俗习惯也是旅游开发必须注重的因素。风土人情、地方习俗对旅游消费者有着极大的吸引力。世界不同国家的风俗习惯千差万别，甚至在同一个国家里，不同的地区也有极不相同的习俗，从而对旅游目的地与旅游企业的营销产生了极大影响。

（三）价值观念分析

价值观念是指人们对社会生活中各种事物的态度和看法。不同文化背景下，人们的价值观念往往有着很大的差异。旅游目的地与旅游企业市场营销必须根据旅游消费者不同的价值观念设计产品，提供服务。旅游消费者的价值观念会影响其对旅游产品的评价，符合其价值观念的旅游产品会被认同而受到欢迎；相反，则受到冷落，甚至会遭到抵制。

（四）宗教信仰分析

宗教是构成社会文化的重要因素，宗教对人们消费需求和购买行为的影响很大。不同的宗教有自己独特的节日礼仪和禁忌。为此，旅游目的地与旅游企业可以把影响大的宗教组织作为自己的重要公共关系对象。在旅游市场营销活动中，要注意到不同的宗教信仰，一方面避免由于矛盾和冲突给旅游目的地与旅游企业营销活动带来的损失；另一方面可以以独特的宗教礼仪吸引旅游消费者，扩大市场影响力。

三、人口环境

人口环境既是旅游目的地与旅游企业生产经营活动必要的人力资源条件，又是旅游目的地与旅游企业的产品和劳务的市场条件，人口数量、地理分布、人口结构、性别比例、健康状况、职业等都会对旅游市场营销产生重大的影响，因而是企业生产经营的重要外部环境。

（一）人口数量

在收入水平和购买力大体相同的条件下，人口数量的多少直接决定了市场规模和市场发展的空间，人口数量与市场规模成正比。

从全世界的角度来看，世界人口正呈现出爆炸性的增长趋势。一般来说，人口数量与市场容量、消费需求成正比。在收入接近的条件下，人口的多少决定着市场容量。但是，经济水准不同，就不能纯粹以人口数量来对比。例如，目前我国总人口位居世界第一，但出国旅游的总人数比美国少。目前我国人口已超过 13 亿，人口众多，加上经济持续快速发展，旅游市场发展潜力巨大。

（二）人口分布

人口分布可以从人口的城乡分布与地域分布两方面考察。从总体上看，中国城镇特别是大中城市人口少、密度大、消费需求水平高，乡村人口多、密度小、消费需求水平低。但随着社会经济与文化的发展，城乡差距将日趋缩小。

从区域人口分布看，中国东部沿海地区经济发达，人口密度大，消费水平高；中西部地区经济相对落后，人口密度小，消费水平低。西部大开发战略的实施，必将推动西部地区的经济发展，刺激西部市场需求大幅度提高，从而大大拓展了旅游企业发展的空间。地理因素既直接影响市场营销活动，又间接影响国家的社会与文化发展，所以市场开发不能忽视地理因素。

西方发达国家的人口 80%以上集中在城市，而发展中国家的城市化水平较低，大部分人口集中在农村。分析国际旅游市场客流规律可见，城市化水平高的西欧地区、北美地区，区域内客流较为密集，与其他地区相比较，这两个区域之间的游客流量最大。我国地处东亚，周边邻国多数是发展中国家，与世界两大主要客源市场空间距离较远，因而从地缘条件看，中国旅游目的地与旅游企业对这两个区域的市场开拓极为不利，争夺这两大客源市场的难度较大。从国内旅游市场看，我国东部和中部地区人口密度高，西部地区人口密度低，西藏、新疆等地有的地方每平方千米甚至不到 1 人，这种状况决定了我国东部和中部地区是旅游目的地与旅游企业争夺国内旅游市场的主战场。

（三）人口结构

人口结构包括人口的年龄结构、教育结构、家庭结构、收入结构、职业结构、性别结构、阶层结构和民族结构等多种因素。其中，人口的年龄结构最重要，直接关系到旅游市场需求量，以及旅游目的地与旅游企业目标市场的选择。各国人口的年龄结构各不相同。我国早些年份的人口年龄结构为金字塔形，意味着比较年轻的人口结构。20 世纪 90 年代以后，人口金字塔的底座已经缩小，顶尖变宽，人口金字塔形状趋向于倒金字塔形。具体来说，人口年龄结构的变化将表现出如下特征：接受基础教育年龄人口比重将会缩小；劳动年龄人口比重略有增大；人口老龄化进程迅速，老年人口比重不断上升。

不同年龄的旅游消费者在旅游消费方面的选择上会有很大差别。一般来讲，年轻人喜欢时髦的，刺激性、冒险性较强，体力消耗较大的旅游活动；老年人则倾向于节奏舒缓、舒适并且体力消耗较小的旅游活动。

四、经济环境

旅游目的地与旅游企业的经济环境是指旅游目的地与旅游企业面临的社会经济条件及其运行状况、发展趋势、产业结构、交通运输、资源等情况，这是制约旅游目的地与旅游企业生存和发展的重要因素。旅游市场不仅需要人口，更需要购买力。一个国家社会经济越发达，其旅游市场规模就越大。一个国家或地区的经济发展不仅会带动旅游业的发展，更会使其商业、娱乐业、旅游业的投资和消费扩大；相反，经济衰退往往使旅游业遭受伤害。

旅游目的地与旅游企业的经济环境主要由社会经济结构、经济发展水平、经济体制和宏观经济政策四个要素构成。经济环境直接关系到旅游市场状况及其变动趋势。从宏观上分析经济环境对旅游市场营销的影响时，要着重分析以下主要因素：

（一）经济发展水平

经济发展水平是指一个国家经济发展的规模、速度和所达到的水准。反映一个国家经济发展水平的常用指标有国民生产总值、国民收入、人均国民收入、经济发展速度和经济增长速度。

国内生产总值（GDP）与旅游市场的发育程度密切相关。有研究指出，人均 GDP 到 300 美元时，近距离旅游需求“产生”；人均 GDP 达到 600 美元时，旅游业开始“起步”；人均 GDP 达到 800 美元时，国内旅游市场开始“起飞”；而人均 GDP 达到 1000 美元时，旅游的需求转向“出境”；人均 GDP 达到 1500 美元以上时，旅游增长速度更为迅速。目前国内旅游市场已经进入了加速发展阶段，沿海地区、大中城市的出境旅游市场已十分红火。

（二）个人收入和个人可支配收入

从国际上看，收入差距已经成为不同国家消费商品购买差异的主要原因。人均收入高的国家，其消费水平高，因而旅游消费市场的潜力也比较大。一个人或家庭的收入并非全部可用于外出旅游。因此在有关旅游需求条件的研究中，人们经常使用的收入概念包括：

可支配收入，指个人家庭收入中，扣除应纳所得税之后的剩余部分。旅游需求是高层次精神文化生活的需求，不属于基本生活需求，一般情况下，当个人可支配收入提高时，旅游市场营销的机遇随之增加。

可自由支配收入，亦称可随意支配收入，指个人或家庭收入中扣除应纳所得税、社会保障性消费以及扣除日常生活必须消费部分之后所余下的部分。可见，可自由支配收入是真正可以用于旅游的收入部分。可自由支配收入的高低意味着旅游支付能力的大小。因此，可自由支配收入水平的高低不仅决定着一个人能否成为旅游消费者，还会影响其旅游消费水平、旅游消费的构成以及对旅游目的地的选择。

（三）经济政策

经济政策是指国家、政党制定的一定时期国家经济发展目标实现的战略与策略，它包括综合性的全国经济发展战略和产业政策、国民收入分配政策、价格政策、金融货币政策、劳动工资政策、对外贸易政策等。例如，当一国的外贸收支出现逆差时，会造成本国货币贬值，使出国旅游价格变得昂贵，旅游客源国政府往往会采取以鼓励国内旅游来代替国际旅游的紧缩政策。

五、科技环境

科技环境指的是旅游目的地与旅游企业所处的社会环境中的科技要素及与该要素直接相关的各种社会现象的集合。旅游目的地与旅游企业要时刻利用和把握先进的技术，以满足消费者的新需求和个性需求，提高自身的竞争优势，增强企业的整体实力。

如今，变革性的技术正对旅游目的地与旅游企业的经营活动发生着巨大的影响。企业要密切关注与本企业有关的科学技术的现有水平、发展趋势及发展速度。科学技术的发展给旅游业带来了翻天覆地的变化：科技的运用，劳动生产率的提高，使人们的工作时间缩短，闲暇时间增多，带薪假期延长；旅游交通技术的发展，缩短了旅游的时空距离，并使旅游更加安全、快捷、舒适；信息时代的到来，网络的应用，使得旅游目的地与旅游企业和游客、潜在游客之间的沟通更为便捷，成本更为低廉，对游客的个性化需求也能够更加有针对性地予以满足。

科学技术的发展，特别是旅游网络营销平台的出现，给旅游目的地与旅游企业带来了新的优势，同时也导致旅游市场竞争更为激烈，网络的应用使旅游消费者获取信息的来源更为广泛，旅游需求变化速度进一步加快。“见异思迁”型的旅游消费者逐渐增多，他们对旅游目的地与旅游企业和旅游产品的忠诚度大大降低。

第三节　旅游市场营销任务环境

构成旅游目的地与旅游企业营销任务环境的各种制约力量也属于外部环境，它存在于企业周围，与企业形成协作、竞争、服务、监督的关系。旅游市场营销工作的成功，不仅取决于能否适应宏观环境的变化，而且取决于能否适应和影响任务环境的变化。

旅游市场营销任务环境是指对旅游目的地及旅游企业服务顾客的能力构成直接影响的各种力量（见图 2–3）。这些力量主要包括旅游中间商（旅游市场营销中介）、顾客群（市场）、竞争者、社会公众等，这些力量都会影响企业为其目标市场服务的能力。旅游目的地与旅游企业应根据任务环境及其因素的变化，灵活地调整企业的营销策略，使企业的市场营销活动得以顺利地开展。

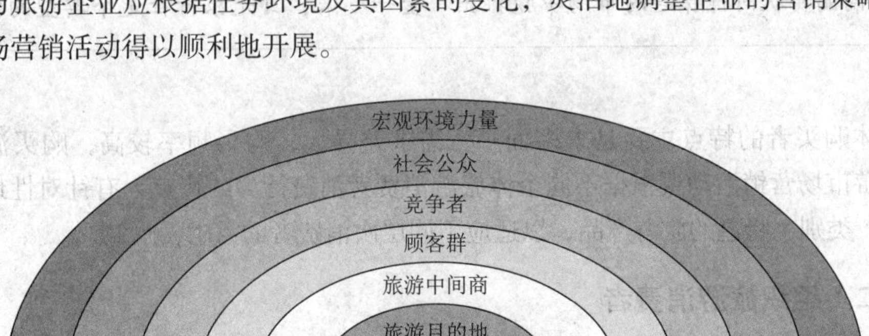

图 2–3　旅游市场营销任务环境

一、顾客群

顾客群是影响旅游营销活动的最基本、最直接的任务环境因素。从顾客群角度看，又可以分为两类。

（一）个体旅游消费者

这类顾客群是旅游产品和服务的直接消费者，包括观光旅游消费者、度假旅游消费者、商务旅游消费者、会议旅游消费者等，一般属于散客。随着旅游消费者成熟度的增强，越来越多的人以自助游的形式出游，所以个体旅游消费者的数量与日俱增。

【知识链接 2-1】

日本日光旅行社锁定老年顾客群

据报道，日本日光旅行社专做老年人的旅游生意，它的顾客平均年龄是67岁，却是连续多年增收增益。

按旅游业界通常的认识，虽然随着老龄化社会的到来，老年人是个潜在的巨大市场，但老年人随着年龄的增大，体力在衰退，向他们提供旅游服务往往是吃力不讨好的事情，从经营的角度来说是得不偿失。但是，日光旅行社谢绝20~50岁的中青年顾客，一心一意经营老年旅游市场，并在服务好老年游客上动足脑筋。首先是在游程的安排上适应老年人的特点。每天的活动量比大众旅游者要少，有时在一个城市要连宿几天，每天安排9点出发，4点半返回，不安排自由活动。

日光旅行社认为，老年人时间充裕，可以避开游人拥挤的日子来安排旅程。他们出发的日子多在星期一或星期二，所以他们绝没有星期六出发，星期日返程的节目。对一般旅行社来说是旺季的8月，恰恰是他们发团最少的月份。现在，日光旅行社的游客中参加过2次以上的回头客已占到70%以上，有的甚至在一年出游过7次。

偏偏要从同行躲避的市场中挖掘出“金子”来，日光旅行社是个典型的例子。

个体购买者的特点主要是人多面广，需求差异大，购买频率较高，购买流动性较大。旅游市场营销活动要根据不同个体旅游消费者消费行为的特点，有针对性地设计不同档次、类别、特色的旅游产品，以适应不同层次消费者的需求。

（二）组织旅游消费者

组织旅游消费者是指企业或机关团体组织为开展业务或奖励员工而产生的旅游消费者。如学校教师的暑假旅游、公司召开的年终答谢客户宴会、企业为奖励优秀员工而组织的旅游活动等。组织旅游消费者具有以下特点：数量少，但规模较大；需求弹性较小；属于派生需求。

组织旅游消费者往往是企业或机关团体购买的消费，大多数情况下旅游费用不是由旅游消费者个人支付，而是有关组织“埋单”。

二、旅游中间商

旅游中间商又称为旅游市场营销中介，是指介于旅游生产者与旅游消费者之间，从事转售旅游目的地与旅游企业的产品、具有法人资格的经济组织或个人。旅游中间商一方面要把有关产品信息告知现实的和潜在的旅游消费者，另一方面又要使旅游消费者克服空间障碍而方便地获得旅游产品，所以旅游中间商是旅游生产者与旅游消费者之间的纽带和桥梁，起着调节生产与消费矛盾的重要作用。

由于旅游中间商在旅游市场营销中的作用不同，旅游生产企业与这些中介组织和个人的责权利关系不同，因而旅游中间商的类型也呈多样化。按其业务方式，大体上可以将其分为旅游批发商和旅游零售商两大类。

（一）旅游批发商

旅游批发商通常指经营包价旅游批发业务的旅行社，旅游批发商在营销渠道中一头联结旅游产品生产者，另一头联结旅游产品零售商。由于旅游批发商的直接客户是旅游零售商，因此以零售商需求为直接导向，根据零售商需要大量购入旅游生产者的产品，如景点门票、旅游交通运输工具的一定时间的座位票、旅游饭店的客房、餐饮产品等，把它们组合成包价旅游线路，以一定批量并以批发价销售给旅游零售商，再由旅游零售商转卖给最终旅游消费者（游客）。有的旅游批发商很有实力，销售网络遍布世界各地，也有的旅游批发商规模较小，只经营特定旅游市场的专项旅游产品如修学旅游、体育旅游等，网点较少。

旅游批发商的作用主要有：①组合旅游产品功能。根据市场需要，通过大量购买旅游生产企业的产品，并按日程整合成有吸引力的包价旅游线路，以批量形式销售给旅游零售商，供旅游零售商再转卖。②分销功能。旅游产品生产企业可以借助旅游批发商的营销渠道，实现大规模、远距离销售。③分摊风险功能。旅游批发商由于购买的是旅游产品所有权，如果销售不出去，将导致已购买的旅游产品价值的全部损失，所要分担的风险大。要实现从旅游产品到货币的“惊险”跳跃，旅游批发商需准确把握旅游消费者需求变化。旅游批发商通过市场调研，及时获得准确的市场信息，据此进行批量采购，并把旅游产品组合成适销对路的包价旅游线路。

（二）旅游零售商

旅游零售商是指从事旅游产品零售业务的旅游中间商，其特征是从旅游产品生产企业或旅游批发商处批量代理销售旅游产品，再以零售价格出售给旅游消费者。旅游零售商是旅游产品营销渠道的最终环节。

旅游零售商处于旅游产品生产者与旅游消费者之间、旅游批发商与旅游消费者之间，起着重要的交换媒介作用。其具体作用如下：①方便购买。旅游零售商网点分布于大中小城市，触角很广，能带给旅游消费者购买上的便利。②信息服务。旅游零售商直接面对旅游消费者，为旅游消费者购买和出行提供所需要的信息与咨询服务；同时将旅游消费者的意见和建议、需求变化等市场行情及时反馈给旅游产品生产者和旅游批发商，为他们的生产和经营提供信息导向。③分配与促销。生产者和批发商可以通过旅游零售商星罗棋布的网点进行销售，尽管旅游零售商不购买旅游产品的所有权，但靠按销售额的一定比例返还的租金作为收入，因此旅游零售商会积极进行宣传、展示、推广等促销活动。

由于旅游目的地与旅游企业的资源有限，所以旅游中间商在营销活动中的地位很重要，他们会在各环节中出现，如航空公司的多级票务代理。所以旅游营销活动一定要慎重选择好中间商，首先要对自身情况了解清楚，市场需要什么，企业自身的营销目标是什么，需要哪些旅游商品，质量标准是什么，数量多少，产品的市场重点在哪里，进入市场的策略是什么等。在了解自己的基础上，寻找自己需要的中间商。在选择过程中，要注意中间人员素质、劳务费用、履行职责效果和对旅游中间商的可控程度。旅游目的地与旅游企业提高旅游产品的价格和质量必须要重视中间商的作用。旅游目的地与旅游企业可以根据中间商的组团能力、企业规模、销售业绩、预订人数、汇款情况等因素，有区别地对待并实行针对旅游中间商的优惠措施。

三、竞争者

旅游行业是竞争非常激烈的行业，旅游目的地与旅游企业在市场营销活动中面临来自众多同行的挑战，准确认识、了解和对待竞争者，才能做到知己知彼、百战不殆。对于旅游目的地与旅游企业来说，广义的竞争者是来自于多方面的。旅游目的地与旅游企业与自己的顾客、旅游供应商之间，都存在着某种意义上的竞争关系。狭义的竞争者是那些与本企业提供的旅游产品或服务相类似，并且所服务的目标顾客（旅游消费者）也相似的其他企业。

（一）旅游目的地与旅游企业的类型

从消费需求的角度划分，旅游目的地与旅游企业一般面临以下四种类型的竞争者：

（1）愿望竞争者。是指提供不同产品以满足不同需求的旅游消费者。

（2）一般竞争者。是指提供能够满足同一种需求但不同产品的旅游竞争者。例如，飞机、火车、汽车都可作为出游工具，这三种交通工具的经营者之间存在竞争关系。

（3）产品形式竞争者。是指生产不同规格、档次的产品的竞争者。例如，消费者选择旅游产品的档次是豪华型还是标准型等。

（4）品牌竞争者。是指产品的规格、档次相同，但品牌不同的竞争者。例如，消费者是选择入住香格里拉饭店还是喜来登饭店，两家饭店分属于不同品牌，但都是五星级酒店。

（二）波特竞争对手分析的模型

波特在《竞争战略》一书中提出了竞争对手分析模型，从企业的现行战略、未来目标、竞争实力和自我假设四个方面分析竞争对手的行为和反应模式（见图 2-4）。

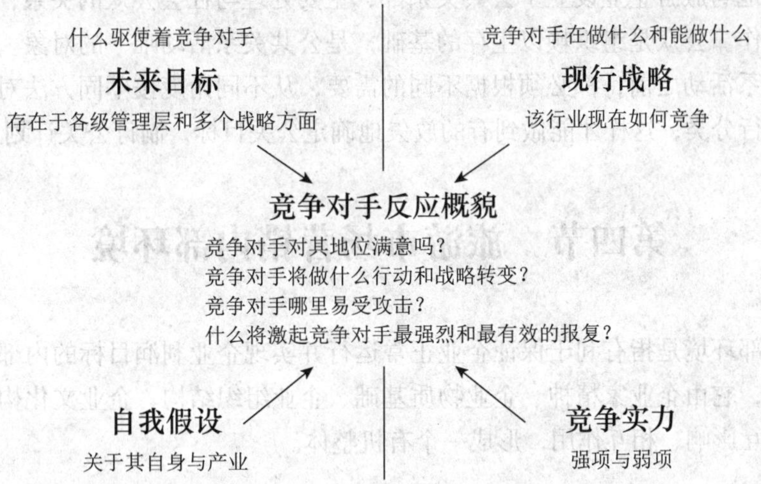

图 2-4 波特竞争对手分析模型

（1）未来目标分析。可以看出是什么驱使竞争对手在向前发展。在旅游目的地与旅游企业常用的目标体系中，分析竞争对手的目标多是财务目标。我们不只是要了解它的财务目标，同时要了解它其他方面的目标，比如对社会的责任、对环境保护、对技术领先等方面的目标设定。

（2）现行战略分析。表明竞争对手目前正在做什么和将来能做什么。旅游目的地与旅游企业应当列出竞争对手所采取的战略，对其进行分析，以便做出有效及时的回应。

（3）竞争实力分析。可以找出本企业与竞争对手的差距，找出企业在市场竞争中的优势和劣势，从而更好地改进自身的工作。

（4）自我假设分析。可以很清楚地看到竞争对手对自身的战略定位，以及它对行业未来发展前景的预测。竞争对手对自身和对行业将来发展的假设有的是正确的，有的是不正确的。通过掌握这些假设，可以从中找到发展的契机，从而使本企业在竞争中处于有利的地位。

四、社会公众

社会公众是参与社会活动的民众群体，对旅游营销活动的成败会产生实际的或潜在的影响。企业的生存和发展依赖于良好的公众关系和社会环境。

对于旅游目的地与旅游企业而言，作为任务环境的公众包括新闻媒介、政府机构、群众组织以及企业内部员工。旅游目的地与旅游企业应当创造成功的人际关系、和谐的人事范围、完美的社会舆论，以赢得社会公众的了解、好感、信赖、支持与合作。在营销活动中，旅游目的地与旅游企业注重加强社会联系，让社会公众更多地了解企业市场营销活动，这样可以收到更加良好的营销效果。

为了处理好与周围公众的关系，树立旅游目的地与旅游企业的良好信誉和形象，不少旅游目的地与旅游企业设立了公共关系部，主要处理与社会公众的关系，以求增进理解，互相合作。公众是组织赖以生存的基础，是公共关系活动唯一的对象。每个组织在开展公共关系活动之前，都必须根据不同的需要，从不同角度按不同方法对复杂而且广泛的公众进行分类，这样才能做到有的放矢地确定公关目标，制订公关计划。

第四节　旅游市场营销内部环境

企业内部环境是指有利于保证企业正常运行并实现企业利润目标的内部条件与内部氛围的总和，它由企业家精神、企业物质基础、企业组织结构、企业文化构成，四者相互联系、相互影响、相互作用，形成一个有机整体。

一、旅游目的地与旅游企业内部环境分析

按旅游目的地与旅游企业的成长过程，旅游目的地与旅游企业内部环境分析又可以分为企业成长阶段分析、企业历史分析和企业现状分析等。

（1）企业成长阶段分析。就是分析企业处于成长阶段模型的哪一个阶段，然后有针对性地制定企业发展战略，对症下药。

（2）企业历史分析。包括企业过去的经营战略和目标、组织结构、过去五年财务状况、过去几年的人力资源战略以及人力资源状况（包括人员的数量及质量）等。

（3）企业现状分析。包括企业现行的经营战略和目标、企业文化、企业各项规章制度、人力资源状况、财务状况、企业产品的市场竞争地位、市场营销能力等。

二、企业内部环境分析的工具

企业内部环境分析的方法多种多样，包括企业资源竞争价值分析、比较分析、企业经营力分析、企业经营条件分析、企业内部管理分析、企业内部要素确认、企业能力分析、企业潜力挖掘、企业素质分析、企业业绩分析、企业资源分析、企业自我评价表、企业价格成本分析、企业竞争地位分析、企业面临战略问题分析、企业目前战略运行效果分析、核心竞争力分析、获得成本优势的途径、利益相关者分析、内部要素矩阵及柔性分析、企业生命周期矩阵分析、企业特异能力分析、SWOT 分析、价值链构造与分析、企业活力分析以及企业内外综合分析等。

第五节　旅游市场营销环境综合分析方法

旅游目的地与旅游企业要生存和发展，必须对自己所处的环境有充分的认识和了解。环境条件的变化，既可以给旅游目的地与旅游企业营销带来市场机会，也可以形成某种威胁。我们分析旅游市场营销环境的目的是适应市场环境的变化，寻求营销机会，避免环境风险，发挥旅游目的地与旅游企业的自身优势，克服其劣势，使旅游目的地与旅游企业充满生机与活力。

一、PEST 分析法

PEST 分析是用来帮助企业检阅其外部宏观环境的一种方法。对宏观环境因素作分析，旅游行业和企业应当根据自身特点和经营需要，对政治（Political）、经济（Economic）、技术（Technological）和社会（Social）这四大类影响企业的主要外部环境因素进行分析。简单而言，称之为 PEST 分析法（见图 2–5）。

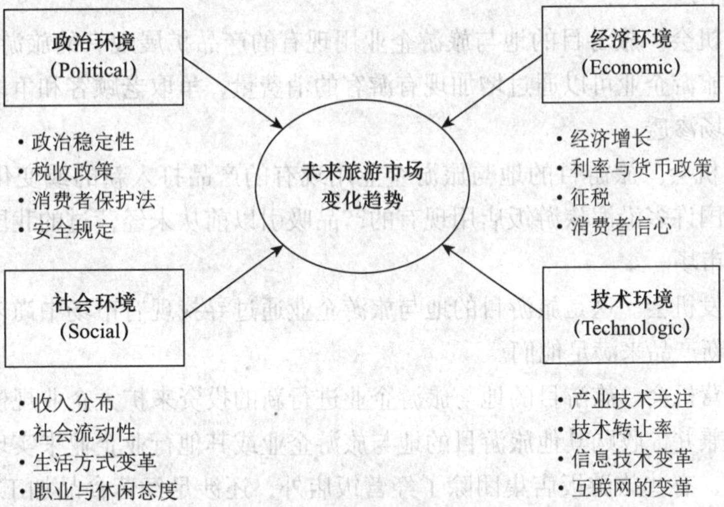

图 2–5　PEST 分析法

PEST 分析法相对简单，分析的运用领域有：旅游目的地与旅游企业战略规划、市场规划、旅游产品经营发展、研究报告撰写等。

二、SWOT 分析法

SWOT 分析法（也称 TOWS 分析法模型）即态势分析法，20 世纪 80 年代初由美国旧金山大学的管理学教授韦里克提出，经常被用于企业战略制定、竞争对手分析等场合。SWOT 分析法是一种企业内部分析方法，其中，S 代表 strength（优势），W 代表

weakness（弱势），O 代表 opportunity（机会），T 代表 threat（威胁）。即根据企业自身的既定内在条件进行分析，找出企业的优势、劣势及核心竞争力之所在。

按照企业竞争战略的完整概念，战略应是一个企业“能够做的”（即组织的优势和劣势）和“可能做的”（即环境的机会和威胁）之间的有机组合。

（一）认清旅游目的地与旅游企业自身的优势和劣势

通过对旅游目的地与旅游企业内部组织环境的分析，市场营销人员要判断出旅游目的地与旅游企业所拥有的优势和劣势。如旅游饭店的建筑有特点、服务质量一流等，可以构成该旅游饭店的优势。相反，如果旅游饭店管理混乱、设施设备陈旧等则是该旅游饭店的劣势。

（二）分析旅游目的地与旅游企业所面临的环境威胁和市场机会

环境威胁是指环境中一种不利的发展趋势对企业所形成的挑战。市场机会是指对旅游目的地与旅游企业来说可能是有利的发展空间。营销外部环境对旅游目的地与旅游企业的影响主要通过环境威胁和市场机会实现的。旅游目的地与旅游企业所遇到的市场机会可以分为以下四大类：

市场渗透机会。旅游目的地与旅游企业用现有的产品扩展现有的旅游市场。例如，旅游目的地与旅游企业可以通过增加现有游客的消费量，争取老顾客和争取竞争对手的顾客来进行市场渗透。

市场开发机会。旅游目的地与旅游企业用现有的产品打入新的或变化了的旅游市场。例如，我国许多沿海旅游饭店用现有的产品吸引以前从未经营过的我国台胞客源市场或韩国客源市场。

新产品开发机会。这是旅游目的地与旅游企业通过寻找现有市场中尚未得到满足的游客，并开发新产品来满足他们。

多元化经营机会。旅游目的地与旅游企业进行新的投资来扩大企业规模和涉足新的领域，或通过兼并、收购其他旅游目的地与旅游企业或其他行业企业来实现多元化经营的目的。例如，有些旅游饭店集团除了经营饭店外，还涉足经营食品加工、景区经营、农业生产、房地产项目等领域（见表 2–1）。

表 2–1　市场—机会分析

	现有市场	新市场
现有产品	市场渗透	市场开发
新产品	新产品开发	多元化经营

（三）SWOT 分析法模型（见图 2–6）

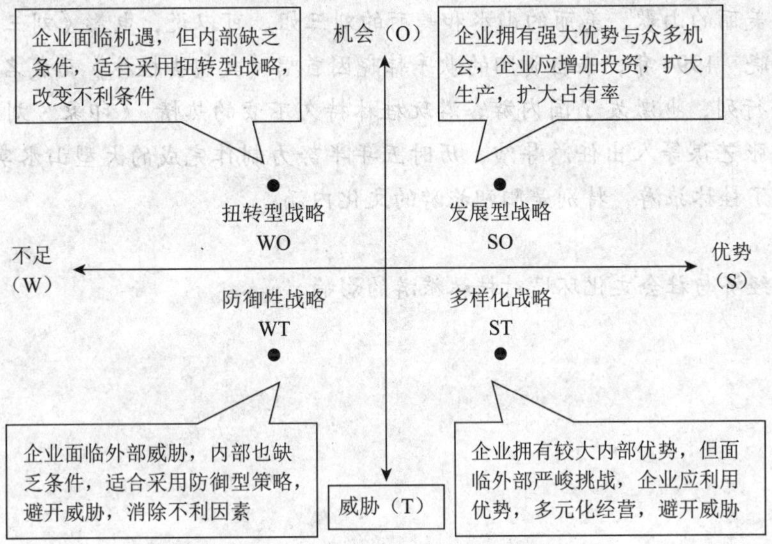

图 2–6 SWOT 分析法模型

【复习思考题】

1. 什么是旅游市场营销宏观环境和旅游市场营销微观环境？其各自包括哪些主要因素？

2. 个体购买者和组织购买者各有何特点？对二者的营销策略有何不同？

3. 简述货币汇率对国际旅游需求的影响。

4. 试述科技的发展对旅游目的地与旅游企业和旅游市场的影响。

5. 旅游中间商对旅游营销活动有何影响？

6. 旅游目的地与旅游企业一般面临哪四种类型的竞争者？各自的内涵是什么？

7. 旅游目的地与旅游企业所遇到的市场机会可以分为哪几大类？

8.SWOT 分析是被广为运用的一种“机会—风险”的分析方法，试述其原理。

【案例分析】

桂林旅游发展的文化环境因素

桂林素有“桂林山水甲天下”的美名，但一度只是文人骚客吟诗作赋的理想场所而已。随着我国改革开放的进展，桂林成为国内外游客云集的旅游目的地。以下事实，则对桂林旅游发展起到了推波助澜的作用。

1961年，长春电影制片厂拍摄了彩色故事片《刘三姐》。影片上映后，风靡全国乃至整个东南亚，堪称中国20世纪六七十年代的经典文艺作品。影片最令人喜欢的主要有三点，即美丽的山歌、美丽的山水和美丽的刘三姐。可以说，电影《刘三姐》令桂林山水家喻户晓。1994年，来自贵阳的歌手韩晓因首唱《我想去桂林》而成名，并跻身国内当红歌手行列，也激发了国内游客游玩桂林持久不衰的热情。《印象·刘三姐》是我国著名导演张艺谋等人出任总导演，历时五年半努力制作完成的大型山水实景演出剧，进一步丰富了桂林旅游，特别是阳朔旅游的文化内涵。

讨论：

政治、经济与社会文化环境对桂林旅游的影响。

第三章

旅游市场营销调研与预测

本章导读

“没有调查就没有发言权。”旅游市场营销调研与预测，是了解旅游市场营销内、外部环境，帮助市场营销管理人员进行市场营销决策的基础。本章重点阐述旅游市场营销调研的含义、旅游市场营销调研技术与测量法尺度以及旅游市场营销调研的程序。同时，介绍旅游市场需求测量与预测、旅游市场营销信息系统的含义与构成。

【学习目标】

1. 了解旅游市场营销调研的含义与内容。
2. 熟悉旅游市场营销调研技术与测量尺度。
3. 掌握旅游市场营销调研的程序。
4. 理解旅游市场需求测量与预测的基本方法。

【导入案例】

生意火爆的农家乐

这是一个典型的“农家乐”：公路边，一个充满南方气息的农家小院。院子内外栽满了各式蔬菜瓜果，四处跑着鸡、鸭，院外的池塘里养着肥美的鱼虾。

生意显然不错！尽管这里离城区足有10千米，但总是能看到院子里、公路边停有几辆甚至十多辆小车。有时，还能看到1~2辆旅游大巴。

看来，有特色的“农家乐”，偏远一些也会顾客盈门。

案例分析：

1. 这个“农家乐”为什么生意火爆？

2. 你觉得这个“农家乐”的最大特色是什么？它针对的顾客群体是谁？

第一节　旅游市场营销调研的含义

市场营销调研是指系统地、客观地收集、整理和分析市场营销活动的各种资料或数据，用以帮助营销管理人员制定有效的市场营销决策。

某一产品投入市场的决策之前，企业决策者需要了解并把握各种市场机会。此时，要了解消费者新的需要和偏好、自身产品的机会与潜在威胁等。当市场运作出现问题时，如突然的销售量下降、某种竞争品牌的进入，企业管理者或决策者也会向调研部门提出调研课题，对产品质量或服务质量情况、消费者或用户的偏好变化情况、竞争对手的市场运作手段作调查。许多情况下，市场营销调研就是针对决策是否有效而进行的，分析一项新的决策是否能使市场营销活动向更为有利的方向发展。同时，调研也为市场发展变化趋势的预测提供资料依据，预测的准确性很大程度上取决于市场营销调研的质量。

一、旅游市场营销调研的含义与内容

所谓旅游市场营销调研，是指系统地设计、收集、分析并报告与旅游目的地和旅游企业有关的数据和研究结果（见图 3–1）。

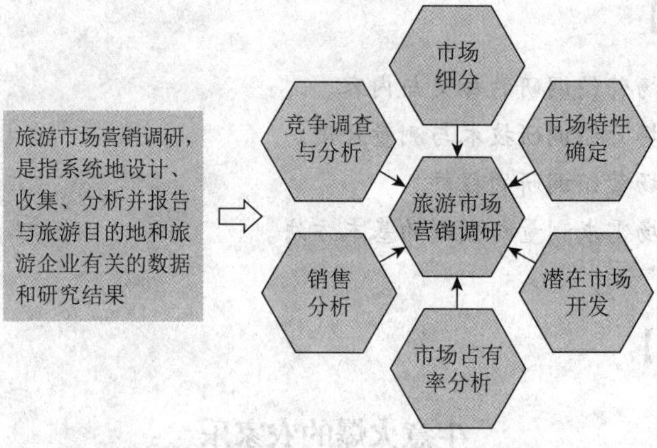

图 3–1　旅游市场营销调研的主要内容

旅游市场营销调研的主要内容包括：

（1）旅游市场特性确定。市场充满变化，博大复杂。以中国市场为例，中国市场是一个拥有超过 13 亿人口的大市场，市场潜力巨大；由于中国区域辽阔，不同区域、城市、城乡之间，消费者的收入水平、成长背景、生活习惯、文化程度、宗教信仰等各方面均存在着巨大的不同。正因如此，我国旅游市场也表现出诸多的特性。其一，市场需求呈不断扩大的趋势。随着国民收入的增加和人民生活水平的提高，国内旅游蓬勃发展。目前，旅游消费群体正在形成并不断扩大，构成了一个庞大的旅游需求和消费市场。其二，规范旅游市场秩序的进程加快。随着社会主义市场经济的建立和完善，旅游市场体系也在逐步完善。针对旅游市场中某些不合理、不规范的行为，全国各地旅游行业和管理部门正加大力度进行整治，切实加强规范化管理。其三，市场需求呈现多样化、多层次性。中国幅员辽阔，旅游资源和旅游产品极其丰富。同时，由于旅游消费者的社会经历、经济收入、个人兴趣爱好、受教育程度、职业、性别等不同，旅游消费者表现出不同的市场需求，并呈现出多样化和多层次性。旅游目的地与旅游企业应当随时把握市场特性的变化，开发符合旅游市场需求的旅游产品，在旅游市场竞争中确立自己的优势。

（2）潜在市场开发。旅游潜在市场通常是指客观存在的，由于诸多因素的影响而未显露或未成熟的市场。同时也是表明对旅游有一定程度兴趣的顾客群体。旅游目的地与旅游企业可以从以下方面进行潜在市场调研：①谁是企业目前的旅游消费群？谁是企业潜在旅游消费群体？②旅游消费群体怎样看待你的产品或服务？③你怎样有利可图地满足旅游消费群体的愿望和需求？④这一市场的潜力何在？⑤企业的顾客阅读什么？听什么？有哪些爱好或习惯？

（3）市场占有率分析。市场占有率又称市场份额，它在很大程度上反映了企业的竞争地位和盈利能力，是企业必须非常重视的一个指标。市场占有率要同时注重数量和质量两个维度。市场占有率的大小是在数量方面的特征，市场占有率质量则是对市场份额优劣的反映。市场占有率大小一般有两类表示方法：一类是用企业销售额占总体市场销售额的百分比表示；另一类是用企业销售额占竞争者销售额的百分比表示。市场占有率质量是指市场占有率（市场份额）的含金量，是市场占有率（市场份额）能够给企业带来的利益总和。这种利益除了现金收入之外，也包括了无形资产增值所形成的收入。衡量市场份额质量的标准主要有两个：一个是顾客满意率；一个是顾客忠诚率。顾客满意率和顾客忠诚率越高，市场份额质量也就越好；反之，市场份额质量就越差。

（4）销售分析。销售分析又称销售数据分析，主要用于衡量和评估经理人员所制定的计划销售目标与实际销售之间的关系，它可以采用销售差异分析和微观销售分析两种方法。销售差异分析主要用于分析各个不同的因素对销售绩效的不同作用。微观销售分析主要分析未能达到销售额的特定产品、地区等。旅游目的地与旅游企业销售分析，有助于企业做出正确的营销决策。

（5）竞争调查与分析。竞争调查与分析是旅游目的地与旅游企业进行市场调查分析，达到知己知彼的重要组成部分。旅游目的地与旅游企业一旦确定了竞争对手，需要对竞争对手进行以下四个方面的分析：竞争对手的各期目标和战略、经营状况和财务状况分析、技术经济实力分析以及领导者和管理者背景分析。

（6）市场细分。市场细分是旅游目的地与旅游企业根据消费者需求的不同，把整个市场划分成不同的消费者群体的过程。其客观基础是消费者需求的异质性。市场细分调研的主要内容为市场的异质性和需求一致的顾客群体状况。

二、旅游市场调研的意义

第一，旅游市场调研能为旅游目的地与旅游企业提供第一手的市场信息，让旅游目的地与旅游企业了解旅游市场的现状与变化趋势。阿拉斯塔·莫里森（Alastair Morrison）将其总结成5C：

（1）了解顾客（Customers）。这是市场调研最重要的原因，不管是现实的或是潜在的顾客，企业都应了解他们的需求状况。同时企业也应清楚地认识到本企业在满足旅游消费者需求上达到何种程度、在市场上的位置如何。

（2）确定竞争者（Competitors）。这也是现今竞争激烈的旅游服务业必不可少的内容。调研能够确定主要的竞争者并精确指出其优势和劣势。

（3）提升信心（Confidence）。如果企业能深刻地理解旅游消费者需求和特征以及竞争的优势和劣势，就能降低预期的风险，从而提升企业及其合作者进行营销决策的信心。

（4）增强可信度（Credibility）。准确翔实的市场调研结果可以用于增加旅游目的地与旅游企业进行广告宣传时的可信度。

（5）应对变化（Change）。旅游业同全球化的经济一起经历着剧烈的转变，国内和国际旅游市场处于经常变化的状态中，旅游消费者需求和预期也同样在发生急剧的变化。企业必须经常了解这些变化，市场调研则是执行的基本工具。

第二，旅游市场调研是旅游目的地与旅游企业制定营销战略、进行营销决策和策划营销方案的基本依据。旅游目的地与旅游企业只有通过旅游市场调研，才能充分了解国家旅游政策和旅游市场的基本情况。

第二节　旅游市场营销调研技术与测量测度

一、旅游市场调研技术

（一）定量研究

定量研究是指主要搜集用数量表示的资料或信息，并对数据进行量化处理、检验和分析，从而获得有意义的结论的研究过程。定量的意思就是以数字化符号为基础去进行测量。

（二）定性研究

定性研究是指非实验性的，通常采用自然情景中的资料，而且一般不用数量形式表达的研究。定性研究更强调意义、经验（通常是口头描述）、描述等。

二、旅游市场营销调研资料的类别与收集方法

（一）一手资料

一手资料又称为一手数据、原始数据，是旅游目的地与旅游企业自身首次亲自收集或委托调研机构首次实地收集的数据。比如，获得的实物资料，或亲自进行的调查研究资料。它是通过实地调查来收集第一手资料，即原始资料，这时就应根据调研方案中已确定好的调查方法和调查方式、选择调查单位的方法，先一一确定每一位被调查者，再利用设计好的调查方法与方式来取得所需要的资料。一手数据的获得花费较大，它是调研所需资料的主要提供者。我们通常将取得第一手资料并利用第一手资料开展的调研工作称为实地调研（Field Research）。

收集原始数据的方法有四种，即观察法、实验法、调查法和专家估计法。

1. 观察法

观察法是指研究者根据一定的研究目的、研究提纲或观察表，用自己的感官和辅助工具去直接观察被研究对象，从而获得资料的一种方法。

2. 实验法

实验法是指将选定的刺激措施引入被控制的环境中，进而系统地改变刺激程度，以测定顾客的行为反应。通常在实验室内利用一定的设施，控制一定的条件，并借助专门的实验仪器进行研究，探索自变量和因变量之间的关系的一种方法。

3. 调查法

调查法是指为了达到设想的目的，制订某一计划全面或比较全面地收集研究对象的某一方面情况的各种材料，并作出分析、综合，得到某一结论的研究方法。它的目的可以是全面把握当前的状况，也可以是为了揭示存在的问题，弄清前因后果，为进一步的研究或决策提供观点和论据。调查方法主要有三种，即问卷调查、人员访问与电话调查。

问卷调查是最有效的调查方法。范围大一些的调查，常采用问卷的方式进行。问卷即是书面提问的方式。问卷调查通过收集资料，然后作定量和定性的研究分析，归纳出调查结论。采用问卷调查方法时，最主要的当然是根据需要确定调查的主题，然后围绕它，设立各种明确的问题，作全面摸底了解。

人员访问在这三种方法中最富有灵活性，可以提出许多问题，还可以察言观色，及时补充、修正面谈内容。但是，采用这种方法需要花费很高的成本。访问人员在面谈过程中可能无意识地带有偏差，这往往是由于性别、年龄、态度、语言等原因所致。

电话调查是指研究人员通过电话向被调查者进行问询，了解所需情况的一种调查方法。电话访问可以获得最迅速、最及时的信息。但由于彼此不直接接触，而是借助于电

话这一中介工具进行，因而是一种间接的调查方法。这种方法的优点是花钱、花时不多，能调查较多的人；缺点是不像人员访问那样可以采用多种方式详细询问和解释问题，使被调查者对问题不发生误解。这种方法对于已普及电话的地区较为适用，而对电话还不够普及的地方就不很适用。

4. 专家估计法

专家估计法是以专家为索取信息的对象，运用专家的知识和经验，考虑预测对象的社会环境，直接分析研究和寻求其特征规律，并推测未来的一种预测方法。

专家估计法可以分为两种方式：一是组织有关专家，进行调查研究，然后通过座谈讨论得出预测的结论；二是德尔菲法，即由协调者以函件形式，向互相不见面的有关专家发出问题表，要求专家对问题表所列示的问题作明确回答，收回的答卷经协调者归纳整理和分析后，再将结果以函件形式发送给有关专家。如此反复几次。在此期间，专家可以根据上轮归纳的结果修改或坚持自己的意见，并提出坚持或修改的理由。采用这种方法需运用特制的调查表格和综合、归纳、整理的科学方法。

（二）二手资料

二手资料也称为二手数据，是经过编排、加工处理的数据，是指用间接或直接的方式从其他人那里获取的资料，如参考文献、网络搜索。

【知识链接 3-1】

网络资讯收集方法

世界各个国家和地区发行的报纸、杂志、政府出版物、新闻公报、人口与环境分析报告、市场调查报告、工商企业的供求信息与产品广告都可以上网，市场营销调研人员只要掌握利用搜索引擎的技巧和一些相关的网站资源分布，就可以在网络上查找到大量有价值的环境和商业原始数据或市场信息。网络为我们收集各种市场信息提供了十分便利快捷的手段。具体方法包括：

（一）使用合适的搜索引擎查找商务信息

网上有很多优秀的国内外搜索引擎，在网上查找商务信息，既可以用综合类搜索引擎，也可以用各种专题搜索引擎如商贸引擎。对不同的信息，可以用中文搜索引擎查，也可以用英文搜索引擎查。

（二）利用网上商业资源站点查找商务信息

网上有大量的商业资源站点，集中了大量的商务信息，而且大部分是供用户免费使用的。其中，与网络市场调研有关的资源站点有很多，如商业门户网站、专业资源网站、专业调查网站、传统商业媒体转型的网站、电子商务网站、工商企业网站等，市场调研人员通过它们可以获得许多有价值的商务信息。

（三）购买有偿使用的网络咨询

网上也有不少商业资源站点提供有偿网络咨询，用户可以根据自己需求购买有关资讯。

二手资料的来源通常为国家机关、金融服务部门、行业机构、市场调研与信息咨询机构等发表的统计数据，也有些发表于科研机构的研究报告或著作、论文上。对这些资料的收集方法比较容易，而且花费也比较少。我们一般将利用二手资料来进行的调研称为案头调研（Desk Research）。

由于二手资料不是直接从市场上调研获得，一般经过了数据的加工、分析，所以需要对资料进行一定的检验。主要检验其公正性、有效性和可靠性。所谓公正性，是指提供该项数据的人员或组织不怀有偏见或恶意。有效性是指资料提供的信息，是否有参考价值。可靠性是指资料的来源是否权威、可信。

三、多变量统计技术

（1）回归分析。回归分析是一种从事物因果关系出发进行预测的方法。在操作中，根据统计资料求得因果关系的相关系数，相关系数越大，因果关系越密切。通过相关系数就可确定回归方程，预测今后事物发展的趋势。通常，求一个变量对另一个变量的因果关系，叫一元回归分析；而求多个变量之间的因果关系，叫多元回归分析。

（2）判别分析。判别分析是在分类确定的条件下，根据某一研究对象的各种特征值判别其类型归属问题的一种多变量统计分析方法。其基本原理是按照一定的判别准则，建立一个或多个判别函数，用研究对象的大量资料确定判别函数中的待定系数，并计算判别指标。据此即可确定某一样本属于何种类型。

（3）因素分析。因素分析是指数法原理在经济分析中的应用和发展。它根据指数法的原理，在分析多种因素影响的事物变动时，为了观察某一因素变动的影响而将其他因素固定下来，如此逐项分析、逐项替代，故称因素分析法或连环替代法。因素分析用来确定一组相关变量中找出真正相互独立的自变量。

四、测量尺度

史蒂文（S. S. Stevens）将定量研究的测定尺度分为四种类型，即名义尺度、顺序尺度、间距尺度和比例尺度。定量研究四种测定尺度的意义与特征如下：

（1）名义尺度。名义尺度所使用的数值，用于表现它是否属于同一个人或物。例如，给属于特定群体的事物编号（男女、职业、区域等）。

（2）顺序尺度。其数值大小与研究对象的特定顺序相对应。所使用的数值的大小是与研究对象的特定顺序相对应的。例如，给社会阶层中的上上层、中上层、中层、中下层、下下层等分别标为“5、4、3、2、1”。其中，表示上上层的5与表示中上层的4的差距，和表示中上层的4与表示中层的3的差距，并不一定是相等的。

（3）间距尺度。其数值不仅表现大小，还表现它们的大小程度即间隔的大小。间距尺度所使用的数值，不仅表示测定对象所具有的量的多少，还表示它们大小的程度即间隔的大小。不过，这种尺度中的原点可以是任意设定的，但并不意味着该事物的量为“无”。例如，0℃为绝对温度273°K，华氏32°F。

（4）比例尺度。长度、重量、时间都是比例尺度测定的范围。比例尺度的意义是绝对的，即它有着含义为“无”量的原点0。比例尺度测定值的差和比都是可以比较的。例如，5分钟与10分钟之间的差和10分钟与15分钟之间的差都是5分钟，10分钟是2分钟的5倍。比例尺度可以进行加减乘除运算。

第三节　旅游市场调研的程序

旅游市场调研是一项有序的活动。它包括准备阶段、实施阶段和总结阶段三个部分。

一、调研准备阶段

这一阶段主要是确定旅游市场调研目的、要求及范围并据此制订调研方案。在这一阶段中包括以下三个步骤。

（1）旅游市场调研问题的提出。营销调研人员根据旅游目的地与旅游企业决策者的要求，或由市场营销调研活动中所发现的新情况和新问题，提出需要调研的课题。

（2）初步情况分析。根据调查课题，收集有关资料作初步分析研究。许多情况下，营销调研人员对所需调研的问题尚不清楚或者对调研问题的关键和范围不能抓住要点而无法确定调研的内容，这就需要先收集一些有关资料进行分析，找出症结，为进一步调研打下基础，通常称这种调研方式为探测性调研。探测性调研所收集的资料来源有：现有的资料，向专家或有关人员作调查所取得的资料。

（3）制订调研方案。调研方案中确定调研目的、具体的调研对象、调研过程的步骤与时间等，在这个方案中还必须明确规定调查单位的选择方法、调研资料的收集方式和处理方法等问题。

二、调研实施阶段

调研实施阶段的主要任务是根据调研方案，组织调查人员深入实际收集资料，它包括以下两个工作步骤：

（1）组织并培训调研人员。旅游目的地与旅游企业往往缺乏有经验的调研人员，要开展营销调研首先必须对调研人员进行一定的培训，目的是使他们对调研方案、调研技术、调研目标以及与此项调研有关的经济、法律等知识有较为明确的了解。

（2）收集资料。首先收集的是二手资料也称为次级资料；其次收集的是一手资料。

三、调研总结阶段

营销调研的作用能否得到充分发挥，与以下两项具体工作密切相关。

（1）资料的整理和分析。通过营销调查取得的资料往往是相当零乱的，有些只是反映问题的某个侧面，带有很大的片面性或虚假性，所以对这些资料必须做审核、分类、制表工作。审核即是去伪存真，不仅要审核资料的正确与否，还要审核资料的全面性和可比性。分类是为了便于资料的进一步利用。制表的目的是使各种具有相关关系或因果关系的经济因素更为清晰地显示出来，便于做深入的分析研究。

（2）编写调研报告。它是调研活动的结论性意见的书面报告。编写原则应该是客观、公正全面地反映事实，以求最大限度地减少营销活动管理者在决策前的不确定性。调研报告包括的内容有：调研对象的基本情况、对所调研问题的事实所做的分析和说明、调研者的结论和建议。

【知识链接 3-2】

如何测量游客满意度

基于不同的目的、自身技术力量的限制以及委托方预算的高低，整体归纳起来，开展游客满意度测评的方法形形色色，可以大概划分为以下几种：

1. 简要问答式。进行直截了当的问询（如问卷式、卡片式）。如问：“你对 ×× 酒店服务总体上满意吗？”受访者可以进行选项或者打分。这种方式效率高，容易回答，而且容易了解到消费者对竞争品牌的总体评价。

2. 要素评价式。这种方式需要调查设计者找到一些影响满意度的驱动要素，然后让受访者对被调查品牌在该驱动要素上的表现打分，同时还要对该驱动要素对其重要性程度进行打分。问题比如：“请问，×× 景点的导游服务质量，可以打几分？”“导游的讲解与服务对您而言重要吗？请选择。”

3. 要素评价权重改进式。这种调查方式是在上一种方式的基础上改进而得到的。具体方法是：假定全部要素的重要性合计为 100，受访者在对每个调查要素给予重要性权重的时候，最终需要使得权重和为 100。

4. 采用线性回归统计分析技术。随着市场调查分析技术的发展，统计工具在市场研究中应用得越来越多。利用多元回归分析技术可以计算出满意度驱动要素对满意度的影响大小。这种影响大小可以解释为，当满意度驱动要素提升 1 分，满意度在现有的基础上可以提升多少分。

5. 采用结构方程模型。结构方程模型是一种因果关系模型，通过要素间的因果关系或准因果关系来揭示现实生活中的相互关系。目前广泛地应用于许多市场研究分析当中，它也是目前国际上流行的顾客满意度研究分析手段。

以上方法各有特色，根据具体需要确定。

第四节 旅游市场需求测量与预测

旅游市场需求测量与预测，是依据有关旅游市场的信息、资料进行分析而做出对旅游市场发展趋势的判断。

一、旅游市场需求测量

（一）营销力量和市场需求

旅游市场需求是指一定的顾客在一定的地区、一定的时间、一定的市场营销环境和一定的市场营销方案下对旅游商品或服务愿意而且能够购买的数量。可见，旅游市场需求是旅游消费者需求的总和。

市场需求弹性取决于营销力量。旅游市场的营销力量包括营销支出水平、营销组合、营销匹配与营销效率四个层次。

（二）旅游市场需求的影响因素

市场需求曲线表示当前营销力量与当前需求的关系。

在影响旅游需求的其他因素不变的情况下，旅游需求量总是随着旅游产品价格的涨落而发生相应的变化。当旅游产品价格上涨时，旅游需求量就会下降；当旅游产品价格下跌时，旅游需求量就会上升。

旅游需求是一种有效需求，而有效需求必须是具有支付能力的需求。如果人们仅有旅游欲望而无支付能力，是不可能形成有效需求的。通常，人们可支配收入越多，对旅游产品的需求就越大。因而人们可支配收入同旅游产品之间存在着正相关变化的关系。

旅游产品的消费是一种特殊的消费，必须占用一定的时间。尽管人们的闲暇时间并不属于经济的范畴，但它同旅游需求也具有密切的联系。闲暇时间不仅对旅游需求的产生具有决定性作用，而且直接影响着旅游需求量的变化。当人们的闲暇时间增多时，旅游需求量就相应增加；当人们的闲暇时间减少时，旅游需求量就相应减少。因而旅游需求同闲暇时间的关系就像旅游需求同可支配收入的关系一样，也呈同方向变化。

二、旅游市场预测与旅游市场潜量

（一）旅游市场预测

预测为决策服务，是为了提高管理的科学水平，减少决策的盲目性，我们需要通过预测来把握经济发展或者未来市场变化的有关动态，减少未来的不确定性，降低决策可能遇到的风险，使决策目标得以顺利实现。

市场预测是估计的市场需求，但它不是最大的需求。旅游市场预测就是运用科学的方法，对影响旅游市场供求变化的诸因素进行调查研究，分析和预见其发展趋势，掌握市场供求变化的规律，为旅游目的地与旅游企业经营决策提供可靠的依据。

（二）旅游市场潜量

最大市场需求指对应于最高营销费用的市场需求，这时进一步扩大营销力量，不会刺激产生更大的需求。

旅游市场潜量是指旅游市场需求的最高界限，既指在一定区域、一定时间内以及一定营销环境和一定的营销费用水平条件下，旅游消费者可能购买的旅游商品与服务的总量。

三、旅游市场需求预测方法

（一）购买者意向调查法

旅游目的地与旅游企业必须经常关注新顾客、老顾客和潜在顾客未来的购买意向情况。如果存在少数重要的顾客占据旅游目的地与旅游企业大部分销售量这种情况，那么购买者意向调查法是很实用的。这种预测方法是通过征询顾客或客户的潜在需求或未来购买商品计划的情况，了解顾客购买商品的活动、变化及特征等；然后在收集消费者意见的基础上分析市场变化，预测未来市场需求。调查预测时，应注意取得被调查旅游消费者的合作，要创造条件解除调查对象的疑虑，使其能够真实地反映需求情况。

1. 购买者意向调查法适用条件

在满足下面三个条件的情况下，购买者意向调查法比较有效：购买者的购买意向明确清晰；这种意向会转化为顾客购买行为；购买者愿意把其意向告诉调查者。

2. 购买者意向调查法的优缺点

采用这种预测法，一般准确率较高，但不太适合长期预测。因为时间长，市场变化因素大。该方法预测结果可以用其他方法预测对比进行修正，使预测结果更为准确。

（二）销售人员意见法

销售人员意见法是利用企业销售人员对未来销售进行预测。有时是由每个销售人员单独作出这些预测，有时则与销售经理共同讨论而作出这些预测。预测结果以地区或行政区划汇总，一级一级汇总，最后得出旅游目的地与旅游企业的销售预测结果。

销售人员最接近旅游消费者，对旅游商品是否畅销、滞销比较了解，对旅游商品需求也比较了解。所以，许多旅游目的地与旅游企业都通过听取销售人员的意见来预测市场需求。

（三）专家意见法

专家意见法又名德尔菲法，是采用背对背的通信方式征询专家小组成员的预测意见，经过几轮征询，使专家小组的预测意见趋于集中，最后做出符合市场未来发展趋势的预测结论。

（四）实验调查法

实验调查法是旅游目的地与旅游企业有目的、有意识地通过改变或控制一个或几个市场影响因素的实践活动，来观察旅游市场现象在这些因素影响下的变动情况，认识旅游市场现象的本质和发展变化规律。

实验调查法既是一种实践过程，也是一种认识过程，它将实践与认识统一为调查研究过程。实验调查的基本要素有：①实验者，即市场实验调查有目的、有意识的活动主体（旅游目的地与旅游企业）。②实验对象，即通过实验调查所要了解认识的市场现象（旅游消费者）。③实验环境，即实验对象所处的市场环境（旅游市场环境）。④实验活动，即改变市场现象所处市场环境的实践活动。⑤实验检测，即在实验过程中对实验对象所做的检验和测定。

实验调查法的最突出特点在于它的实践性，这是实验调查法的本质特点。调查对象（旅游消费者）的动态性，是实验调查的另一重要特点。实验调查法还具有综合性的特点。实验调查过程中，各种调查研究方法的综合应用，表现得很明显。

（五）时间序列分析法

时间序列是按时间顺序分布的一组数字序列。时间序列分析就是利用这组数列，应用数理统计方法加以处理，以预测未来事物的发展。

时间序列分析是定量预测方法之一，它的基本原理为：一是承认事物发展的延续性。应用过去数据，就能推测事物的发展趋势。二是考虑到事物发展的随机性。任何事物发展都可能受偶然因素影响，为此要利用统计分析中加权平均法对历史数据进行处理。该方法简单易行，便于掌握，但准确性相对较差，一般只适用于短期预测。

（六）直线趋势法

直线趋势法又称直线趋势预测法、线性趋势预测法，是对观察期的时间序列资料表现为接近于一条直线，表现为近似直线的上升或下降时采用的一种预测方法。关键是求得趋势直线，以利用趋势直线的延伸求得预测值。

直线趋势法是假设所要预测的变量与时间之间成线性函数关系，并以此为基础预测未来。因此，用这种方法时，应先计算相关系数，以判别变量与时间之间是否基本上存在线性联系。只有存在线性联系时，才能采用这种方法进行预测。

其公式为：

$$Y=a+bX$$

式中：a为直线在Y轴上的截距；b为直线斜率，反映年平均增长率；Y为销售预测趋势值；X为时间。

（七）统计需求分析法

统计需求分析法是在找出影响销售的最重要的实际因素的基础上，研究这些实际因素与产品销售之间关系的一套统计方法。它将产品销售量看作是一系列独立的需求变量的函数。运用多元回归分析的方法可以建立反映这些需求变量与销售量之间的相关关系的销售预测模型。

第五节　旅游市场营销信息与旅游市场营销信息系统

一、旅游市场营销信息

（一）市场营销信息

市场营销信息是指一定时间和条件下，与企业的市场营销有关的各种事物的存在方式、运动状态及其对接收者效用的综合反映。它一般通过语言、文字、数据、符号等表现出来。

所有的市场营销活动都以信息为基础而展开，经营者进行的决策也是基于各种信息，而且经营决策水平越高，外部信息和对将来的预测信息就越重要。其中市场营销信息形成了企业的战略性经营信息系统的基础。

（二）旅游市场营销信息的特征

旅游市场营销信息作为广义旅游信息的组成部分，除具有一般信息的属性外，还具有自己的特征，主要是：

（1）时效性强。旅游市场营销活动与旅游市场紧密联系在一起，信息的有效性具有极强的时间要求。这是由于作为国民经济大系统的中心位置的市场，受到错综复杂的要素的影响和制约，处于高频率的不断变化中，信息一旦传递加工不及时，就很难有效地利用。对此，日本的商业情报专家认为：一个准确程度达到百分之百的情报，其价值还不如一个准确程度只有 50% 但赢得了时间的情报。特别是在竞争激烈之际，企业采取对策如果慢了一步，就会遭到覆灭的命运。可见，加强信息的收集能力，提高信息的加工效率，尽可能缩短从收集到投入使用的时间，对于最大限度地发挥营销信息的时效性是十分重要的。

（2）不确定性。市场营销信息随市场的变化与发展处于不断的运动中，这一运动客观上存在着新陈代谢。因此，市场活动的周期性并不意味着简单的重复，而必定是在新环境下的新过程。虽然新过程与原有的过程有着时间上的延续性，但绝不表明可以全部沿用原有的信息，企业营销部必须不断地、及时地收集、分析各种新信息，以不断掌握新情况，研究问题，取得营销主动权。

（3）双向性。在商品流通中，商品的实体运动表现为从生产者向消费者的单向流动。旅游市场营销信息的流动则不然，它带有双向性，一方面是信息的传递，另一方面是信息的反馈，因此，收集市场信息就显得格外重要。

（4）多样性。收集和分析过程复杂，市场信息的来源种类多样。

（三）旅游市场营销信息的类型

根据信息来源划分，可以分为外部信息和内部信息；根据旅游目的地与旅游企业决策的级别划分，可以分为战略信息、管理信息和作业信息；根据信息的表示方式划分，可以分为文字信息和数据信息；根据信息的处理程度，可以分为原始信息与加工信息；根据信息的稳定性，可以分为固定信息和流动信息；等等。

二、旅游市场营销信息的功能

市场营销信息是旅游目的地与旅游企业经济决策的前提和基础。企业营销过程中，无论是对于企业的营销目标、发展方向等战略问题的决策，还是对于企业的产品、定价、销售渠道、促销措施等战术问题的决策，都必须在准确地获得市场营销信息的基础上，才可能得到正确的结果。

市场营销信息是制定旅游目的地与旅游企业营销计划的依据。旅游目的地与旅游企业在市场营销中，必须根据市场需求的变化，在营销决策的基础上制订具体的营销计划，以确定实现营销目标的具体措施和途径。不了解市场信息，就无法制订出符合实际需要的计划。

市场营销信息是旅游目的地与旅游企业实现营销控制的必要条件。营销控制是指按既定的营销目标，对企业的营销活动进行监督、检查，以保证营销目标实现的管理活动。由于市场环境的不断变化，企业在营销活动中必须随时注意市场的变化，进行信息反馈，以此为依据来修订营销计划，对企业的营销活动进行有效控制，使企业的营销活动能按预期目标进行。

市场营销信息是旅游目的地与旅游企业进行内、外协调的依据。企业营销活动中，要不断地收集市场营销信息，根据市场和自身状况的变化来协调内部条件、外部条件和企业营销目标之间的关系，使企业营销系统与外部环境之间、与内部各要素之间始终保持协调一致。

三、旅游市场营销信息系统

市场营销信息系统，是指一个由人员、机器和程序所构成的相互作用的复合体。旅游目的地与旅游企业借助市场营销信息系统收集、挑选、分析、评估和分配适当的、及时的和准确的信息，为旅游市场营销管理人员改进市场营销计划、执行和控制工作提供依据。旅游市场营销信息系统处于环境与市场营销人员（即信息使用者）之间，各种市场营销数据由环境流向旅游目的地与旅游企业市场营销信息系统。

旅游市场营销信息系统将旅游调研有关数据加以转换，并通过旅游市场信息流程传导给管理人员。旅游管理人员依据这些数据制订各种计划、方案，由此形成的各种数据又通过市场营销决策与沟通流程回到环境。

图 3–2 是一个旅游市场营销信息系统构成的模型。

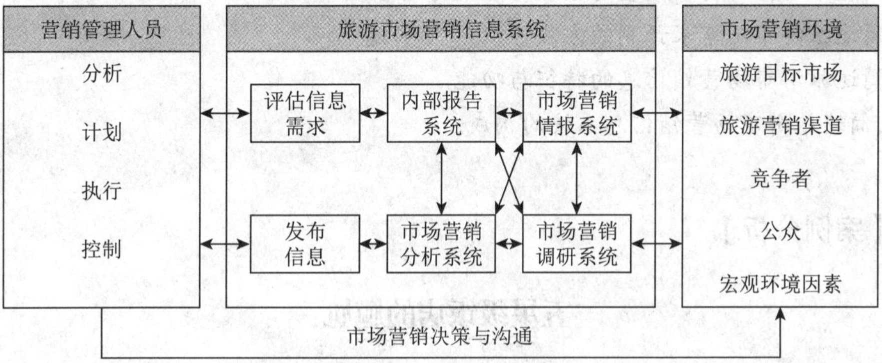

图 3–2　旅游市场营销信息系统构成

旅游市场营销信息系统作为一种信息的收集、管理、提供机构承担着以下职能：

（1）数据资料的收集。数据资料的收集实际上包括两种情况：一是作为一种常规性工作，经常收集相关的数据资料，以便需要时调用；二是在特殊需要时的收集。例如，旅游市场营销管理者明确了问题以后，信息收集者就要进行确认，信息库是否输入了与其问题有关的信息。如果找不到适合的信息，就要决定是否花成本收集。如果认为不值得花成本，就只好利用现有信息进行市场营销决策。相反，如果认为有必要花成本收集新的信息，那就开始在企业内外收集其数据资料，并将其输入到数据资料库。

（2）数据资料的处理。收集、输入到数据资料库的都是未加工的原始数据资料，旅游市场营销管理者需要对其进行整理、编辑、建档等处理。

（3）数据资料的分析和评价。数据资料要成为某种决策或特定目的的有价值的信息，市场营销管理者还必须用科学方法并结合经验和悟性对其进行统计分析和评价。

（4）储存和检索。储存和检索至少应包括两个层次：其一是原始数据资料的储存和检索；其二是经加工，即统计分析和评价后的作为某种决策信息的储存和检索，并要做成报告等一定的表现形式，以便提供或随时准备提供给市场营销管理者和经营者。

（5）传递信息。作为一种日常性工作，将有关市场营销信息及时提供给市场营销管理者和经营者，或者根据其需要随时向市场营销管理者和经营者提供某种特定的信息。

【复习思考题】

1. 简述旅游市场营销调研的含义与内容。
2. 旅游市场调研的意义有哪些？
3. 定性分析与定量分析的区别与联系。
4. 旅游市场营销调研资料的类别及其收集方法有哪些？
5. 定量研究的测量尺度有哪四种类型？简述它们各自的含义。
6. 简述旅游市场营销调研的程序。
7. 简述旅游市场需求测量与预测的含义与内容。
8. 简述旅游市场需求预测的方法。
9. 简述旅游市场营销信息的特征与功能。
10. 简述旅游市场营销信息系统的构成。

【案例分析】

五星级饭店的尴尬

某饭店是家五星级度假饭店，坐落于风景优美的海滨，设施豪华，因而前来住店的游客络绎不绝。

然而，奇怪的是，该饭店尽管餐厅装修高档，大力推出诸多特色海鲜菜肴，而且价格不高，还经常尝试推出打折菜肴，营销部门从未因为本饭店是五星级饭店而坐地抬价。但是，前来就餐的游客，除了部分追求经济实惠的团餐客人外，可以说寥寥无几。

尤其令人遗憾的是，有些消费能力很强的客户，似乎也愿意前来居住，就是不愿意到餐厅就餐。饭店总经理百思不得其解！

问题：

1. 该饭店的餐厅为什么顾客稀少？
2. 你有什么办法可以改变以上局面？

第四章 旅游消费者购买行为分析

本章导读

旅游消费者是旅游行业的服务对象，是旅游目的地和旅游企业的“衣食父母”。掌握旅游消费者购买行为，有助于旅游目的地和旅游企业有针对性地制定旅游市场营销策略。

通过本章学习，了解旅游消费者购买行为及其类型、影响旅游消费者购买行为的因素及其购买决策过程，掌握如何进行旅游消费者购买行为调查。

【学习目标】

知识目标

1. 熟悉旅游消费者购买行为的概念及类型。
2. 了解研究旅游消费者购买行为的刺激—反应模型。
3. 掌握影响旅游消费者购买行为的主要因素。
4. 理解旅游消费者的一般购买决策过程及产品的购买决策过程。

能力目标

1. 能正确理解旅游消费者购买行为与购买决策过程。
2. 能正确运用旅游市场调查手段进行旅游消费者调查。

【导入案例】

广东入境欧美游客的旅游消费行为偏好研究

2015年6月至7月，对广州和深圳的入境口岸和各大知名景区，包括深圳罗湖口岸、锦绣中华民俗村、世界之窗、广州六榕寺、中山纪念堂、陈家祠等景区欧美游客进行调查，部分调查结果如下：

一、出游形式的选择偏好

在对广东入境欧美游客的调研中，参加团队旅游的游客只占 31.2%，而未参加团队旅游的比例为 68.8%。证明散客旅游是欧美游客的主要出游形式，但这部分游客对团队包价旅游以外的小包价产品（如预订机票、预订酒店）的需求仍然较大。此外，欧美游客出行中的非常规线路的产品设计仍有需求，此方面其对旅行社仍有相当程度的依赖。西方人崇尚自我、独立与自由，个性偏外向，好表现，因此，团队游在一定程度上限制了其独立的自我享受。所以旅行社产品针对散客个性化小包价产品的开发、新线路的设计应当成为针对这一市场的研究重点。

二、饮食偏好分析

中国饮食文化博大精深。粤菜是四大名菜系之一，以食材广泛、用料新鲜、烹调技法多样等特点闻名于世。在广东入境欧美游客饮食偏好的调研数据中，欧美游客选择吃中餐（尤其是粤菜）的比例高达 84.7%，这其中对粤式风味餐（如烧鹅、烤乳猪、乳鸽等）的选择高达 90%。此调研结果显示了粤式菜肴对于欧美游客的吸引力。由于口味的差异和长期的饮食习惯，也有 15.3% 的游客餐饮选择用西餐或者洋快餐。

三、旅游资源偏好分析

旅游资源类型选择的数据表明，具有中国特色的资源类型备受青睐，如历史古迹游、民俗游、美食之旅等。同时，广东独特的地质地貌所赋予的自然风光、温泉休闲度假型旅游也颇具吸引力。游客对旅游资源偏好选择的多样性，也体现了广东旅游资源类型的丰富多样性。

案例分析：

1. 影响游客出游方式的选择因素有哪些？
2. 游客对旅游资源偏好的选择呈现多样性的原因是什么？

第一节 旅游消费者购买行为概述

成功的营销者是那些能够有效地开发对消费者有价值的产品，并运用富有吸引力和说服力的方法将产品有效地呈现给消费者的企业和个人。旅游消费者是旅游活动的主体，是旅游业赖以生存和发展的关键因素。在现代经济社会中，无论旅游目的地与旅游企业的性质、规模与经营方式如何，都必须研究旅游消费者市场状况。

旅游消费者的需求及其购买行为，是旅游目的地与旅游企业制定经营战略的依据和基本出发点。旅游市场营销策略的制定，首先必须了解旅游消费者行为的特点和购买行为模式，并研究影响旅游消费者购买行为的各种因素及购买决策过程的各个阶段。只有这样，旅游目的地与旅游企业才能在营销活动中取得成功。

一、旅游消费者购买行为的概念

旅游消费者购买行为是指人们为满足旅游需要和欲望而寻找、选择、购买、使用、评价及处置旅游产品、服务时介入的主客观活动，包括消费者的主观心理活动和客观物质活动两个方面。例如，旅游消费者购买旅游产品的原因、购买什么样的旅游产品、什么时候购买、什么地点购买、谁来购买、购买多少等。

旅游消费者的购买行为是由一系列环节、要素构成的完整过程。旅游购买行为，不仅发生在旅游产品购买之前、购买过程之中，还发生在购买旅游产品之后。研究旅游消费者购买行为对于把握消费者的购买心理、设计开发符合消费者需求的旅游产品、制订有效的营销方案、增加旅游购物收入有着极其重要的现实意义。

二、旅游消费者购买行为的类型

按照不同的分类标准，旅游购买行为可以划分为不同的类型：

（一）按照旅游购买者来划分

（1）个体购买行为。个体购买行为是指以个人、家庭或者小群体旅游购买行为。例如，越来越多的个体旅游消费者选择自助游、自驾游、骑行游等方式出游，他们不愿意跟团行动，自己选择旅游线路，个人独行或结伴而行。

（2）组织购买行为。组织购买行为是为了满足较大规模组织的旅游消费，或者是为了营利而产生的旅游购买行为，又分为一般组织机构的购买行为和旅游中间商的购买行为。

（二）根据旅游消费者个性特点划分

心理学中把个体身上经常地、稳定地表现出来的心理特点的总和称为个性。旅游消费者千差万别，其个性心理特征也迥然不同。按照旅游消费者的个性特点，可以将旅游购买行为划分以下几种常见类型。

（1）偏好型。偏好型旅游消费者兴趣具有指向性，形成对一定事物的特殊喜好。此类消费者的兴趣非常集中，甚至可能带有极端化的倾向，直接影响到他们购买旅游产品的种类。这种类型是指旅游消费者在购买旅游产品时，以往的购买经验和消费习惯使其购买行为呈现出反复性的特征，形成习惯性购买行为。例如，不少自助游旅游消费者习惯于居住价格实惠的青年旅馆，而有些高端商务旅游消费者则偏好住宿在设备齐全、服务良好的五星级酒店。

（2）冲动型。冲动型旅游消费者具有多种兴趣，他们对外界刺激反应灵敏，可以受到各种广告、宣传、推销方式的吸引或社会环境的影响，购买行为不拘一格。这种类型的旅游消费者未经事先考虑，以直观感觉为主，临时做出决定购买的行为。这种类型的旅游消费者往往在先天性格方面比较随意和感性，在旅游产品的购买过程中呈现出冲动购买的特征。这类旅游消费者易对旅游产品“一见钟情”，喜欢追求新产品，从个人兴趣出发，不大讲究产品的效用、性能。

（3）理智型。理智型旅游消费者比较理性，善于权衡利弊。此类旅游消费者在购买旅游产品之前，会进行理性的分析，在搜集旅游产品信息、了解旅游市场行情、慎重选择之后再做出最终购买行为。

（4）随意型。随意型旅游消费者多兴趣易变。他们一般没有对某种旅游商品的特殊偏爱或固定习惯，也不会成为某种旅游商品长期的忠实消费者。这种类型的旅游消费者在购买旅游产品时无固定偏爱，进行顺便购买或尝试购买的购买行为。这类旅游消费者或者缺乏购买经验，或者缺乏主见，心理尺度尚未稳定，既不苛求也不挑剔，购买行为也比较随便。

（三）根据旅游消费者的购买目的划分

图 4-1 印度尼西亚巴厘岛乡间一瞥

（1）观光旅游。观光旅游是旅游的一项最基本的活动内容。观光型购买行为是指旅游消费者以观光游览为主要目的，离开常住地外出进行旅游而导致的购买行为。如观赏异国异地的风景名胜、人文古迹、城市美景及风土人情等（见图 4-1）。

这种基本的旅游方式，在今后一定时期内仍将继续占据重要地位。在不少国家，“观光”一词即游览或旅游的同义词，观光者即旅游消费者。日本所称“观光地理”通常亦译作“旅游地理”。

（2）休闲旅游。休闲旅游是指以旅游资源为依托，以通过休闲、消遣来求得精神上的放松为主要目的，以旅游设施为条件，以特定的文化景观和服务项目为内容，为离开定居地而到异地逗留一定时期的游览、娱乐、观光和休息。休闲旅游是旅游消费者占据了较多的闲暇时间和可自由支配的经济收入，在旅游地有了一定服务设施条件下而逐渐形成的，是旅游得以丰富发展的产物。目前，观光旅

图 4-2 休闲旅游成热潮

游的发展速度明显减缓，休闲旅游则越来越受到关注与欢迎。图 4–2 是 2011 年“五一”前夕桂林阳朔十里画廊的骑行旅游人潮。

（3）文化旅游。文化旅游是通过旅游实现感知、了解、体察人类文化具体内容之目的的行为过程。这种类型是指旅游消费者以增长见闻、获得精神文化的满足为主要目的，离开常住地外出参加文化旅游活动而导致的购买行为。如欣赏异国异地传统文化、追寻文化名人遗踪或参加当地举办的各种文化活动为目的的旅游。寻求文化享受，已成为当前旅游消费者的一种风尚。

（4）探亲访友旅游。探亲访友旅游是以探望亲属或亲戚、朋友为主要目的，在一定时间内顺便进行旅游活动。这种类型是指旅游消费者出于探亲访友等家庭与个人事务而进行的购买行为。

（5）其他类型旅游。除以上五类之外，旅游消费者购买行为还有以治疗慢性疾病或增进身体健康为主要目的的“疗养旅游”“健身旅游”，有以结婚为主要目的的“旅游结婚”等离开常住地，外出旅游而导致的购买行为等。

第二节　旅游消费者购买决策过程

旅游消费者购买决策是指旅游消费者谨慎地评价某一旅游产品、品牌或服务的属性并进行选择、购买，满足旅游需要的过程。

研究旅游消费者购买决策模式，对于更好地满足消费者的需求和提高企业市场营销工作效果具有重要意义。国内外许多学者、专家对消费者购买决策模式进行了大量的研究，并提出了一些具有代表性的典型模式。

一、购买决策一般模式与行为选择模型

（一）消费者购买决策的一般模式

人类行为的一般模式是 S–O–R（Stimulus 刺激 –Organism 机体 –Response 反应）模式，即“刺激—个体生理、心理—反应”。该模式表明消费者的购买行为是由刺激所引起的，这种刺激既来自于消费者身体内部的生理、心理因素影响，又受到外部环境的影响。行为主义心理学认为，人的行为是外部刺激作用的结果。行为是刺激的反应，当行为的结果能满足人们需求时，行为就倾向于愿意重复进行；反之，行为则倾向于“消退”，不再有进行该行为的意愿。

（二）科特勒行为选择模型

菲利普·科特勒提出一个强调社会两方面影响的消费行为简单模式。该模式说明消费者购买行为的反应不仅要受到营销的影响，还要受到外部因素的影响。而不同特征

的消费者会产生不同的心理活动的过程，通过消费者的决策过程，导致了一定的购买决定，最终形成了消费者对产品、品牌、经销商、购买时机、购买数量的选择（见图4–3）。

图 4–3　科特勒行为选择模型

二、旅游消费者购买决策模式

旅游消费者在各种因素的刺激下产生旅游动机，在旅游动机的驱使下做出购买旅游产品的决策，实施购买行为，购后还会对旅游产品及其相关渠道和厂家做出评价，这样就完成了一次完整的购买决策过程。

在一定意义上，购买的过程就是旅游消费者不断进行决策的过程。事实上，旅游消费者购买决策过程早在实际购买之前就已经开始，而且一直延续到实际购买之后。典型的旅游消费者购买决策过程一般可以分为 5 个程序，即认知需求—收集信息—判断评估—购买决策—购后行为（见图 4–4）。

图 4–4　旅游消费者购买决策模式

（一）认知需求

旅游消费者认识到自己有某种旅游需要时，是其决策过程的开始，这种需要可能是由内在的生理活动引起的，也可能是受到外界的某种刺激引起的。例如，看到别人出去旅游，自己也涌起外出旅游的想法；或者是内外两方面因素共同作用的结果。因此，旅游市场营销者应注意不失时机地采取适当措施，唤起和强化消费者的旅游需要。

（二）收集信息

旅游信息来源主要有以下四个方面：

（1）个人来源。如家庭、亲友、邻居、同事等。这类信息对旅游消费者的影响力最大，旅游消费者对其信任度最高。

（2）商业来源。如旅游广告、旅游推销员、旅游分销商等。这种信息来源非常广泛，旅游消费者的信息大部分来源于这些方面。

（3）公共来源。如报刊、电视等的客观报道和消费者组织提供的有关信息。这类信息往往有很强的导向作用。

（4）经验来源。如参与旅游的切身体会与经验等。旅游消费者从自己亲自接触、使用旅游产品的过程中得到信息。

在上述信息来源中，旅游目的地与旅游企业要弄清旅游消费者获取信息的主要来源及其作用程度，从而及时、准确地利用信息传播渠道向目标市场有效地传递信息，目的是使本企业的产品和品牌包括在旅游消费者的考虑和选择范围之内，使旅游消费者最终购买本企业旅游产品。

（三）判断评估

消费者得到的各种有关的旅游信息可能是重复的，甚至是互相矛盾的，因此还要进行分析、评估和选择，这是决策过程中的决定性环节。旅游消费者从不同的渠道获取到一定的信息后，旅游消费者要进行旅游产品及品牌的比较和选择。在消费者的评估选择过程中，有以下几点值得营销者注意：第一，旅游产品性能是购买者所考虑的首要问题；第二，不同消费者对旅游产品的各种性能给予的重视程度不同，或评估标准不同；第三，多数消费者的评选过程是将旅游产品同自己理想中的产品相比较。另外，营销者还应注意，不同的消费者由于其消费结构不同，对产品信息的比较结果会有较大的差异。

（四）购买决策

经过对可供选择品牌的评价、选择后，旅游消费者形成对某种品牌的偏好和购买的意向。但购买决策的最后确定，除了旅游消费者自己的喜好外，还受到他人（或家人）的态度、意外情况（如家庭收入变化、市场行情新动向）以及接待人员的态度、接待人员的技巧等非环境因素的影响。这些影响会使旅游消费者改变原来的决策。例如，旅游消费者可能更换产品、改变计划或推迟计划等。

（五）购后行为

购后行为包括两个方面：一是购后的满意程度；二是购后的活动。旅游消费者购买一种产品或服务以后，往往会通过自己的使用和他人的评判，对其购买选择进行检验，把自己所体验到的产品实际性能与以前对产品的期望进行比较。通过比较，旅游消费者会产生一定的购后感受，例如满意、基本满意或不满意等。购买后的满意程度决定了旅游消费者的购后活动，决定了消费者是否重复购买该产品，决定了消费者对该品牌的态度，并且还会影响到其他消费者，形成连锁效应。

从以上旅游消费者购买决策程序可以看出，旅游消费者的购买行为是一个完整的过程。这个过程始于购买之前，结束于购买之后。总之，研究和了解旅游消费者购买决策过程是市场营销成功的基础。市场营销人员通过了解旅游消费者的认知需求、收集信息、判断评估、购买决策和购后行为的全过程，就可以获得较多有助于满足旅游消费者需要的有用线索，制订有效的旅游市场营销计划。

第三节　旅游消费者调查

一、旅游消费者调查的内容

旅游消费者调查就是对旅游消费者的消费行为进行的调查，主要是针对旅游消费者的购买习惯和态度的调查。旅游消费者市场调查的目的主要是了解旅游消费者需求数量和结构及变化。而旅游消费者的需求数量和结构的变化受到多方面因素如人口、经济、社会文化、购买心理和购买行为等的影响。对旅游消费者市场进行调查，除直接了解需求数量及其结构外，还必须对诸多的影响因素进行调查。有了这些信息，旅游目的地与旅游企业就可以科学地解决下述营销管理问题：①为现有旅游产品或旅游新产品营销寻找市场机会；②有效地细分市场，选择目标市场并确定旅游产品定位；③有效地制定新的营销战略和策略；④有效地评价旅游目的地与旅游企业的市场营销活动。

（1）旅游消费者规模及构成。主要调查内容包括：①经济发展水平与人口特征；②收入与闲暇；③旅游消费者数量与特征（国籍、年龄、性别、职业、地区分布等）；④对旅游产品（食、住、行、游、购、娱）及产品质量、价格、服务等方面要求。

（2）旅游动机调查。主要调查内容包括：①什么样的信息能够诱发旅游行动？②如何将旅游行动机诱导为行为？③影响旅游行为有哪些要素？

（3）旅游行为调查。主要调查内容包括：①不同个性特征的旅游消费者的行为特点；②不同地域、职业、收入旅游消费者的行为特点；③不同旅游过程的游客旅游行为。

二、旅游消费者调查的过程

（一）文案调查法

文案调查法是二手资料调查法，又称资料查阅寻找法、间接调查法、资料分析法或室内研究法，它是利用企业内部和外部现有的各种信息、情报，对调查内容进行分析研究的一种调查方法。

（二）实地调查法

实地调查法即一手资料调查法，它是一种直接调查法。直接深入现场、进入一定情景中去，用自己的感官或借助观察仪器直接“接触”研究对象，调查正在发生、发展且处于自然状态的社会事物和现象。它能收集到较真实可靠的一手材料，收集到直观、具体、生动的材料。实地调查法主要包括询问法和观察法。

（1）询问法。询问法又称直接调查法，是调查人员以询问为手段，从调查对象的回答中获得信息资料的一种方法。它是市场调查中最常用的方法之一。询问法在实际应用中，按传递询问内容的方式以及调查者与被调查者接触的方式不同，有面谈调查、电话调查、邮寄调查、留置问卷调查等方法。

（2）观察法。观察法是指研究者根据一定的研究目的、研究提纲或观察表，用自己的感官和辅助工具去直接观察被研究对象，从而获得资料的一种方法。科学的观察具有目的性和计划性、系统性和可重复性。常见的观察方法有：核对清单法、级别量表法、记叙性描述。观察一般利用眼睛、耳朵等感觉器官去感知观察对象。由于人的感觉器官具有一定的局限性，观察者往往要借助各种现代化的仪器和手段，如照相机、录音机、显微录像机等来辅助观察。

三、旅游消费者调查的过程

（1）消费者市场调查准备阶段。此阶段的主要工作包括：①确定调研的目的；②分析情况；③设计调查问卷、拟订调查方案和工作计划；④建立调查组织，集中调查人员，组织学习或培训。

（2）消费者市场调查实施阶段。此阶段的主要工作包括：①组织调查人员，收集第二手资料；②确定调查单位，收集第一手资料。

（3）消费者市场调查结果分析处理阶段。此阶段的主要工作包括：①整理调查资料；②撰写调查报告。

（4）追踪反馈阶段。

【复习思考题】

1. 什么是旅游消费者的购买行为？
2. 按照不同分类标准，旅游消费者的购买行为各有哪些类型？
3. 影响旅游消费者购买行为的因素有哪些？
4. 旅游消费者购买决策的过程一般有哪几个步骤？
5. 旅游消费者购买行为调查的方法有哪些？
6. 简述旅游消费者调查的内容与过程。

【案例分析】

深圳欢乐谷历久不衰

深圳欢乐谷是华侨城集团新一代大型主题乐园，国家首批AAAAA级旅游景区。深圳欢乐谷占地面积35万平方米，总投资17亿元人民币，已成为国内投资规模最大、设施最先进的现代主题乐园。1998年开业以来，深圳欢乐谷经过一期、2002年二期、2005年三期的滚动发展，现在设有100多个老少皆宜、丰富多彩的游乐项目，是一座融参与性、观赏性、娱乐性、趣味性于一体的中国现代主题乐园。近二十年来，深圳欢乐谷共接待近4万游客，备受广大市民与游客欢迎。

问题：

1. 深圳欢乐谷为什么备受欢迎？
2. 你觉得深圳欢乐谷的最大特色是什么？它针对的顾客群体有哪些？

第五章

旅游目标市场营销战略

本章导读

旅游目的地和旅游企业必须善于选择适合自己并能充分发挥自身资源优势的目标顾客群从事营销，确立自己在旅游大市场中的位置，这是旅游市场营销管理中的战略决策问题。旅游目标市场营销战略由市场细分、目标市场选择和市场定位三个环节组成的。这三个环节相互联系，缺一不可。其中，市场细分是企业目标市场选择和市场定位的基础和前提。通过本章学习，理解旅游目标市场的发展演变过程及其主要步骤，掌握旅游目标市场细分的主要变量和方法，旅游目标市场选择的主要考虑因素以及旅游市场定位的依据和方法。

【学习目标】

1. 理解市场细分的概念和意义，熟悉细分市场的方法。
2. 了解影响目标市场选择的因素，掌握目标市场策略，学会目标市场的选择。
3. 掌握市场定位的概念、方法和原理。

【导入案例】

主题式夏令营

主题式夏令营的名字越来越“炫”，形式与内容也渐趋多样。每年夏季，以强化英语学习为卖点的修学游依然会适时出现在旅行社的菜单上，目标锁定澳大利亚和新西兰两国，半个月的“学费”在15000元至20000元。此外，一系列形式新颖的夏令营也将投放暑期高端市场，如在北京某国旅推出的“酷夏德国行”足球夏令营中，小队员可在贝肯鲍尔的故乡接受国际专业教练的培训，并将造访慕尼黑1860俱乐部，观摩球队训练，并与效力于该队的中国球员邵佳一合影留念；此外，暑期市场上还将有德国音乐、韩流明星等主题鲜明的夏令营供孩子们选择。业内人士指出，随着我国旅游市场的不断细分，长达两个月的暑期旅游市场越来越被旅行社所重视；对于“利润第一”的旅行社而言，应该在加强特色产品开发的基础上，多替学生们准备些“精神食粮”，同时在主拼高端市场的前提下，也能适时开发一些利薄但社会效益显著的主题产品，进一步树立旅行社的品牌形象。

思考题：

1. 什么叫主题式夏令营？
2. 了解你所在地区中小学生赴国外游学的市场情况。

目标市场营销理论和方法是市场营销学的重要组成部分，是市场营销基本理念的集中体现。目标市场营销战略又称STP营销战略或STP三部曲。其中：S指Segmenting Market，即市场细分；T指Targeting Market，即市场选择；P为Positioning，即定位。正因如此，营销大师菲利普·科特勒认为，当代战略营销的核心可被定义为STP。目标市场营销理论和方法是市场营销学的重要组成部分，是市场营销基本理念的集中体现。

旅游市场细分、旅游市场选择和旅游市场定位，是现代旅游目的地与旅游企业应对竞争挑战、满足市场需要、提升旅游目的地与旅游企业绩效的有效手段。现代旅游目的地与旅游企业在众多竞争者角逐的环境中要想脱颖而出，最佳方法是采取目标市场营销战略。

目标市场营销战略有三个主要步骤：第一步，市场细分，根据购买者对产品或营销组合的不同需要，将市场分为若干不同的顾客群体，并勾勒出细分市场的轮廓。第二步，确定目标市场，选择要进入的一个或多个细分市场。第三步，定位，建立与在市场上传播该产品的关键特征与利益。

第一节　旅游市场细分

市场细分的概念最早是由美国的市场营销学家温德尔·斯密斯（Wendell R.Smith）于20世纪中叶提出的一个市场营销学的新概念。市场细分是企业根据消费者需求的不同，把整个市场划分成不同的消费者群的过程。其客观基础是消费者需求的异质性。进行市场细分的主要依据是异质市场中有着需求一致的顾客群，其实质是在异质市场中求同质。市场细分的目标是聚合，即在需求不同的市场中把需求相同的消费者聚合到一起。

市场细分是目标市场选择和市场定位的基础，是企业实施相关的营销组合的前提。这一概念的提出，对于企业的发展具有重要的促进作用。

在经济全球化的大背景下，世界已经成为“地球村”的今天，旅游目的地与旅游企业所面临的市场广阔而复杂多变。任何旅游目的地与旅游企业都很难以单一的旅游产品适应不同国家或地区各类旅游消费者的各种各样的需求；同时，旅游目的地与旅游企业也很难想象能以自身有限的资源和力量，设计各种不同的旅游产品及其营销组合，全面满足各类旅游消费者的所有旅游需求。旅游市场细分的目的，就是通过市场细分，找到市场空白点，迅速开发旅游新产品以满足目标旅游消费者的旅游需求。

一、旅游市场细分的含义

(一)旅游市场细分的概念

市场细分又叫作市场区隔，是将消费者依不同的需求、特征区分成若干个不同的群体，而形成各个不同的消费群。市场细分不仅是静态的概念，也是动态的过程。它是了解某一特定消费群的特定需求，通过新产品或新服务或新的沟通形式，使消费者从认知到使用产品或服务并回馈相关信息的过程。市场细分以行销资源的有效配置、行销目标的有效制定以及行销优势的创造等为目标，致力于发现新市场并巩固旧有市场或从新的区隔市场寻求突破，对于企业的发展具有重要的作用。市场细分理论的主要依据是消费者的绝对差异性和相对同质性。这个观念的提出是现代营销思想和策略的一次革命。

旅游市场细分又称旅游市场分割、旅游市场区隔，是指旅游市场营销者通过旅游市场调研与分析，依据旅游消费者的需要和欲望、购买行为和购买习惯等方面的差异，把某一旅游产品的市场整体划分为若干旅游消费者群体的过程。旅游市场细分应明确以下两个问题：

1. 旅游市场细分的前提

旅游市场细分的前提旅游消费者需求特征的差异性和相似性。

旅游消费者千差万别，他们有着不同的需求特点，购买习惯和购买行为有所不一，这些是他们的差异性。但是按照一定的细分标准，又可以将众多的旅游消费者划分为具有类似需求或倾向的细分市场。

根据旅游市场的需求偏好，可以分为同质偏好、集群偏好与分散偏好三个类型。如图 5-1 所示，揭示了游客满意程度与价格水平的关联性。

（1）同质偏好型。是指所有旅游消费者对旅游需求偏好趋于一致，在此旅游市场中不存在进行市场细分的客观基础。例如，前来桂林旅游的游客，无论选择什么价位的旅游团队，大多数偏爱漓江两岸的山水风光，对桂林山水赞不绝口。

（2）集群偏好型。是指旅游市场上出现几个群组的价格偏好，客观上形成了不同的细分市场。例如，有的游客群体关注价格而对服务要求不高，有的既希望价格实惠又希望有较高的服务水准，也有的游客对价格与服务水准的认同都趋于中档水平。这时，进入市场的旅游目的地与旅游企业有以下三种选择：一是定位于中央，尽可能赢得所有旅游群体（无差异营销）；二是定位于最大的或某一细分市场（集中营销）；三是可以发展数种旅游品牌特色各自定位于不同的市场部位（差异营销）。

（3）分散偏好型。每一位旅游消费者对景区特色和价格水平的偏好都各不相同，在理论上可以将每一位旅游消费者都作为一个细分市场。但在实践中针对每一位旅游消费者制定旅游产品及营销组合往往不现实，所以这类旅游市场一般不存在市场细分。

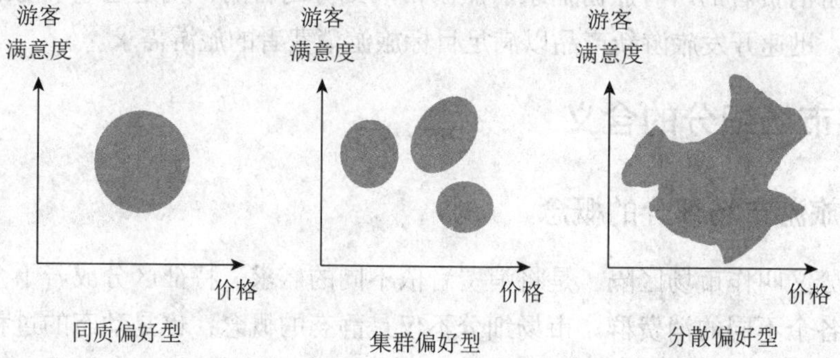

图 5-1　偏好类型

2. 旅游市场细分的目的

旅游市场细分的目的是选择目标市场，寻找市场机会，以实现企业的利润。

旅游市场细分的最终目的，是使旅游目的地与旅游企业选择和确定目标市场，实施有效的市场营销组合，从而以适当的营销费用取得最佳的经营成果。可见，旅游市场细分是目标市场营销的起点和基础，是旅游目的地与旅游企业市场营销战略的平台。

旅游市场细分，通常根据旅游需求差异性大小不一而有所不同。旅游需求存在差异，且这些差异易于被不同类别旅游消费者重视，这样的市场细分越细越好。而有些旅游需求差异不大，若市场分得太细，会使旅游目的地与旅游企业的生产成本和销售成本增加，利润减少，这类市场显然不宜细分。

（二）旅游消费者市场细分依据

市场细分通常是依据一定的细分变量来进行的。消费者市场的细分变量主要有地理、人口、行为、心理四类变量（见图 5-2）。

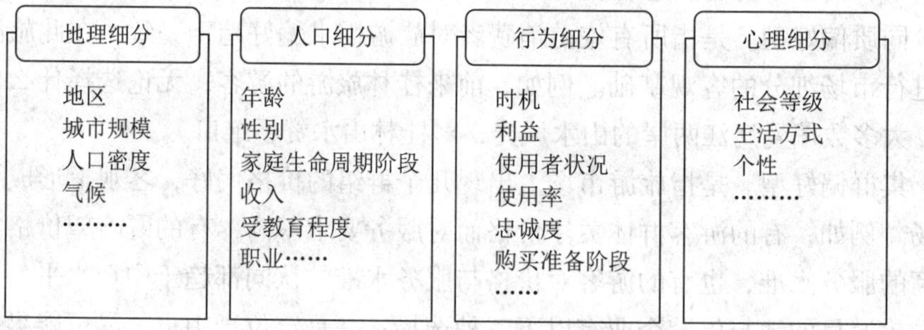

图 5-2　消费者市场细分变量

1. 地理细分

地理细分是指旅游目的地与旅游企业按照消费者所在的地理位置以及其他地理条件（包括城市、农村、地形、气候、交通运输、人口密度等）来细分旅游消费者市场。

地理细分的主要理论根据是：处在不同地理位置的消费者对旅游各有不同的需要和偏好，他们对企业所采取的市场营销战略，对企业的产品价格、分销渠道、广告宣传等市场营销措施也各有不同反应。

旅游市场潜量和成本费用会因市场位置不同而有所不同，企业应该选择那些本企业能最好地为之服务的、效益较高的理想市场为目标市场。例如，桂林市场的目标客源地，广东、广西占据半壁江山，其次为华东、华北，而同为喀斯特地貌的云南、贵州，游客比例较小。西安、北京的人文古迹众多，是游客们探究祖国历史变迁的好去处；云南、广西、贵州、西藏、新疆则是探究少数民族风情的理想之地。

2. 人口细分

人口细分，也称为人口统计细分，是指旅游目的地与旅游企业按照人口统计学变量（包括年龄、性别、收入、职业、教育水平、家庭规模、家庭生命周期阶段、宗教、种族、国籍等）来细分旅游消费者市场。人口变量一直是细分消费者市场的重要变量，主要是因为人口变量比其他变量更容易测量。

3. 行为细分

行为细分是指旅游目的地与旅游企业按照游客出游时机、游客需要、游客的旅游品牌忠诚度等行为变量来细分旅游消费者市场。

（1）游客出游时机。可以根据游客出游的时机将他们分类。例如，旅游营销人员需着眼于利用各种特殊的时机（节日、庆典等），提供能满足这些特定时机需求的旅游产品或服务。我国各民族有着丰富多彩的节庆日，如泼水节是傣族最隆重的节日，也是云南少数民族中影响面最大、参加人数最多的节日，吸引了千千万万来自世界各地的游客。

【知识链接 5-1】

云南傣族“泼水节”

泼水节源于印度，曾经是婆罗门教的一种宗教仪式。其后，为佛教所吸收，经缅甸传入云南傣族地区。泼水节是傣族的新年，相当于公历的4月中旬。泼水节一般为3~4天。第一天，傣语称之为“麦日”，与农历的除夕相似。第二天，傣语称之为“恼日（空日）”，人们穿上节日盛装，挑着清水，先到佛寺浴佛。然后就互相开始泼水了，用飞溅的水花表示真诚的祝福。到处欢声笑语，充满了节日气氛。

泼水节另一项引人注目的活动是划龙舟、跳象脚鼓舞和孔雀舞。那是傣族新年的第三天，傣语称之为“麦帕雅晚玛”，节日的气氛达到了高潮。穿着节日盛装的群众欢聚在澜沧江畔、瑞丽江边，观看龙舟竞渡。

泼水节的活动内容丰富，其他的活动还有放高升、斗鸡等，人们身着盛装，喜气洋洋，场面极为热烈。

（2）游客的需要。从心理学的角度来讲，动机是引发人们为满足自身需要而决定采取某种行为的内在力量，而旅游动机的产生与人类其他行为动机一样，都是来自于个人的需要。旅游动机就是驱使人们产生旅游行动的内在驱动力。根据游客从旅游活动中得到满足的不同需求而将他们分类。例如，人们的闲暇时间一般可以划分为每日工作之余的闲暇时间、周末的闲暇时间、法定假期、带薪假期四种基本类型，这四种闲暇时间对于旅游需求的实现作用不同。每日闲暇时间对于旅游需求的实现没有什么意义，周末闲暇时间可用于短期、近距离的旅游需求的实现，法定假期和带薪假期用于满足更长、更远距离的旅游需求的实现。

（3）游客的旅游品牌忠诚度。所谓品牌忠诚，是指由于旅游价格、品质等诸多因素的吸引力，使消费者对某一品牌的产品情有独钟，形成偏爱的行为。例如，不少游客乐于追溯历史，对人文古迹情有独钟；也有一些游客迷恋风光，喜欢大自然赋予我们的山水景观。

4. 心理细分

心理细分是按照消费者的社会阶层、价值观、个性和生活方式等心理变量来细分消费者市场。一般而言，高收入群体、年轻白领热衷于休闲、度假旅游；而普通大众，依旧以观光旅游为主要选择。

二、旅游市场细分的原则与步骤

（一）旅游市场细分的原则

1. 可衡量原则

在细分市场后，旅游目的地与旅游企业就要明确细分范围内的市场容量有多大，因为细分市场就是为了对市场进行全面彻底的开发和利用。可衡量原则是指各旅游细分市场的需求特征、购买行为、市场规模和购买力大小等要能被具体测度。

成功的旅游市场营销就是不断开发有需求的市场，不仅要考虑到现有的市场容量，还要考虑在将来的很长一段时间内这个细分范围内潜在的市场需求。

2. 可盈利原则

可盈利原则要求细分出的市场在顾客人数和购买力上有利可图，即要求细分市场要有被开发的经济价值。首先，市场细分不能细分到失去一定规模经济效益。其次，某些细分市场尽管在整体市场上比重不大，但其绝对规模或购买力足以达到盈利的水平。例如，学生市场的消费能力有限，但以低价格为卖点，容易进行群体开发，产生效益。

3. 可进入原则

可进入原则就是旅游目的地与旅游企业对细分后的市场必须能有效地进入和为之服务。显然，如果某些细分市场不能发挥旅游目的地与旅游企业优势，难以为旅游目的地与旅游企业所占领，就不能将其作为目标市场。否则，就会浪费旅游目的地与旅游企业的资源。

（二）旅游市场细分的步骤

美国的市场学家麦卡锡提出了细分市场的一整套程序，这一程序包括七个步骤：选定产品市场范围；了解、列举分类顾客的基本需求；了解不同潜在用户的不同要求；抽样调查潜在顾客的共同要求；根据潜在顾客基本需求上的差异，划分不同的群体和子市场；进一步分析每一细分市场需求和购买行为特点，并分析其原因，以便在此基础上决定是否可以对这些细分出来的市场进行合并，并做进一步细分；估计每一细分市场的规模。

细分市场的程序在实际操作中可以根据具体情况灵活调整。笔者认为，旅游市场细分一般要经过以下几个步骤：

1. 选择市场范围

旅游目的地与旅游企业应根据市场的需求状况来选择市场范围。旅游市场的需求状况是复杂多样的，旅游目的地与旅游企业必须分析外部环境的变化，结合自身的经营目标和资源条件，从广泛的市场需求中明确自己有能力服务的旅游产品的市场范围。

2. 发掘潜在需求

确定了旅游市场范围后，旅游目的地与旅游企业要针对这一市场范围内的需求进行更深入细致的分析与研究，以了解该市场范围内旅游消费者的现实需求和潜在需求。

3. 列出细分依据

旅游目的地与旅游企业可以通过抽样调查的方式，将列出的需求向不同类型的旅游消费者征询意见，从中挑选出他们最迫切的需求，再选择其中一些因素作为市场细分的初步依据。

4. 进行市场细分

企业通常根据不同旅游消费者需求的具体内容差异，按照一定的市场细分方式，初步确定将自己所选定的旅游产品市场范围划分为哪几种不同类型的顾客群。

5. 细分市场评价

旅游目的地与旅游企业要对划定的各细分市场（亚市场）进行全面细致的分析，特别是对它的规模、潜力、经济效益和发展前景等做出评价，以便正确地选择旅游目标市场。

第二节 旅游目标市场选择

一、旅游目标市场的概念

旅游目标市场是指旅游目的地或旅游目的地与旅游企业在整体性旅游市场上选定作为营销活动领域的某些细分市场。旅游目标市场选择是旅游市场营销战略核心部分之一，旅游目标市场的选择和确定是旅游目的地与旅游企业制定市场营销战略的基本出发点。

满足旅游目标市场需求是实现旅游目的地与旅游企业市场营销目标的前提。选择旅游目标市场必须以旅游市场细分为基础。如何选定旅游目标市场并制定相应的营销组合，要经过旅游细分市场评估、旅游目标市场策略选择和相关旅游产品在旅游目标市场上的定位等重要环节。

二、旅游目标市场选择的依据

对于旅游目标市场的选择，最终要考虑其对旅游目的地与旅游企业是否具有相对长期的盈利等，因此，旅游目的地与旅游企业所选定的旅游目标市场必须考虑以下几个方面的因素。

（一）旅游资源类型

旅游目的地与旅游企业的营销运作，必须以旅游资源为依托，以有形的空间设备、资源和无形的服务效用为手段。常见的旅游资源参见表 5–1。

表 5–1　旅游资源分类

主类	亚类	基本类型
A地文景观	AA综合自然旅游地	山丘型旅游地、谷地型旅游地、沙砾石地型旅游地、滩地型旅游地奇异自然现象、自然标志地、垂直自然地带
	AB沉积与构造	断层景观、褶曲景观、节理景观、地层剖面、钙华与泉华、矿点矿脉与矿石积聚地、生物化石点
	AC 地质地貌过程形迹	凸峰、独峰、峰丛、石（土）林、奇特与象形山石、岩壁与岩缝、峡谷段落、沟壑地、丹霞、雅丹、堆石洞、岩石洞与岩穴、沙丘地、岸滩
	AD自然变动遗迹	重力堆积体、泥石流堆积、地震遗迹、陷落地、火山与熔岩、冰川堆积、冰川侵蚀遗迹
	AE岛礁	岛区、岩礁

续表

主类	亚类	基本类型
B水域风光	BA河段	观光游憩河段、暗河河段、古河道段落
	BB天然湖泊与池沼	观光游憩湖区、沼泽与湿地、潭池
	BC瀑布	悬瀑、跌水
	BD泉	冷泉、地热与温泉
	BE河口与海面	观光游憩海域、涌潮现象、击浪现象
	BF冰雪地	冰川观光地、常年积雪地
C生物景观	CA树木	林地、丛树、独树
	CB草原与草地	草地、疏林草地
	CC花卉地	草场花卉地、林间花卉
	CD野生动物栖息地	水生动物栖息地、陆地动物栖息地、鸟类栖息地、蝶类栖息地
D天象与气候景观	DA光现象	日月星辰观察地、光环现象观察地、海市蜃楼现象多发地
	DB天气与气候现象	云雾多发区、避暑气候地、避寒气候地、极端与特殊气候显示地 物候景观
E遗址遗迹	EA史前人类活动场所	人类活动遗址、文化层、文物散落地、原始聚落遗址
	EB社会经济文化活动遗址遗迹	历史事件发生地、军事遗址与古战场、废弃寺庙、废弃生产地、交通遗迹、废城与聚落遗迹、长城遗迹、烽燧
F 建筑与设施	FA综合人文旅游地	教学科研实验场所、康体游乐休闲度假地、宗教与祭祀活动场所、园林游憩区域、文化活动场所、建设工程与生产地、社会与商贸活动场所、动物与植物展示地、军事观光地、边境口岸、景物观赏点
F 建筑与设施	FB 单体活动场馆	聚会接待厅堂（室）、祭拜场馆、展示演示场馆、体育健身场馆、歌舞游乐场馆
	FC景观建筑与附属型建筑	佛塔、塔形建筑物、楼阁、石窟、长城段落、城（堡）、摩崖字画、碑碣（林）、广场、人工洞穴、建筑小品
	FD居住地与社区	传统与乡土建筑、特色街巷、特色社区、名人故居与历史纪念建筑、书院、会馆、特色店铺、特色市场
	FE归葬地	陵寝陵园、墓（群）、悬棺
	FF交通建筑	桥、车站、港口渡口与码头、航空港、栈道
	FG水工建筑	水库观光游憩区段、水井、运河与渠道段落、堤坝段落、灌区、提水设施
G旅游商品	GA地方旅游商品	菜品饮食、农林畜产品及制品、水产品及制品、中草药材及制品、传统手工产品与工艺品、日用工业品、其他物品

续表

主类	亚类	基本类型
H人文活动	HA人事记录	人物、事件
	HB艺术	文艺团体、文学艺术作品
	HC民间习俗	地方风俗与民间礼仪、民间节庆、民间演艺、民间健身活动与赛事、宗教活动、庙会与民间集会、特色饮食风俗、特色服饰
	HD现代节庆	旅游节、文化节、商贸农事节、体育节

资料来源：旅游资源分类表（《旅游资源分类、调查与评价》，中华人民共和国国家标准，GB/T 18972—2003）

（二）旅游产品同质性

由于旅游产品的功能性利益与竞争产品相同可以被竞争对手所替代，竞争对手就成为旅游目的地与旅游企业的替代性产品。旅游目的地与旅游企业的产品和竞争对手就形成了产品同质化。

例如，目前旅行社数量比较多，处于供大于求的无序竞争状态。旅行社有形部分的旅游产品具有天然同质化的倾向，主要是由于旅游线路等有形产品无知识产权保护且模仿成本极低。而旅行社提供的无形产品服务部分，在旅游消费者购买前是不能被感知的。此时，如果旅行社本身没有建立起良好的品牌声誉，旅游产品极易陷入同质化价格竞争格局。

（三）旅游市场同质性

消费性质相同的市场就是同质市场。旅游市场同质性主要是指旅游竞争企业针对同一类型市场，进行市场营销运作的现象。

竞争者众多，会导致旅游目标群体的价格战、广告战和新产品争夺市场等，从而使成本增高，利润降低。

（四）旅游竞争对手战略

竞争对手是企业经营行为最直接的影响者和被影响者。旅游竞争对手是指在旅游行业中，拥有与自身相同或相似资源（包括人力、资金、旅游产品、环境、分销渠道、品牌等资源）的企业或区域，并且企业或区域的目标与你相同，产生的行为会给你带来一定的利益影响。了解每个竞争对手的战略，可以从以下方面进行：①了解竞争对手所可能采取的战略行动及其实质和成功希望；②竞争对手对其他公司的战略行动可能做出的反应；③竞争对手对可能发生的产业变迁和大范围的环境的变化可能作出的反应。

竞争战略是企业战略的重要组成部分，它是在企业总体战略的制约下，指导和管理具体战略经营单位的计划和行动。在竞争日趋激烈的市场中，一家企业战略的成功通常在很大程度上取决于竞争对手的战略。

（五）旅游营销组合

营销组合即营销手段，是市场营销中的一个最基本概念。针对一定的目标市场，旅游目的地与旅游企业除了必须具备开发该市场所需要的人、财、物等资源条件外，还必须具有旅游产品营销组合的能力。同时，还要考虑由此产生的成本能否有足够的市场潜量来支持，以及是否有利于参与竞争。

三、旅游目标市场战略

根据各个细分市场的独特性和企业自身的目标，旅游目的地与旅游企业共有三种目标市场战略可供选择。

（一）无差异市场营销

无差异市场营销是指旅游目的地与旅游企业只推出一种旅游产品，或只用一套市场营销办法来招徕顾客。当企业断定各个细分市场之间差异很小时可以考虑采用这种无差异市场营销策略。

采用无差异市场营销策略，旅游目的地与旅游企业看重各子市场之间在需求方面的共性，而不注重它们的个性，不是把一个或若干个子市场作为目标市场，而是把各子市场重新集合成一个整体市场，并把它作为自己的目标市场。旅游目的地与旅游企业采取单一的营销组合，并通过强有力的促销吸引尽可能多的游客，促使管理工作变得简单而有效率。其主要特点如下：①差异性小：市场细分虽然是寻找整体市场差异化的过程，但旅游目的地与旅游企业有可能在整体市场进行细分后，发现各子市场之间的相似性超过了差异化，各子市场的差异较小，此时，在不同的市场再采用不同的措施没有多大的实际意义，反而会造成资源浪费。②同质产品：旅游目的地与旅游企业所经营的旅游产品，客观上具有纯粹的市场同质性，市场对产品的要求是一样的或者是非常接近的，所以，只能采取无差异化的营销措施。③成本较低：旅游目的地与旅游企业通过评估各细分子市场，发现整合营销比有针对性的营销所需的成本明显较低时就应该进行无差异化营销。

（二）密集性市场营销

密集性市场营销又称为集中性市场营销，是指旅游目的地与旅游企业将一切市场营销努力集中于一个或少数几个有利的细分市场。

资源有限的中小旅游目的地与旅游企业多采用这一策略。这种策略的优点是适应了本企业资源有限这一特点，可以集中力量迅速进入和占领某一特定细分市场。如某些经济型酒店，将目标市场集中于青年学生、背包客，取得明显效益。

营销的集中性，使企业经营成本降低，但该策略风险较大。如果目标市场突然变化，如价格猛跌或突然出现强有力的竞争对手，企业就可能陷入困境。

旅游目的地与旅游企业欲进入和占领某一特定细分市场，应具备如下特点：①该市场的需求与旅游目的地与旅游企业的特长及目标相吻合，以便在未来角逐中处于有利的竞争地位；②该市场应具有一定的规模和发展潜力，旅游给企业进入市场留有一定的上升空间；③该市场的现有市场结构具备长期的内在吸引力，为旅游目的地与旅游企业的赢利提供充分的前提条件。

（三）差异性市场营销

差异性市场营销是指旅游目的地与旅游企业根据各个细分市场的特点，相应扩大产品类型，或制定不同的营销计划和办法，以充分适应不同消费者的不同需求，吸引各种不同的购买者，从而扩大各种产品的销售量。

第三节　旅游市场定位

“定位”这个概念是由美国广告经理人艾尔·里斯和杰克·乔特提出的。通常情况下，无论旅游目的地与旅游企业是否意识到旅游产品的定位问题，在游客的心目中，一定的产品都会占据不同的位置。选定旅游目标市场后，旅游目的地与旅游企业并不一定能够制定出针对性强的旅游市场营销组合。事实上，一定的旅游目标市场有着多方位的需求，不同方位的需求的强弱程度不一样，被同类旅游产品所满足的程度也不一样。旅游目的地与旅游企业要专门针对旅游目标市场，为本企业产品或服务设计鲜明、独特而深受欢迎的营销组合，以形成本企业产品或服务的竞争优势。旅游目的地与旅游企业只有在所选目标细分市场的基础上，采取进一步的市场定位策略，才有可能制定出针对性很强的、有效的旅游市场营销组合，从而创造价格竞争优势或偏好竞争优势。因此，旅游市场定位是旅游目标市场营销中极为关键的策略。

一、旅游市场定位的概念

（一）旅游市场定位的概念

旅游市场定位是指旅游目的地与旅游企业针对潜在顾客的心理进行营销设计，创立旅游产品、品牌或企业在目标客户心目中的某种形象或某种个性特征，保留深刻的印象和独特的位置，从而取得竞争优势。简而言之，就是旅游目的地与旅游企业在游客心目中塑造自己的产品比竞争者更具有竞争优势的特性。

旅游市场定位的根本目的是使本企业与其他企业严格区分开来，使游客明显感觉和认识到这种差别，从而在游客心目中占有特殊的位置。旅游市场定位的主要任务就是千方百计地创造竞争优势。

（二）旅游市场定位的类别

旅游市场定位的类别，通常依据时间定位、内容定位进行区分。

（1）时间定位。按照时间定位来划分，旅游市场定位可以分为两类；一是旅游预定位；二是旅游再定位。旅游预定位是对潜在旅游目的地与旅游企业或旅游产品的预先定位，要求营销者必须从零开始，使旅游目的地与旅游企业或旅游产品特色确实符合所选择的目标市场。旅游目的地与旅游企业在进行市场定位时，一方面要了解竞争对手的旅游产品具有何种特色，另一方面要研究消费者对该旅游产品的各种属性的重视程度，然后根据这两方面进行分析，再选定本企业旅游产品的特色和独特形象。旅游再定位是对现有旅游目的地与旅游企业或旅游产品的重新定位，它可能导致旅游产品名称、价格和形象的改变，这些改变的目的是保证旅游目的地与旅游企业或旅游产品在潜在消费者的心目中留下值得消费的形象。

（2）内容定位。按照内容定位来划分，旅游市场定位可以分为三类：旅游产品定位、旅游目的地与旅游企业定位、旅游目标群体定位。旅游产品定位是指旅游目的地与旅游企业对用什么样的旅游产品来满足目标消费者或目标消费市场需求的定位。旅游产品定位是对目标市场的选择与旅游目的地与旅游企业产品结合的过程，也是将市场定位企业化、产品化的工作。旅游目的地与旅游企业定位是指企业基于游客需求，通过其产品及其品牌，将其企业独特的个性、文化和良好形象塑造于消费者心目中，并占据一定位置。旅游目标群体定位是根据不同的目标消费者的不同心理与行为特征、特定消费模式，塑造出恰当的形象来展示其旅游产品的定位。例如，旅行社可以针对商业旅游消费者设计出公务型旅游产品；针对老年游客，则可设计出健康休闲旅游类产品。

（3）竞争定位。旅游目的地与旅游企业根据旅游目标市场上的旅游消费者偏好、竞争状况和自身优势，确定自身产品或服务在目标市场上应处于的竞争位置，塑造自己的产品比竞争者更具有竞争优势的特性。一般而言，旅游竞争定位包括价格竞争优势与偏好竞争优势两类。如图 5-3 所示。

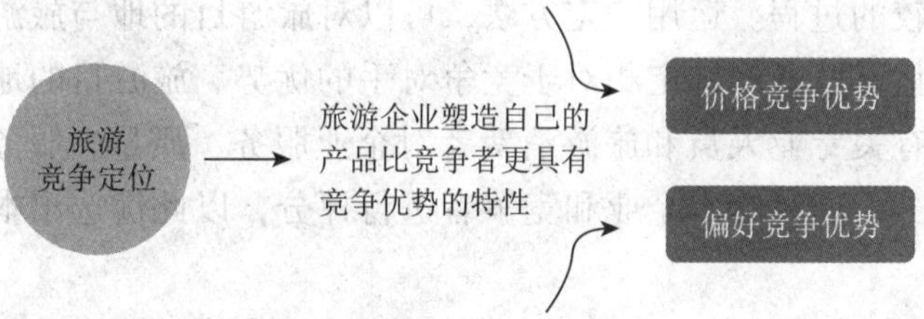

图 5-3 旅游竞争定位的类别

二、旅游市场定位的作用

（1）塑造旅游目的地与旅游企业的形象。迪士尼乐园宣称自己是世界上最大的主题游乐场。为此，规模宏大的迪士尼乐园建有许多独具特色的娱乐性建筑和多种多样的游乐设施。迪士尼不仅是儿童们游乐的世界，也是大人们娱乐休息的地方。而欢乐谷力图把握都市娱乐消费的需求和趋向，向游客特别是现代都市人提供娱悦身心的娱乐产品，即定位于“欢乐”，打造“繁华都市的开心地”。在竞争激烈的市场环境下，市场定位成为旅游目的地与旅游企业市场制胜的法宝。塑造独特的旅游目的地与旅游企业形象，有助于吸引目标游客，拓展市场。

（2）明确旅游消费者的利益。如果旅游目的地与旅游企业塑造的企业形象不能给旅游消费者带来实际利益，这样的市场定位仍将无效。旅游消费者对于旅游产品的利益期待，是促成其购买行为的决定性因素。新奇的感受、放松的心情、美轮美奂的风光，都可能是旅游消费者利益之所在。

（3）体现旅游产品的特色。旅游产品是否具有特色，是旅游目的地与旅游企业建立独特市场形象的前提。具体来说，企业可以从实行旅游产品市场定位的各方面因素入手，充分挖掘或创造出本企业与竞争对手不同类旅游产品的区别。

三、旅游市场定位的步骤

通常，旅游市场定位可以分为以下几个步骤：

（1）确定竞争优势。第一，旅游目的地与旅游企业应分析和描述企业旅游产品的主要特征和利益。描述旅游产品通常有两种方法：一种是直接描述旅游产品有形和无形的特征；另一种是描述旅游产品通过这些特征能满足哪些潜在顾客的需求和兴趣，即旅游产品带来的利益。第二，发掘竞争优势。旅游目的地与旅游企业的竞争优势包括现实的和潜在的优势。这种优势主要体现在成本优势与旅游产品差别化优势上。旅游产品的成本优势，要从旅游产品及其营销组合设计，企业内部的经营管理等方面作出努力。发掘旅游产品差别化优势，就是要创造出易识别的、比竞争者更具吸引力的旅游服务特色及其有形特征。如“吃在广州”展现了广州饮食文化之博大精深。

（2）选择竞争优势。选择竞争优势是一个旅游目的地与旅游企业各方面实力与竞争者的实力相比较的过程。运用一定方法，可以对旅游目的地与旅游企业的若干竞争优势加以具体评估，以准确选定相对于竞争对手的优势。旅游目的地与旅游企业通常采用评分法，让有关专业人员和旅游消费者对企业服务、质量、服务设施、地理位置与环境因素等评分，同时给本企业和竞争者进行评分，以此优选出本企业的市场定位因素。

（3）展现独特的竞争优势。旅游目的地与旅游企业最终必须把产品的定位特色成功地传播给目标顾客，以在其心目中有效地树立起本企业或本企业的具体旅游产品富有吸引力的特色形象。在市场定位目标明确之后，旅游目的地与旅游企业应该尽可能地传达同样的信息，表现同一定位形象，将其独特的竞争优势准确地传播给潜在顾客，并在顾客心目中留下深刻印象。例如，2009 年年初，江西婺源在中央电视台的第四套节目开始推出形象广告。在 30 秒钟的影像里，只有一句对白：“婺源，梦里老家。”祠堂、小桥流水、族人，以及有着浓浓乡愁的音乐，让婺源这个不起眼的小县成为千千万万都市中国人追寻的梦。

【复习思考题】

1. 旅游市场细分有什么作用？
2. 旅游市场细分的主要依据是什么？如何运用这些标准进行市场细分？
3. 简述旅游市场细分的步骤。
4. 旅游目标市场选择的依据是什么？
5. 三种目标市场营销策略各有什么优缺点？
6. 简述旅游市场定位的方式。
7. 旅游目的地与旅游企业如何进行市场定位？

【案例分析】

帅邦厨电——亮剑里约，再创辉煌

2012 年伦敦奥运会之初，帅邦厨电科技有限公司就已经与国家击剑队达成战略合作，一路走来帅邦厨电鼎力支持国家击剑队的，并多次助力国家大型体育赛事的成功举办。

2016 年里约奥运会的举办，帅邦厨电依旧携手——国家击剑队征战里约，不仅是帅邦厨电持续支持国家体育赛事的重要举措，更希望树立帅邦厨电积极向上的品牌形象，为征战里约奥运会的击剑运动健儿蓄力助威，亮剑赛场！

思考：

帅邦厨电用了哪些营销策略？

第六章

旅游产品策略

本章导读

旅游目的地与旅游企业制定经营战略时，首先要明确能提供什么样的产品和服务去满足旅游消费者的要求，也就是要解决产品策略问题。旅游产品策略是旅游市场营销组合策略的基础。通过本章学习，了解旅游产品与旅游产品组合策略的含义，理解并能够运用旅游产品生命周期理论，理解旅游新产品开发过程与旅游品牌创立与维护的有关策略，能够正确理解旅游产品的特性与构成要素。

【学习目标】

1. 了解整体旅游产品的概念，掌握旅游产品的特点。
2. 理解并运用旅游产品经济生命周期理论。
3. 理解旅游新产品开发理论，掌握旅游新产品开发的过程。
4. 识记旅游产品组合的含义和策略。
5. 识记旅游品牌的内涵与特点，理解旅游品牌的创立与维护。

【导入案例】

张家界国家森林公园

1982 年 9 月 25 日，经中华人民共和国国务院批准，将原来的张家界林场正式命名为“张家界国家森林公园”，也是中国第一个国家森林公园。1992 年 12 月，因奇特的石英砂岩大峰林被联合国列入世界自然遗产名录，2004 年 2 月被列为世界地质公园。公园总面积4810公顷。

张家界国家森林公园自然风光以峰称奇、以谷显幽、以林见秀。其间有奇峰3000多座，如人如兽、如器如物，形象逼真，气势壮观，有“三千奇峰，八百秀水”之美称。

张家界仅木本植物这一项，就有93科517种，比整个欧洲还多出一倍以上。从珍贵树种来看，属国家一级保护的珙桐（外国人又叫“中国的鸽子花”）和属国家二级、三级保护的钟萼木、银杏、香果树以及鹅掌楸、香叶楠、杜仲、金钱柳、猫儿屎（第三纪残遗树种）、银鹊、南方红豆杉等等，这里都有，而且很多，是实实在在的森林宝库。

张家界国家森林公园严格景区管理，合理开发利用，对遗产资源实行最大限度的保护。对峰林及溶洞保护、古树名木及珍稀濒危植物保护、野生动物保护、森林防火、森林病虫害防治、环境保护等分类做了明确细致的规划。组织编制了园区外围保护地带、高云片区修建、园区摊棚摊点整治等分区规划，保护了张家界国家森林公园资源。对在建项目，按照“本土化、生态化、精品化”的原则，要求建设项目必须与周边景观和世界遗产地整体环境相协调，按遗产地的环保要求落实污染防治设施，做到污染防治设施与主体工程同时设计、同时施工、同时投入使用；凡达不到环保要求的建设项目，限期整改，否则不得投入使用。

思考：

张家界国家森林公园的发展阶段特点。

第一节　旅游产品的概念与特性

一、旅游产品的含义与组成要素

市场营销对产品有很多定义。美国著名市场营销专家菲利普·科特勒认为，产品是指人们为获取、使用或消费的目的而提供给市场的，以满足某种欲望和需要的一切东西，产品包括有形的和无形的物体、服务、人员、地点、组织和构思。在传统的4P营销理论中，产品策略是支柱和基础。没有了产品，所有的市场营销活动也就失去了意义。

旅游业是一个综合性行业，旅游经营者提供给旅游消费者购买的完整的旅游经历，它包括以服务为主要内容的食、住、行、游、购、娱和其他辅助设施条件（如建筑、景观、旅游纪念品、工艺美术品、民俗文化、民间艺术品、文化艺术品、土特产品、旅游一般用品等）的综合性产品。旅游产品的定义应该考虑旅游活动过程、旅游经济发展等多种影响因素，考虑“食、住、行、游、购、娱”六大基本要素，还应该考虑旅游产品策划的正确性、独特性是否会直接影响旅游目的地与旅游企业经营的全局。

依据中国国家技术监督局颁布的《中华人民共和国国家标准旅游服务基础术语》，旅游服务产品的定义为，由实物和服务综合构成的、向旅游消费者销售的旅游项目。旅游消费者既可以购买如包价旅游等整体产品，也可以购买某一项或几项单项产品。

我们认为，旅游产品是为了满足旅游消费者在旅游活动中的各种需求，旅游目的地与旅游企业通过开发、利用旅游资源，向旅游市场提供的各种物质产品、精神产品和旅游服务的组合。旅游产品是个整体概念，它由旅游资源、旅游设施、旅游服务和旅游商品等多种要素组合而成，它所包含的食、住、行、游、购、娱六大要素均与旅游资源有密切关系。

旅游产品与一般的产品不尽相同，从供给的角度看，旅游产品是旅游目的地与旅游企业向旅游消费者提供的用于满足旅游需求的全部实物和服务；从需求的角度看，旅游产品是旅游消费者在实现旅游消费需要中所体验到的全部经历。

二、旅游产品的特性

旅游产品是一种特殊的综合性产品，既有通常产品存在的具体形态、实物形态，也有以多种服务为主要形式表现出来的无形特点。这就决定了我们必须对这种综合服务产品的基本特征和特殊情况进行分析。

通过分析来帮助旅游目的地与旅游企业更好地根据自身特点进行营销。旅游产品的这些特性主要表现在以下六个方面：

（1）无形性。旅游产品是以服务为主的综合性产品，服务和有形产品最根本的区别就是无形性。由于这种无形性的存在，使得旅游产品的购买者不能像有形商品的购买者一样在购买的时候对商品进行鉴定、观察、品尝和评价，旅游产品的价值和质量只能凭购买者的印象和感觉来进行衡量。旅游目的地与旅游企业应注重产品和企业形象的塑造，尽可能地利用包装、品牌、广告等手段把产品的质量和价值转化为消费者头脑中的信息。

（2）不可转移性。旅游产品有很多形式是各地的名山大川、古迹遗址等地域性旅游资源，是自然的存在和历代劳动者所创造的人文价值和历史价值，这些旅游产品具有空间的不可转移性，是地域固定和特有的旅游产品形式。

（3）同步性。旅游产品作为一种服务性产品，由于其具有不可转移性，游客观赏景区景点，就是享受、消费旅游产品的过程，也是旅游产品生产的过程，生产与消费具有同步性。

（4）不可储存性。特殊的旅游产品依赖于具有地域性和垄断性的地方性自然资源和人文资源，空间和地理上具有不可转移性；同时，具有季节性的特点，如葡萄节、花卉节、民俗节日等，不能储存起来进行搬运。因此，企业如何调整和分配自己的资源以便使供给和需求同步是问题的关键。

（5）综合性。旅游活动涉及的内容包括消费者在旅游活动中的食、住、行、游、购、娱等多个方面，并与一定的社会、经济、文化紧密相关。一般来说，旅游目的地与旅游企业都会综合旅游活动的几大方面提供不同的产品服务组合来满足消费者的需求，虽然这种服务组合并不一定包括所有的部分，但是这些组合都是旅游目的地总体产品的一部分。这就要求旅游目的地与旅游企业在进行产品规划时必须全面综合，任何一个方面、一个环节的疏漏都可能严重影响产品在旅游消费者心中的质量和价值评价。

（6）敏感性。因为旅游产品具有综合性，它的价值实现就会受到多种因素的影响和制约。食、住、行、游、购、娱与环境卫生等方面只要任何一方面出现问题，都会影响到旅游产品的生产。此外，还有很多旅游业自身无法控制的因素，如国家经济的发展和政策的调整、自然灾害、汇率变动等。

三、旅游产品的类型

（一）按消费形式划分

按消费形式划分，旅游产品由食、住、行、游、购、娱六部分组成，即分别向旅游消费者提供饮食、住宿、交通、游览、购物、娱乐的消费内容。住宿和饮食向旅游消费者提供生活和设施条件的消费，交通向旅游消费者提供实现旅游活动的手段，游览向旅游消费者提供旅游活动的中心内容，购物向旅游消费者提供辅助性消费的内容和形式，娱乐则向旅游消费者提供了所需要的主要感受和体验。

从消费结构来说，旅游产品的食、住、行、游、购、娱六个要素的消费潜力是不同的。饮食存在着消费极限，增加消费的途径是提高饮食质量；住宿和交通的消费也是有限度的，提高消费的办法是增加服务内容和多档次经营；游览和娱乐的消费弹性较大，增加消费的方式是加大投资，丰富游乐项目；购物是消费弹性最大的环节，主要通过发展适销对路的旅游商品来提高消费水平。

（二）按旅游需求程度划分

按旅游需求程度划分，旅游产品可以分为基本旅游产品和非基本旅游产品。

（1）基本旅游产品。基本旅游产品是指旅游消费者在旅游活动中必需的且需求变动较小的旅游产品，如饮食、住宿、交通等。

（2）非基本旅游产品。非基本旅游产品是指并非旅游活动必需的且需求变动较大的旅游产品，如旅游购物、医疗保健服务、通信服务等。

基本旅游产品和非基本旅游产品的划分，有助于旅游目的地国家或地区的旅游经营者针对不同的旅游市场提供不同内容的旅游产品，使旅游产品更好地满足旅游消费者的消费需求；同时，也有助于旅游消费者在选择和消费旅游产品的过程中，有计划地调整自己的消费结构和档次水平，使旅游活动更轻松舒适，以达到益身益心的目的。

（三）按照旅游产品的形态划分

旅游产品的形态是指旅游产品的存在形式和表现类型。第二次世界大战前的传统旅游产品形态，主要有观光旅游产品、文化旅游产品、商务旅游产品、度假旅游产品等。在第二次世界大战后至今，这些传统旅游产品不仅依然存在并有所丰富和发展，而且为适应旅游消费者的新需求，又逐渐产生了一些新兴的旅游产品。其中主要有满足旅游消费者健康需求的康体旅游产品；满足旅游消费者发展需求的业务旅游产品；满足旅游消费者享受需求的享受旅游产品和刺激旅游产品等。

（1）观光旅游产品。观光旅游产品是以满足旅游消费者观赏游览自然风光、城市风光、名胜古迹等为目的的旅游产品。这类旅游产品在世界许多国家又被称为“观景旅游”产品。世界上传统观光旅游产品种类很多，主要有自然风光、城市风光、名胜古迹等；在第二次世界大战后世界旅游市场竞争日益激烈的情况下，世界各国为适应旅游市场的需求竞相开发新的旅游产品，各种新的观光旅游产品不断涌现，其中主要有微缩景观、“外国村”或“外国城”“仿古村”或“时代村”、国家公园和主题公园、野生动物园、海洋观光等。上述传统观光旅游产品及在第二次世界大战后新发展起来的观光旅游产品构成了世界观光旅游产品的主要组成部分，部分观光旅游产品不仅仅是单纯的观光旅游产品，其文化内涵也很丰富，如深圳世界之窗（见图 6–1）。

图 6–1　深圳世界之窗正门

【知识链接 6–1】

深圳世界之窗主题公园

世界之窗是中国著名的缩微景区，位于深圳湾畔，以弘扬世界文化为宗旨，是一个把世界奇观、历史遗迹、古今名胜、民间歌舞表演融为一体的人造主题公园。公园中的各个景点都按不同比例自由仿建。

深圳世界之窗，英文名为 Window of the World。世界之窗是位于中国广东省深圳市南山区华侨城，是深圳最为著名的旅游景点之一，占地 48 万平方米。景区按五大洲划分，与世界广场、世界雕塑园、巴黎之春购物街和侏罗纪天地共同构成千姿万态、美妙绝伦、让人惊叹的人造主题公园。

景区按世界地域结构和游览活动内容分为世界广场、亚洲区、大洋洲区、欧洲区、非洲区、美洲区、现代科技娱乐区、世界雕塑园、国际街九大景区，内建有 130 个景点。

（2）文化旅游产品。文化旅游产品是指满足旅游消费者了解旅游目的地文化需求的旅游产品。当今世界文化旅游产品，不仅档次逐渐多样化，而且在第二次世界大战后又有显著发展。世界文化旅游产品种类繁多，其中主要有博物馆旅游、艺术欣赏旅游、民俗旅游、怀旧旅游、宗教旅游等（见图 6–2）。随着社会经济的发展，世界新兴文化旅游产品主要有文化旅游区或旅游文化中心、大型艺术节等。文化旅游产品通常蕴含着较为深刻而丰富的文化内容，产品吸引对象一般都是具有相当高的文化素养和造诣的人群。

图 6–2 2010 年上海世博会博物馆

（3）商务旅游产品。商务旅游指人们外出旅游是为了经营洽谈、会晤或交流信息等。商务旅游的过程是商务旅游消费者花钱购买旅游产品和服务的综合消费过程。商务旅游产品通常具有下述特点：一是目的地选择取决于工作需要或由他人决定；二是商务旅游很大程度上限于城镇；三是商务旅游时间较短但比较频繁；四是商务旅游对当地环境影响很小。早期的传统商务旅游产品仅能为商务旅游消费者提供住宿及餐饮服务。随着现代旅游经济的发展，商务旅游产品还包括会议旅游、奖励旅游、大型商业性活动等。商务旅游不仅越来越频繁，而且其设施和服务也向现代化方向迅速发展，并为各类企业家、经营者、营销人员及经济工作者提供多方面的服务。

（4）度假旅游产品。度假旅游指旅游消费者利用假期进行休养和消遣的旅游方式。度假旅游一般具有下述特点：一是度假旅游的地点相对固定；二是度假旅游更强调休闲和消遣；三是度假旅游在某一地区停留的时间相对较长；四是度假旅游消费者的重复性消费比较高；五是度假旅游消费者一般不需要导游。世界上深受度假旅游消费者喜爱的传统旅游产品有海滨旅游、乡村旅游、森林旅游；新兴的度假旅游产品有度假村或度假中心（度假区）、野营旅游等。度假旅游产品主要指度假地，成功的度假地应具备下述条件：一是自然景色优美；二是拥有令人满意的住宿设施；三是有良好的气候，最好可以形成全季候旅游接待；四是要有完善的体育、娱乐设施；五是有便捷的交通、通信条件。

（5）康体旅游产品。康体旅游产品指能够使旅游消费者身体素质和体况得到不同程度改善的旅游活动。任何一种旅游活动都有益于旅游消费者的身心健康，但康体旅游产品更是如此。作为新兴的旅游产品，康体旅游产品包括体育旅游和保健旅游；体育旅游有滑雪、高尔夫、漂流、海滨滑水、探险等；保健旅游主要有健身旅游、疗养旅游以及考察森林、湖泊、山地、花卉、鸟兽等。康体旅游消费者的康健动机较为突出，对旅游目的地有特殊的要求，通常需要一定的设施、器材和场地等条件。

（6）业务旅游产品。近些年来，世界上已有越来越多的旅游消费者，开始由单纯休息性的消极旅游转向积极旅游，即在外出旅游的同时，把学习和探求专业业务知识、技能作为旅游的主要目的，以满足求知的需求。当然，作为传统的观光旅游产品和文化旅游产品，一般都可以使旅游消费者开阔视野、增长知识，促进旅游消费者业务水平的提高。特别是商务旅游产品中的会议旅游、奖励旅游，其内容多数也是业务性很强的活动。但战后至今，为满足旅游消费者的需求，出现了新兴业务旅游产品，其中主要有修学旅游、工业旅游、务农旅游、学艺旅游以及科技旅游、考察旅游等。这些旅游产品都是满足旅游消费者某一方面特殊需要，因而亦称为特种旅游。

（7）享受旅游产品。与其他社会活动相比较，旅游被视为是一种享受。随着人们物质生活水平的提高，必然会产生享受需求。为满足人们的享受需求，世界上许多国家陆续推出了享受旅游产品。目前享受旅游产品主要有豪华列车旅游、豪华游船旅游、美食旅游、超豪华旅游等。享受旅游也被人们称为“花大钱”的旅游，通常具有下述特点：一是费用特别高；二是可以自己安排旅游线路及住宿地点；三是可以自由地参加各种娱乐活动；四是有专业的服务人员。

（8）探险旅游产品。探险旅游指旅游消费者从未见过、听过或经历过，既标新立异又使人特别兴奋或惊心动魄的旅游活动。探险旅游产品一般具有以下特点：一是旅游目的地非同寻常；二是在旅游活动中，旅游消费者处于高度紧张和兴奋状态；三是能充分满足旅游消费者的好奇心；四是能给旅游消费者留下难忘的回忆。世界各国的探险旅游出现时间虽然不长，但探险旅游产品种类和项目繁多。目前主要有秘境旅游、海底旅游、火山旅游、沙漠旅游、惊险游艺旅游、斗兽旅游、观看古怪比赛旅游等。

（四）按劳动形式划分

按劳动表现形式划分旅游产品可以分为实物旅游产品、劳务旅游产品和吸引物旅游产品。

（1）实物旅游产品。实物旅游产品包括旅游设施、旅游购物品等，是以物化劳动表现出来的，具有物质等属性的实体存在物。旅游产品中的实物可以以独立的形态存在，是产品组合中的手段性成分。

（2）劳务旅游产品。劳务是活化的劳动，其效用蕴藏在服务人员的各种服务活动之中。劳务旅游产品只存在于活动过程之中，其效用的发挥必须凭借旅游资源、旅游设施以及其他必需的劳动资料，是旅游产品组合中的灵魂性成分。

（3）吸引物旅游产品。吸引物旅游产品包括自然吸引物和社会吸引物，自然吸引物如阳光、气候、海水、森林、名山大川等属于自然生成物，不包括任何人类劳动的成分，但这些自然物却是旅游产品不可缺少的自然基础，是整个旅游产品不可缺少的载体；社会吸引物如古代建筑、文化遗址、园林景观、历史文物等属于古代人类的劳动结晶，其价值是再生产这类产品的社会必要劳动所无法决定的，其经济学意义上的价值是无法估量的。自然和社会吸引物以自然界的存在物和古代人类劳动及文化积淀物的形式存在，是产品组合中的基础性成分。

第二节　旅游产品的构成要素

旅游产品形态的主要标志为旅游产品存在的形式和表现类型，旅游产品的构成主要反映旅游产品在不同侧面或不同层次的构成内容，旅游产品的构成要素则表明不同存在形态的旅游产品是由不同的内涵性构成要素所组成的。一般而言，旅游产品的基本构成要素主要包含旅游吸引物、旅游设施、旅游服务和可进入性四个方面。

一、旅游吸引物

旅游吸引物是指一切能够吸引旅游消费者的旅游资源及条件，它既是一个地区能否进行旅游开发的先决条件和旅游消费者选择目的地的决定性因素，也是构成旅游产品的基本要素。旅游吸引物的存在形式，既可以是物质实体，也可能是某个事件，也可能是一种现象。旅游吸引物的类型可以从不同方面进行划分。

按旅游吸引物的属性可以划分为自然吸引物、人文吸引物、特产吸引物三类。自然吸引物包括气候、森林、河流、湖泊、海洋、温泉及火山等自然风景资源。人文吸引物包括文物古迹、文化艺术、城乡风光、民族风情及建设成就等人文旅游资源。特产吸引物则主要包括土特产品、风味佳肴等（见图 6–3）。

图 6–3　世界客属第十九届恳亲大会晚会表演（2004，赣州）

按旅游吸引物的开发程度可以划分为早期开发、近期开发、正在开发、尚未开发四类旅游吸引物。早期开发的旅游吸引物指开发时间很长且具有接待能力的旅游景物。近期开发的旅游吸引物，指最近开发的且具有接待能力的旅游景物。正在开发的旅游吸引物指已经进行规划并正在开发或即将开发的旅游景物。尚未开发的旅游吸引物指尚未开发但具有旅游价值的各种自然景观和人文景物。

按吸引力的大小可以划分为“热点”“温点”“冷点”三类旅游吸引物。“热点”旅游吸引物指参观游览的人很多，甚至环境容量已经达到饱和的旅游点。“温点”旅游吸引物指参加游览的人保持中等水平的旅游点。“冷点”旅游吸引物指目前去参观游览的人还比较少的旅游点。

按是否消耗的程度可以划分为非消耗性、消耗性旅游吸引物。非消耗性旅游吸引物，指自然景观、人文景观中那些可以长期反复使用而不会被消耗的吸引物。消耗性旅游吸引物，是指如土特产品、佳肴名菜等必须由再生产来补充才能持续满足旅游消费的吸引物。

二、旅游设施

旅游设施是完成旅游活动所必须具备的设施、设备和相关的物质条件，是旅游消费者到达旅游目的地和旅游业取得效益的基本条件，也是构成旅游产品的必备要素。旅游设施在旅游产品构成中不是确定游客流向的主要因素，但旅游设施不配套则会影响或阻碍旅游消费者对旅游吸引物的追寻。旅游设施一般分为专门设施和基础设施两大类。

（1）专门设施。专门设施是指旅游经营者用于直接服务于旅游消费者的凭借物，通常包括游览设施、交通设施、餐饮设施、住宿设施等。游览设施指旅游景点建设的供人们登临、游览、休憩的设施和设备。交通设施包括交通通道和交通工具两个方面，通道是指到达旅游目的地的路径，工具指运送方式和设备。餐饮设施指为旅游消费者提供餐食服务的场所和设备，包括餐馆、冷饮店、咖啡厅、饮食店等。住宿设施是旅游消费者在旅行途中的“家”，是能够提供多种服务功能的饭店、度假村、别墅等（见图 6–4）。如江西三清山栈道属游客游览栈道（见图 6–5），由“西海岸”“阳光海岸”两大部分组成，是世界上海拔最高的旅游栈道之一，平均海拔 1600 多米，全长达 4 千米，为三清山赢得了“三清山栈道道可道，非常道”的美誉。

图 6–4　九龙香格里拉大酒店客房

图 6–5　三清山悬崖绝壁上的游客栈道

（2）基础设施。基础设施是旅游业乃至旅游目的地城镇赖以生存和发展的基础。其内容包括城镇（风景区）道路、桥梁、供电、供热、通信、给排水、排污、消防、环境保护和环境卫生，以及城镇街区美化、绿化、路标、路灯、停车场等。这些设施是为了城镇居民生产生活需要所提供的。这些基础设施并不直接向旅游消费者提供服务，但在旅游经营中它是直接向旅游消费者提供服务的旅游部门和企业必不可少的。可以说，上述如游览、交通、食宿等专门设施，都是建立在这些基础设施上面的，如果没有这些方面的措施和设备，上述专门设施的功能就不可能得到有效发挥。

三、旅游服务

旅游服务是旅游产品的核心，旅游消费者购买并消费旅游产品，除了在餐饮和旅游活动中消耗少量有形物质产品外，大量的是对接待服务和导游服务的消费。旅游产品之所以能以一种混合体的形态出现，主要是由它的服务性质所决定的。旅游服务的内容可以从不同角度进行划分。

从服务产品的产生过程划分，旅游服务包括服务观念、服务技术和服务态度。服务所表现的是一种人与人的关系，因而服务观念是从事服务工作的前提。只有建立完整的合乎实际的服务观念，达到社会认知、自我认知和工作认知的协调一致，才可能具有积极主动的服务精神和服务态度。服务技术是从事服务工作的基础，高超而娴熟的服务技术会成为一种艺术表演，使表演者和欣赏者从中获得享受。因而服务技术水平的高低就成为评判服务质量的标准。服务态度是服务工作的外在集中表现，不仅表现出服务人员对旅游消费者的尊重和理解，而且也表现出服务人员的气度修养和文明素质，因此是旅游消费者关注的焦点。

从服务产品的静态角度划分，旅游服务包括服务设施、服务项目和服务价格。服务设施是旅游服务的物质基础，其现代化水平决定了旅游服务能达到的水平和标准；同时服务设施的完善程度也从客观上影响和制约着旅游目的地与旅游企业能否提供多功能的服务。服务项目是在服务设施基础上的扩大和深化，服务项目内容的多少决定着是否能为旅游消费者提供方便、快捷和高效的服务形式和内容。服务价格是服务质量的货币形式，与服务质量有着可逆的线性关系，不同的价格反映着所提供的不同等级的服务，这是国际旅游业的通行原则。

从旅游服务的经营阶段划分，可以分为售前服务、售中服务和售后服务。售前服务是旅游活动前的准备性服务，包括旅游产品设计、旅游线路编排、出入境手续、货币兑换等。售中服务是在旅游活动过程中向旅游消费者直接提供的食、住、行、游、购、娱及其他服务。售后服务是当旅游消费者结束旅游后离开目的地时的服务，包括送到机场车站、办理有关手续、托运行李、委托代办服务等。

四、可进入性

可进入性是旅游产品构成中的基本因素之一，它不仅是连接旅游产品各组成部分的中心线索，而且是旅游产品能够组合起来的前提性条件，具体表现为进入旅游目的地的难易程度和时效标准。可进入性的具体内容主要包括以下几个方面：

（1）交通的通达条件。交通运输是进行旅游产品组合的必备条件，没有良好交通条件的旅游目的地是不可能吸引大量旅游消费者的。交通条件包括对外交通的工具种类，如车辆、飞机、船舶等；对外交通联系，如国际和国内交通的连接与方便程度等；区内地方交通的种类、数量、能力、布局以及区外交通和区内资源所在地连接的情况等。

（2）通信的方便条件。通信设施也是旅游产品组合中不可缺少的必备条件，尤其是旅游产品技术组合中不可缺少的重要因素。与交通条件的先行作用一样，旅游产品中通信设施具备与否，其配套状况、规模、能力以及线路布置，都将直接影响旅游产品的质量及旅游业的投入产出效益。

（3）手续的繁简程度。这包括出入境签证手续的难易、出入境验关程序、服务效率和频率、咨询信息等，这不仅影响到旅游目的地的客流量大小，而且对旅游产品的成本、质量、吸引力等都有重要的影响作用。

（4）当地社会的承受能力。主要指当地社会公众对旅游开发的态度、社会公众舆论、社会治安状况、社会管理水平、人口密度、交通管理等状况，都是影响可进入性的重要因素。

第三节　旅游产品组合策略

旅游产品组合涉及旅游产品整体概念、旅游产品组合的四个维度（宽度、长度、深度和关联性）等内容。

一、旅游产品整体概念

市场营销学认为，广义的产品是指人们通过购买而获得的能够满足某种需求和欲望的物品的总和，它既包括具有物质形态的产品实体，又包括非物质形态的利益，这就是“产品的整体概念”。产品的整体概念一般包括核心产品、形式产品、期望产品、延伸产品和潜在产品五个层次，如图 6–6 所示。

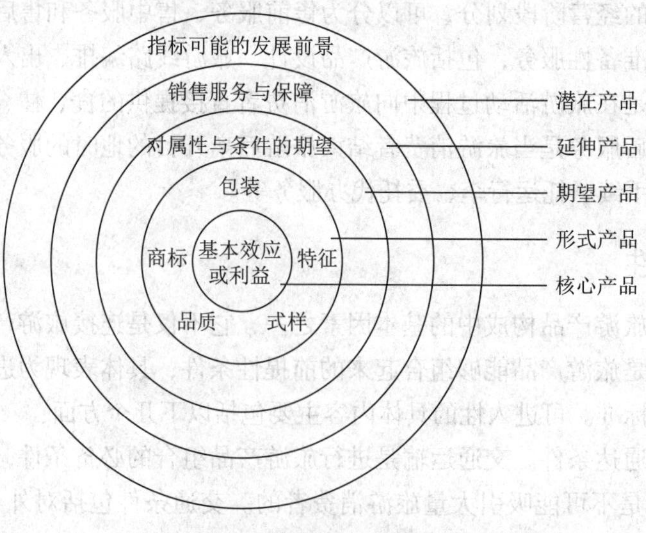

图 6–6　产品的整体概念

核心产品是指消费者购买某种产品时所追求的利益，是顾客真正要买的东西，因而在产品整体概念中也是最基本、最主要的部分。形式产品是核心产品借以实现的形式，即向市场提供的实体和服务的形象，如包装、商标、品质、式样、特征。期望产品是顾客购买产品时对产品具备属性与条件的期望。延伸产品是所获得的服务和利益，包括免费送货、质量保证、售后服务等。潜在产品是指现有产品包括所有附加产品在内的，可能发展成为未来最终产品的潜在状态的产品。

旅游产品的设计者必须从游客需求出发，从多个层次上考虑，旅游消费者在购买旅游产品时是购买产品的整体而不是单一的部分，这就要求旅游目的地与旅游企业在注重基本服务质量的同时也要注重有形部分和延伸部分形成差异，给竞争带来优势。

比如，旅游节庆活动这个旅游产品，是文化旅游的特色旅游产品，其核心产品部分就是给旅游消费者提供的一种独特文化内化的体验和服务；该旅游产品的品牌、特色和在该地区的声誉就是该旅游产品的有形产品部分，如图 6–7 所示。

图 6–7　旅游节庆活动情景

（1）核心层。第一个层次是旅游产品的核心层，是给旅游消费者带来的核心利益。旅游消费者购买某项产品，最主要的目的不是得到产品本身，而是要得到某种核心利益。如一位饥肠辘辘、疲惫不堪的观光旅游消费者所追求的核心产品很可能是一杯饮料、一餐能很快解决饥饿的简便饭菜、一间可供其休息的客房。从核心产品看，不同旅游目的地与旅游企业提供的不同产品的核心层往往有很大差别。旅行社提供的是“旅游经历”，旅游交通部门提供的是车、船、舱的座位，旅游饭店提供的是食品、饮料、客房床位等。当然仅仅考虑产品核心层是不够的，因为同样的产品在不同时间、地点，对不同的旅游消费者可能有不同的认知。如一个在沙漠旅行、干渴难耐的旅游消费者和一位普通游客对一瓶矿泉水的认知是不一样的。因此，还要从其他的角度来综合考虑旅游产品的设计。

（2）形式层。第二个层次是旅游产品形式层，包括旅游产品的质量、风格、特点、式样、品牌和包装。旅游产品核心层是旅游整体产品的最基本部分，而形式层是核心产品的实现形式。在旅游产品中，服务产品占有较大成分，最能说明服务产品形式层的是展示层，如饭店的建筑风格、气氛、员工态度和员工仪表、仪容等。旅游产品质量稳定可靠、风格独特、品牌有一定知名度、实物产品式样新颖、包装精良对游客有很强的吸引力。

（3）附加层。第三个层次是旅游产品的附加层，是指为旅游消费者提供的附加利益和附加服务，如旅游消费信贷、优惠付款条件、旅游信息咨询、免费接送服务、购物折扣等。这一层次包含了前述产品的期望产品、延伸产品和潜在产品。旅游目的地与旅游企业可以利用这些附加利益和附加服务来提高游客的满意度。

【知识链接 6-2】

"同胞背我大陆游"的故事

一次，一个台湾旅行团在游览某景点时，一位台胞突然生病，不能行走。带团的是一位经验丰富的导游，在对病人进行简易处理后，关切地询问是否去医院治疗，客人说不必，是老毛病，过几个时辰就好，希望其他客人先行，留下导游图，届时自己再赶上，以免影响团队的行程。导游为不影响行程，在征得这位台胞同意后，毅然背起他继续旅游，整团游客十分感动，这位台湾同胞更是感动得热泪盈眶。返台后，这位台胞奋笔写下《同胞背我大陆游》的文章在媒体上发表。这位导游提供的附加服务不仅感人至深，也提高了所在企业的社会形象。

旅游产品竞争是整体产品竞争，其中任何部分出了问题都会导致整体产品竞争力的下降。因此旅游产品的开发与设计应从整体出发去考虑，在注重有形产品整体性的同时，还应注重提供完整的延伸性服务。

二、旅游产品组合的四个维度

维度，又称维数，在数学中是指独立参数的数目。旅游产品组合可以从旅游产品的长度、宽度、深度与关联性四个维度来加以理解。旅游目的地与旅游企业产品组合的宽度、长度、深度和关联性不同，就构成不同的旅游产品组合。旅游目的地与旅游企业在选择决定产品组合宽度、长度、深度和关联性（密度）时，会受到旅游目的地与旅游企业资源、市场需求及市场竞争的制约。旅游目的地与旅游企业产品组合的宽度、长度、深度和关联性主要取决于旅游目的地与旅游企业目标市场的需要。

（1）长度。旅游产品组合的长度指一个旅游目的地与旅游企业的产品组合中所拥有的产品项目总数。例如，某饭店提供住宿、餐饮、娱乐的各个项目，如多个类别的住房房间总数（总统套房、商务间、标准间）、各餐厅的用餐菜式与组合、各类娱乐项目的数量，它们的总和就是饭店产品组合的长度。旅游目的地与旅游企业增加产品组合的长度和深度（即增加旅游产品项目，丰富旅游产品类型），可以迎合广大消费者的不同需要和爱好，以招徕、吸引更多顾客。

（2）宽度。旅游产品组合的宽度指一个旅游目的地与旅游企业的产品组合中所拥有的产品线的数目。旅行社拥有的旅游线路，即该旅行社旅游产品组合的宽度。例如，为向高端游客提供更多的出境旅游选择，中国国际旅行社总社有限公司（下称"国旅总社"）投入大量人力物力，新开发了墨西哥高端旅游产品。2011 年 2 月 1 日至 13 日，国旅总社成功运行了墨西哥古巴高端旅游首发团。国旅总社墨西哥高端旅游产品最终设计有别于市场上的常规产品，在墨西哥首次增加银城 TAXCO 的观光，同时，古巴住宿延长到 3 个晚上，增加了古巴西南省以及雪茄种植园等多项观光活动。国旅总社新推出的墨西哥高端游，显然增加了其拥有的旅游产品线宽度。旅游目的地与旅游企业增加产品组合的宽度（即增加旅游产品大类，扩大经营范围，甚至跨行业经营），可以充分发挥企业的特长，使企业旅游资源得到充分利用，提高经营效益，减少风险。

（3）深度。旅游产品组合的深度指一个旅游目的地与旅游企业产品线中每一产品项目有多少品种（大小等）。例如，某游乐园添置更多的游乐设施，以提升对游客的吸引力。

（4）关联性。旅游产品组合的关联性指旅游产品线在最终用途、推出条件、分销渠道或其他方面相互关联的程度。企业增加旅游产品组合的关联性（即使各个旅游产品大类在服务类别、分销渠道等各方面密切关联）可以提高旅游目的地与旅游企业在某一地区、行业的声誉。

第四节　旅游产品市场生命周期策略

在旅游产品的整个生命期间里，为了适应旅游消费者对产品兴趣和要求的不断变化和经济环境的改变，旅游目的地与旅游企业需要分阶段制定和修改自己的产品营销策略。旅游产品的生命周期是旅游市场营销管理环节中最重要的概念之一，它是指一种旅游产品开发研制结束后从投放市场到最后被淘汰的整个过程。它一般包括产品引入期、成长期、成熟期、衰退期四个阶段（见图 6–8）。

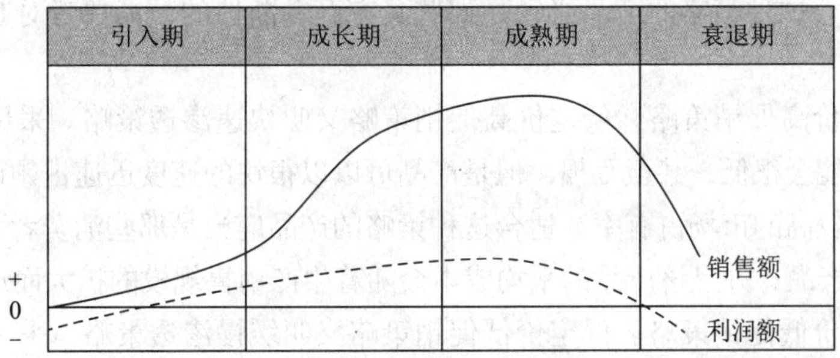

图 6–8　旅游产品生命周期特点

一、产品引入期的市场营销策略

产品引入期是指旅游产品刚刚投放市场，产品呈现缓慢增长的阶段。此时的旅游消费者对旅游产品的特点和能给他们带来的利益还不清楚，对这些产品还处在观望阶段。企业在市场上进行试销，推销费用很高，销量十分有限，利润极少。这一阶段旅游目的地与旅游企业关键是要向消费者展示新产品会给他们带来的利益，减少产品的不确定性并培育好市场。

旅游目的地与旅游企业在这个时期应当注重对新产品的介绍和宣传，加大促销方面的投入，努力把新产品的特色、优势传递给消费者。企业不能把目光放在产品目前的利润水平上，而应当把目光放长远，因为如果在销售量增长不快的情况下减少成本开支和宣传促销的费用会使产品的引入期延长，反而会使整体的利润水平降低。下面是产品引入期旅游目的地与旅游企业采用的四种主要策略（见表 6–1）。

表 6–1　旅游产品引入期的市场营销策略

促销水平 / 价格水平	高	低
高	高定价高促销策略（快速撇脂策略）	高定价低促销策略（缓慢撇脂策略）
低	低定价高促销策略（快速渗透策略）	低定价低促销策略（缓慢渗透策略）

（1）高定价高促销策略。高定价高促销策略又叫快速撇脂策略。企业采用产品高定价并投入高促销费用可迅速补偿研发新产品的投资费用，获得较大的利润。这种策略的最主要目的在于扩大新产品的销售量，占领较大的市场份额。适合这种策略的产品必须新颖，具有老产品没有的特色，消费者为了满足自己的求新心理愿意为其付出高价格，并且产品的市场需求潜力必须较大，否则企业也不值得花高促销费用去争取市场占有率。一般来说，旅游目的地与旅游企业在产品投入初期都选用此策略。

（2）高定价低促销策略。高定价低促销策略又叫缓慢撇脂策略。产品的定价高，投入的促销费用少，企业的利润就高。采用这种策略的最主要目的是尽可能地获得较大的利润。当然适合这种策略的产品必须是那些具有高垄断性的、消费者对其疑虑较少的旅游产品。

（3）低定价高促销策略。低定价高促销策略又叫快速渗透策略。采用这种策略的企业，其利润可能会很低，甚至亏损，但是产品可以以很快的速度迅速占领市场，并可能在短时间内获得较高的市场占有率。适合这种策略的产品应当是那些消费者不够了解、对价格十分敏感的产品，并且该产品的平均成本会随着生产销售规模的扩大而迅速降低。

（4）低定价低促销策略。低定价低促销策略又叫缓慢渗透策略。采用这种策略的旅游目的地与旅游企业主要是想用低价格获得市场对新产品的认同，尽量争取利润并经过长期的努力占领市场。适合这种策略的产品的市场条件应该是市场容量大，能够允许企业用长时间来占领市场；消费者容易了解或者已经了解新产品，对价格敏感。

二、产品成长期的市场营销策略

产品成长期指的是消费者开始接受该产品，产品的销售量大幅度增长的阶段。在旅游产品的成长期，消费者对产品已经熟悉，产品市场在扩大，销售量迅速提高，营销渠道逐步完善，企业利润快速提高，更多的竞争者进入并抢夺市场。这个时期旅游目的地与旅游企业需要做的就是保持产品的市场增长率，尽量延长成长期（因为这是利润水平增长最快的一个时期）以使企业获得最大的经济效益。具体的营销策略体现在以下几个方面：

（1）产品特色和质量方面。企业应当继续提高产品质量和服务质量，改善产品品质，增强产品的特色以提高竞争力，不断满足消费者更加广泛的需求。

（2）产品促销方面。企业应当把促销方面的重点从引入期的提高产品知名度转移到增强企业形象、树立强有力的产品品牌方面，争取潜在消费者，维系老消费者，使企业形象和产品形象深入消费者心中。

（3）销售渠道管理方面。巩固原有销售渠道，增加新的销售渠道，加强对销售渠道的管理，形成一个完善、有效的销售渠道以争取潜在消费者，扩大市场占有率。

（4）价格策略方面。企业以最大限度地获取利润为目的，分析自身和竞争企业的产品定价，根据自身的实际情况或保持原价或适当降价，激发价格敏感消费者的购买欲望并争取将潜在消费者转化为现实消费者。

三、产品成熟期的市场营销策略

产品成熟期是指消费者对产品的注意力下降，产品销售保持水平状态甚至缓慢下降的阶段。成熟期市场已经饱和，市场竞争白热化，销售增长率降低，产品供过于求，旅游消费者对旅游产品的兴趣逐渐转移。此时旅游目的地与旅游企业应该主动出击，把重点放在提高市场占有率上。

（1）市场开拓策略。市场开拓策略是指为成熟期的旅游产品寻找新的顾客，开发新的市场。具体做法有两种：一是发展旅游产品的新用途，即在原产品功能的基础上开发新的旅游功能用途，使老产品焕发新的生命力。如某度假区在原接待度假游客基础上，开辟健康、娱乐等旅游项目，使其具备新的功能作用而吸引更多的旅游消费者。二是开辟新市场，即为原有旅游产品寻找新的使用者，使产品进入新的细分市场。如中国的重点观光旅游产品在欧美主要传统市场上已无大潜力，保持这一产品生命力的有效途径之一就是为观光旅游产品寻找新的市场，通过开发新加坡、泰国、韩国、马来西亚等市场，使中国观光旅游再度掀起新潮。发现旅游产品的新用途，改变促销方式，努力寻求和开拓新的旅游目标市场，扩展市场需求的广度和深度。例如，采取新的促销手段，鼓励消费者重复购买。

（2）旅游产品改进策略。旅游产品改进策略是指努力使旅游产品差别化或者提高旅游产品的附加值，以满足旅游消费者的不同需求。通过改进旅游产品，可以使产品重现生命力，延长生命周期并获得更大的利润。旅游产品改进可从旅游产品的质量、功能、形态等几方面进行，如提高服务质量，改进旅游设施和设备，增设新的旅游服务项目，开辟新的旅游景观等。每进行一个方面的产品改进，相当于刺激出一个新的需求热点，从而使旅游产品的成熟阶段得以延长。例如，西班牙首都马德里市区游，过去主要靠著名的"东方宫"和几个广场等名胜古迹吸引旅游消费者，后来新增添了"星期日娱乐"项目。每逢星期日上午，在市内 6 个古董市场出售古董、古玩，供游客观赏和选购，下午则观看斗牛、赛马、足球赛等，使马德里市区对旅游消费者具有极大的吸引力。

（3）旅游市场营销组合策略。旅游市场营销组合策略是对产品、促销、流通渠道和定价这四个因素的组合加以合理的改进和重组，以刺激销售量的回升。如提供更多的旅游服务项目，改变旅游分销渠道，增加直销，增加广告，或在价格上加以调整等，以刺激销售量，吸引更多的旅游消费者。

四、产品衰退期的市场营销策略

产品衰退期是指消费者对产品的注意力转移，产品的销售量以及盈利迅速下降的阶段。这个时期里，消费者需求的变化导致旅游产品过时，旅游新产品已进入市场，产品的价格大幅降低，竞争者也不断退出市场。由于营销费用的大幅下降和一批忠诚消费者的存在，企业勉强盈利的机会仍然存在。这一阶段，可以设法延长旅游产品生命周期。

延长旅游产品生命周期的根本途径是根据市场上不断涌现出的新需求，不断地实现旅游产品的升级换代，做好旅游产品的开发工作。如对于中国观光旅游产品来说，理想情况是，当第一代观光产品，即以上海、北京、香港、西安、杭州、大连、桂林七大旅游城市为中心，散布于部分重点旅游城市的观光产品进入成长期后，就有第二代产品逐步进入开发建设阶段，如增加参与性活动在内的娱乐、观光型产品的出现。这样第一代观光产品进入成熟期后，第二代观光产品就进入了成长期，以此类推，使观光产品的生命周期得以延长。

通过以上分析，旅游产品在经济生命周期不同阶段有其不同特点，旅游目的地与旅游企业可以根据不同的特点采取相应的营销策略。

第五节　旅游新产品的开发与营销

旅游产品的生命周期理论告诉我们，任何旅游产品都有退出市场的那一天。旅游目的地与旅游企业要想不断满足消费者日新月异和多样化的需求，增强自身的市场适应力和竞争力，就必须积极、主动、优质地进行旅游新产品的开发，这对旅游目的地与旅游企业的生存和长远的发展都具有重要意义。

一、旅游新产品的概念和类型

狭义而言，新产品的概念是指那些企业创新的全新产品。布茨、艾伦和汉弥尔顿咨询公司根据新产品对于公司和市场的新的程度，确定了广义上的新产品的6种类型。这6种类型分别是：

（1）新问世产品：开创全新市场的新产品。

（2）新产品线：使一个公司首次进入已建立市场的新产品。

（3）现行产品线的增补品：在已建立的产品线上增补新的产品项目。

（4）现行产品的改进更新：提供改进性能或有较大可见价值的新产品用来代替现行产品。

（5）市场再定位：以新的市场或者细分市场为目标的现行产品。

（6）成本减少：以较低成本提供同样性能的新产品。

在旅游行业里，新产品指的是对现有产品整体概念中任何一部分的改革或创新以满足潜在消费需求的产品。新产品可以通过收购或并购另一家公司或者购买其他公司的许可权和特许经营权获得，也可以通过研发（既可以是自身独自研发，也可以是委托独立研究机构研发）来获得。对应而言，第1、2种属于全新创新型产品，如一个新景点、一条新线路的开发。第4种属于换代型的新产品，第3、第5、第6种属于改进型的新产品。另外，由于旅游行业的特殊性，旅游新产品的知识产权得不到有效的保护，这就出现了一种作为仿制品的新产品。模仿国外先进旅游产品或者竞争对手的产品作为自己的新产品，这在旅游行业里是很常见的。

二、旅游新产品开发策划的程序

旅游新产品开发并不是一件容易的事，要想设计出适合企业能力现状、市场容量大并且能够给企业带来预期利润的旅游新产品，就要求有一套科学、规范的新产品研发程序，以保证新产品能够及时、高质量地研制出来。旅游新产品的研发程序主要有以下几个阶段。

（1）产生创意。所有的新产品都是从这一阶段产生的创意延伸出来的。创意来源于企业内外的各种途径。旅游消费者的需求和欲望永远是创意产生的最好起点；通过分析竞争者的旅游产品优缺点可以有效地发现新创意；旅游目的地与旅游企业自己的营销人员和产品设计师是产生创意的主力；旅游目的地与旅游企业的销售代表和经销商也是创意产生的好来源；最后还得靠企业的高层管理层统揽全局，指导和研究并重视好的创意，以使它们得以被充分利用。创意产生的方法有：头脑风暴法、需要/问题分析法等。

（2）筛选创意。并不是所有的创意都可以变为最终的新产品，只有好的、有前途的、适合企业能力要求的创意才能最终被保留下来，这就需要对第一阶段产生的创意进行筛选。一般地可以把创意分为有前途的创意、暂时搁置的创意和决定放弃的创意。对于有前途的创意，旅游目的地与旅游企业必须建立一套标准来检查、衡量它，最好用指数加权的方法分析企业开发它的成功率，以帮助企业决定把资源重点放在哪些好的创意上；暂时搁置的创意可以保存起来等到条件成熟时供企业参考、采用；对于决定放弃的创意也必须小心谨慎，分析出它的缺点和优点以免给企业带来无形的损失。

（3）概念测试。产品的创意只是提供了一个可能产品的设想，要想把这些设想转化为有意义的构思（也就是产品），就得进行概念的测试。通过概念测试，分析出由产品设想转化而来的多个产品概念中哪个更适合企业的实际情况和开发目标。

（4）商业分析。产品一旦进入开发阶段，各种成本就会迅速增加，所以在进行产品开发之前，有必要对初步确定的产品概念进行商业分析，对它的商业吸引力作出评价。旅游目的地与旅游企业必须分析出产品目标市场的规模、产品的定位和预计销售量、产品的计划定价和营销预算以及预计的长期利润目标。重点通过销售量、成本和利润三个指标来衡量是否对旅游产品概念进行开发。

（5）旅游产品开发。旅游产品开发主要解决的是产品概念能否转化为在技术和商业上都可行的产品。它需要全企业包括专业开发人员、管理层、营销人员等的参与。特别要强调的是，由于旅游产品不同于其他有形产品，它的开发就更需要营销人员、分销商、旅游专家的参与，利用他们的经验，听取他们的意见和建议使新产品不断完善。

（6）市场试销。经过商业分析和产品开发后的新产品不能急于推向市场，因为这个时候条件还不够成熟，企业不知道自己预计的各种指标能否成功达到，不清楚消费者和经销商会对新产品做出何种反应。这时就需要对新产品进行检验，而最好的检验方法就是在小范围内进行市场试销。通过试销掌握市场的大概资料以便和企业预期的指标进行有效的对比，从而发现新产品的优缺点并对其进行改进、完善。

（7）商品化。市场试销结束后，就可以进入商品化阶段了。新产品商品化后进入产品生命周期中的第一个阶段，这时企业必须解决好投放时机、投放地点、目标市场、市场策略等种种问题，并随着市场的动态发展不断收集和掌握关于旅游消费者与市场的反应，及时对产品和市场策略进行调整。

值得指出的是，旅游目的地与旅游企业应该特别注重根据旅游产品自身的特殊性去研发旅游新产品。比如说旅游产品具有不可储存性，那么在淡季，企业就可以通过适当提高产品的附加值和扩大附加产品来促进销售，这也是某种意义上的新产品开发。另外，新产品的开发涉及许多不同的风险，开发过程不可能都是一帆风顺的，所以企业最好把各个新产品的研发阶段错开以降低风险。

第六节　旅游产品品牌和营销文化的策划

随着旅游市场的不断成熟，旅游消费者也会从价格敏感而变得逐渐成熟起来，如在选择产品的时候会把品牌作为购买决策的一个重要依据，会认真理性地比较各个产品组合能够给自己带来的利益而不仅仅从价格上着眼。这时，旅游目的地与旅游企业就应该重视对自己的产品品牌和产品营销手段的策划。

一、旅游产品品牌的策划

(一)旅游产品品牌的含义及其功能

旅游产品品牌是旅游产品的一个必不可少的组成部分，从某种意义上讲，它是决定旅游消费者重复购买的一个重要因素。拥有名牌旅游产品的企业就拥有超出竞争对手的市场竞争力。

旅游品牌是一种名称、术语、标记、符号、设计或者它们的组合，其目的是借以辨别某个旅游目的地与旅游企业的产品或者服务，使之和竞争对手的产品或服务区别开来。

一个好的旅游品牌是旅游目的地与旅游企业向旅游消费者长期提供的一组特定的特点、利益和服务的标志，它能够提供旅游产品的属性、利益、价值、文化、个性和使用者这六个方面的信息，其中价值、文化和个性是一个品牌最持久的含义。例如，早在20世纪70年代，美国的“I love New York”运动就拉开了城市旅游形象定位的序幕，使得旅游地营销开始重视城市的形象问题。国际上著名的旅游城市都有着特色鲜明的旅游形象。如维也纳，无人不知其“世界音乐之都”的称号，同样，巴黎被冠以“时尚之都”的美名。威尼斯是“浪漫水都”，布鲁塞尔是“欧洲首都”，城市旅游似乎已经进入了形象驱动时代，鲜明独特的形象看似已经成为旅游城市吸引旅游消费者的关键因素。

良好的旅游品牌具有以下功能：

第一，表现旅游产品的特色和旅游目的地与旅游企业的形象，帮助旅游消费者建立自己的消费偏好。旅游品牌最基本的作用就是把自己的旅游产品和竞争者的旅游产品区别开来，通过区别表现自身的特色，树立鲜明的企业形象，无形中确定了产品的细分市场，帮助细分市场内的目标客户群建立自己的消费偏好。

第二，体现旅游目的地与旅游企业的综合实力，有助于企业参与市场竞争和扩大经营。一个良好品牌的创立是需要很大的成本投入和长期的培育与维护的，但一旦建立以后，它就能很好地体现企业的综合实力，隶属于该企业的其他旅游产品也可以赢得旅游消费者的信赖。这又可以提升企业的市场竞争力，有助于企业通过品牌延伸来扩大经营。

第三，有助于企业的促销活动，提高旅游消费者的购买效率，增加旅游产品的销售量。有了良好的品牌可以方便企业进行促销，把自身的信息更好地传递给旅游消费者，并在他们心中建立良好的信誉，消费者在购买旅游产品时就可以根据自己心目中的品牌印象和定位方便地进行选择，从而提高购买效率，增加产品的销售量。特别地，旅游产品的生产和消费的同时性对消费者异地订购旅游产品和旅游目的地与旅游企业进行产品营销提出了挑战，旅游产品品牌在这一点上的作用就显得尤为重要。

第四，旅游品牌可以促进旅游目的地与旅游企业对自身的监督和有效地保护旅游目的地与旅游企业自身的权利不受侵犯。建立了产品品牌的企业必定会加强对自身的监督并努力做好各项工作，积极进取以防自己辛苦建立起来的品牌形象受到损害，这在某种程度上有助于旅游产品质量的提高。另外，由于旅游行业产品的知识产权难以得到保护，建立起良好的产品品牌，利用法律对品牌的保护是旅游目的地与旅游企业保护自身权利的有效手段。

【知识链接 6–3】

“动感之都”又回来了

尽管期盼已久，解禁的喜讯还是来得有点“突然”，令港人喜出望外。

从世界卫生组织 2003 年 4 月 2 日对香港发出旅游警告开始，港人度过了整整 52 天的“黑暗期”：游客止步，外商止步，海外参展被拒，许多香港人把自己闷在家里，餐厅曾经空空荡荡，戏院一度“零票房”，一架架的飞机“困”在世界最繁忙的机场……“动感之都”的活力，在这个 SARS 蔓延的春末夏初骤然退潮。

一步一步，香港顶住了病毒的冲击，新增感染个案一天天在下降，各行各业争相为香港重焕光辉而动脑筋、出主意。大家翘首以盼的，当然是世界卫生组织尽早解除旅游警告。因为，只有国际权威组织的专业判断，才能令香港重新融入国际社会。

5 月 23 日下午，香港电视台停止了正常的节目，插播了特别消息：旅游警告解除了！香港又欢动起来了。

是铜锣湾的人声鼎沸，是弥敦道闪烁的霓虹灯，是兰桂坊拿着啤酒满街走的老外，是坐在尖沙咀钟楼下听海看夜景的情侣，是夜色中大球场那随歌声挥动的 3 万支荧光棒，是沙田马场那疾驰而过的骏马，是文化中心音乐厅那流畅的琴声，是迎面而来的一张张笑脸，是一幅幅往昔熟悉的画面，真真切切地告诉我们：香港在歌唱，香港在舞动，我们所钟爱的“动感之都”又回来了！

资料来源：陈少波．“动感之都”又回来了 [EB/OL]. http：//www.sina.com.cn, 2003–05–27.

（二）旅游产品的品牌战略

旅游产品品牌战略主要可以分为单品牌战略、多品牌战略。

单品牌战略是指旅游目的地与旅游企业所有的产品线都使用同一个品牌，一般是作为企业品牌的企业名称。采用这种战略的旅游目的地与旅游企业在进行新产品的推广时显得较容易，但也存在着随着产品组合的长度、宽度的增加，原有品牌的个性和特色容易被淡化的问题。

多品牌战略是指对企业拥有的不同产品线采用不同的品牌。这样做可以显示不同产品线的特色，当一个产品线失败的时候，对其他的产品线影响不大；但这样做的缺点是品牌设计和推广的成本将会大幅增加，并且旅游消费者很难记住旅游目的地与旅游企业的企业品牌。

另外，名牌效应在旅游行业中表现得很明显。例如，天津的狗不理包子、桂林山水、西安兵马俑等驰名中外，经久不衰，获得了巨大的经济效益和社会效益。旅游目的地与旅游企业也应该发挥自身产品的特色优势，努力把自己的品牌办成名牌，这对旅游目的地与旅游企业和当地都是大有好处的。

（三）旅游产品品牌的策划程序

旅游产品品牌对于旅游目的地与旅游企业来说如此重要，但要建立并维护好一个良好的品牌不是一件容易的事。旅游产品品牌的策划过程应依以下几点循序渐进：

1. 分析旅游产品的特点和市场状况，对旅游品牌进行准确的定位

作为旅游品牌形成过程中的第一要素，定位解决了发展的方向问题和识别问题。品牌定位一般采用领先定位、比附定位、空隙定位、逆向定位和重新定位 5 种方式。旅游品牌形象一方面要体现鲜明的时代感、创造性、行业性，另一方面又要有明显的差异性、自我性。

旅游目的地与旅游企业在确定自己的品牌形象时，必须考虑旅游行业特征和本企业的特征。既然需要定位，当然得知己知彼。知己，旅游目的地与旅游企业必须分析自己旅游产品的特点，它适合哪类旅游消费者，能够给旅游消费者带来哪些方面的享受；知彼，旅游目的地与旅游企业必须了解自己旅游产品所选择的细分市场，分析该市场内已存在品牌的定位和特点。只有了解别人的特点才能设计出自己独树一帜的鲜明品牌形象。由于这一步决定了旅游品牌今后的方向，所以企业必须把工作做足、做好，准确地对自己的旅游品牌进行定位。品牌定位是品牌特征的指南针，它是品牌经营和发展“注意力经济”需要首先解决的问题。

2. 进行品牌设计

品牌定位之后，为了在市场上获得与定位相一致的形象，有必要进行品牌设计。旅游产品进行品牌决策最重要的是品牌名称和品牌标志的设计。它们是企业识别系统（Corporate Identity System，CIS）形象中对客人最直接、最有效和最感性的视觉识别。一个成功的抽象性品牌设计应具有以下特点：图像是抽象的，表意是具体的；形有限而意无穷；色彩具有强化传达作用。由于旅游品牌包括产品或服务的名称、标记、符号、图案等的组合，所以进行品牌的设计是一个比较复杂的过程。在这个过程中，设计者务必考虑周全，避免在以后的使用过程中留下残缺和隐患。

3. 进行品牌的包装

包装是为了宣传，也是为了抓住消费者的心理，增强消费者的感受和满意度、信誉度。旅游产品作为一种特殊的产品也需要进行品牌包装。品牌包装包括理念包装、文化包装、物质包装和旅游品牌商标化。

（1）理念包装。理念包装是指对定位后的品牌赋予特定的理念内涵，树立高品位的理念形象，并用简单鲜明的语言表达出来。如泰山的理念形象定位为泰山是中华民族的神山、圣山，进而的引申意义是：中华民族的后人，一生起码应当登一次泰山。

（2）文化包装。文化包装是指在理念得以被充分认知的基础上，深入挖掘文化价值，用一种或多种文化现象作为载体表达这种理念。理念是抽象的，没有外在的文化现象作以解释和证明，会阻碍人们对理念的解读，影响理念形象的传播，会给人以名不副实、哗众取宠的印象。

（3）物质包装。以景区为例，物质包装包括：精心设计、施工，创造精品；创造优美环境；设施完善，建设星级厕所、游客中心、医疗急救中心、完善的公共信息图形符号、各类告示牌等。景区建设以人为本，以游客为中心，努力打造精品。

（4）旅游品牌商标化。品牌商标化是指尽可能地将品牌在有关部门注册商标，这是加强品牌保护、维护品牌形象的重要措施。旅游产品是一种服务商标，注册商标是树立服务品牌的基础。由于旅游产品的无形性、各种服务要素的连续组合性、易重复性、模仿性，并有事后获得效益、不能重复使用、弹性极大的享乐型消费的特点，使旅游产品商标注册存在一定的难度。作为产品品牌的一个不可或缺的因子，注册成为必然。旅游品牌商标的要素有：商标名称及旅游景区名称、饭店名称、标徽、标准字体、吉祥物或标志物等。

4. 品牌测试

企业自身对设计出来的品牌的理解并不代表旅游消费者对它的理解，所以品牌设计出来以后一般都要经过在有代表性的小范围市场中的测试，通过测试进行改进，等条件成熟后再推向市场。

5. 旅游品牌的推广和传播

品牌设计的最终目的是在旅游市场的竞争中发挥品牌的作用。品牌的推广工作必须有步骤、有计划地进行，利用各种传播渠道尽力推广和宣传，努力给旅游消费者留下深刻的印象。更重要的是，真正的好品牌不是喊出来的而是做出来的。旅游目的地与旅游企业在品牌推出以后必须努力完善自己，用优质的服务在旅游消费者心目中树立良好的形象，这才是建立和巩固良好品牌的正确之道。成功的品牌传播需要从以下几个方面着手：产品的差异化优势、公众接受心理、讲究特定时机性；体现旅游品牌形象的口号、现代化的营销工具。利用口号这种典型化的标志性语言符号进行宣传，既要符合旅游消费者的心理需求和偏好，又要体现旅游行业的特征，简明、形象、易记，不要涉及过多的政治和商业气息，就能形成文化概念。如香港的“魅力香港，万象之都”、2000年的“动感之都——就是香港”、圣诞节的“映雪的香港，浪漫的欧陆风情”以及春节的“花动舞动，春节香港令人心动”等。

6. 旅游品牌的维护

一个良好的旅游品牌的建立不容易，旅游目的地与旅游企业应该对它进行精心的管理和维护。具体工作是通过不断改进产品和服务的质量，加强促销和宣传来强化品牌形象，经常对品牌进行检测，努力创新。当市场形势发生变化的时候，及时对旅游品牌进行再定位。

二、旅游产品营销文化策划

旅游市场的不断成熟和竞争的不断加剧促使旅游市场营销工作具有更新的形式和品位，于是旅游产品营销文化便产生了。旅游产品营销文化是针对旅游市场的一种文化行为。旅游产品作为一种服务产品，属于购买频率较低、价格昂贵的类型，这就赋予了产品营销文化特殊的意义。

（一）旅游产品营销文化策划的意义

（1）创造认知，使旅游消费者了解、熟悉旅游产品。由于旅游产品生产和消费的同时性，没有消费过某旅游产品的旅游消费者就只能从旅游产品营销文化宣传中了解该旅游产品，旅游产品营销文化宣传为旅游消费者对产品的期望提供了有形的佐证。

（2）起替代产品的作用。旅游产品具有不可储存性，不能直接在生产地之外的销售点进行检验，这时宣传材料就起到了产品代用品的作用，它在旅游消费者心中建立了对质量的期望和对价值的评估。

（3）提供信息，方便旅游消费者对产品的使用。信息提供型的宣传一般提供有用的产品基本信息，介绍特惠产品，帮助旅游消费者从产品中得到最大的利益满足。

（4）促销功能。旅游产品营销文化宣传，用图画和文字把旅游产品形象、生动地表现出来，可以刺激旅游消费者的购买。

（5）教育作用。一些博物馆、革命圣地和文化古迹之类的宣传还可以起到教育旅游消费者的作用。

（二）旅游产品营销文化策划的步骤

从某种程度来讲，旅游产品营销文化也是旅游市场营销与众不同的特点，因此旅游产品营销文化策划也尤为重要与必要。一般来说，旅游产品营销文化策划分为以下几点。

（1）分析旅游产品的特点和市场状况，对旅游产品营销文化内容进行准确的定位。定位解决了发展的方向问题和识别问题，如在国内外享有较高声誉的全国重点文物保护单位、大型博物馆、国家级风景名胜区和自然保护区等极少数重要旅游景区景点的旅游产品营销文化应采取强势定位方式，可采用价格昂贵的方式进行宣传。

（2）对旅游产品的营销文化进行 CIS 设计。旅游产品定位之后，为了在市场上获得与定位相一致的形象，有必要进行设计，如标志的设计等。它们是 CIS 形象中对客人最直接、最有效和最感性的视觉识别。

（3）对设计进行包装。对重要旅游景区景点的旅游宣传印刷品、旅游纪念品的制作时，在用材的选择上应尽可能选用上乘的材料，印刷应力求美轮美奂，以突出其优势。

（4）对设计进行测试。企业自身对设计的理解并不代表旅游消费者对它的理解，所以旅游产品设计出来以后，一般都要经过在有代表性的小范围市场中的测试。通过测试进行改进，等条件成熟后再推向市场。

（5）旅游产品营销文化的推广和传播。设计的最终目的是在旅游市场的竞争中发挥应有的作用，所以推广工作必须有步骤、有计划地进行，利用各种传播渠道尽力推广和宣传，努力给旅游消费者留下深刻的印象。

（三）旅游产品营销文化策划的方式

旅游产品营销文化策划可以采用的方式：旅游宣传印刷品、旅游影视作品、旅游摄影作品、旅游纪念品、旅游广告、旅游展销会等。

（1）旅游宣传印刷品。旅游宣传印刷品可以广义地界定为用营销预算制作的任何形式的印刷材料，其目的是在现有的和潜在的顾客中创造对产品的认知，刺激他们对具体产品的需求，或者方便他们完成产品的购买、使用和享受。旅游宣传印刷品可以分为促销型印刷品和信息提供型印刷品。促销型印刷品主要有旅游经营商的宣传册、产品宣传册、促销报价单、景点传单、各种营销海报或招贴等；信息提供型印刷品主要有旅游指南、旅游地图、饭店集团名录、交通运输时刻表等。

（2）旅游影视作品。旅游影视是指旅游电影、旅游电视、旅游 MTV 等介绍旅游产品的影视作品。它是旅游目的地与旅游企业为了营销自己的旅游产品由企业自身或者与影视部门合作拍摄的，具有纪实性、愉悦性和较强的功利性。一般的旅游影视作品包括旅游风情片、风光片、旅游教育片、旅游广告片、旅游 MTV 等。制作旅游影视作品应该注意突出地方的风土人情和民族特色，努力将旅游产品真实的美生动活泼地展现给旅游消费者。

（3）旅游摄影作品。旅游摄影作品也是为旅游市场营销服务的，它可以分为风光摄影、广告摄影、人物风俗摄影、建筑摄影等。它具有投资少、制作方便、能具体细致地介绍旅游产品的特点。旅游摄影的创作也应该真实、突出特点并注重艺术表现力。

（4）旅游纪念品。旅游纪念品是旅游目的地与旅游企业为了树立自己产品的形象而设计发行的有关旅游产品的独特纪念品。旅游目的地与旅游企业在设计开发旅游纪念品时应该注重纪念品的品位，努力表现出旅游产品的特色和鲜明的个性以使其有效地展示旅游目的地与旅游企业的形象。

其实，旅游影视作品、旅游摄影作品、旅游纪念品等旅游产品营销文化的形式在旅游市场营销中所起的作用也类似于旅游宣传印刷品。从某种意义上讲，它们是旅游宣传印刷品在现代社会市场条件下的扩充形式和有效的替代品，与宣传印刷品一起在旅游产品的市场营销活动中起着重要的作用。

【复习思考题】

1. 简述整体旅游产品的含义。
2. 旅游产品与其他产品相比有哪些特点？
3. 简述旅游产品生命周期各个阶段的特点及相应的营销策略。
4. 什么是旅游品牌？旅游品牌的特点是什么？
5. 旅游产品的组合有哪些策略？
6. 如何进行旅游品牌的创立与维护？

【案例分析】

西藏自驾游

西藏旅游部门新推出的以“珠峰”为主打产品的旅游线路，包括常规旅行线路、徒步旅行和自驾摄影线路。

常规旅行线路包括：从拉萨出发，沿途经过日喀则到珠峰大本营，再到希夏邦马峰、吉隆和樟木镇的8日游；从拉萨到日喀则，再到珠峰大本营，最后到樟木镇的7日游；从拉萨到珠峰大本营，最后返回拉萨的6日游。

徒步旅行线路为：从拉萨出发到协格尔，再到珠峰大本营，然后徒步前往嘎玛沟，再返回定日县。

自驾摄影线路为：从拉萨出发到江孜、日喀则、协格尔、珠峰大本营、希夏邦马峰，欣赏佩古措风光、吉隆沟风光，最后到吉隆镇。

西藏自治区旅游部门有关人士提醒，由于珠峰、吉隆镇和樟木镇等地地处边境，国内游客必须在当地办理好边境通行证后才能进藏；海外游客必须携带好护照、进藏确认函等材料。

根据以上案例，回答如下问题：

1. 根据以上资料，分析西藏旅游部门推出了哪些形式的旅游产品。
2. 旅游线路体现的是哪一个类型的产品维度？为什么？

第七章

旅游价格策略

本章导读

价格策略是通过对顾客需求的估量和成本分析，选择一种能吸引顾客的价格进而实现市场营销组合的策略。旅游价格策略的确定，要以科学规律的研究为依据，以实践经验判断为手段，在维护旅游产品提供者和旅游消费者双方利益的前提下，以旅游消费者可以接受的水平为基准，根据市场变化情况，灵活反应。旅游目的地与旅游企业的定价目标是以满足市场需要和实现盈利为基础的，它是实现旅游市场营销总目标的保证和手段。

通过本章学习，了解旅游定价目标及旅游产品定价的影响因素，掌握旅游定价方法并理解旅游产品价格调整的原因与对策。

【学习目标】

1. 掌握旅游产品的定价目标及旅游产品定价的影响因素。
2. 熟悉旅游产品定价方法。
3. 熟悉旅游价格类别。
4. 掌握旅游产品定价的策略。
5. 理解旅游产品价格调整的原因、能够运用所学理论制订价格调整的对策。

【导入案例】

个性化旅游产品报价

英国旅行社业发达，旅游信息系统先进，旅游报价面向全英国，覆盖各大城市，具有广泛的代表性，资料和数据真实可靠。英国旅行社报价手册中提供的只是多个可选择的旅游项目，涵盖面非常广，住宿、饮食、娱乐、交通、旅游活动项目都可选包，最后得到的产品是符合个人要求的个性化产品。例如，北美洲的自驾车旅游，旅行社只提供机票和汽车，对游览线路的安排只给出一些建议，游客可以根据自己的具体情况安排自己的游览线路，整个旅游过程完全按照游客要求编排（见表 7-1）。

表 7-1　英国旅行社北美自驾车旅游报价

目的地	天数	价格（英镑）		
		1月1日~3月21日	6月15日~8月31日	12月20~31日
拉斯维加斯	7	397	726	419
纽约	7	299	598	337
波士顿	7	334	620	356
亚特兰大	7	340	626	362

资料来源：根据 Kuoni 的 America & Canada 旅游报价手册整理

以上报价包括往返机票（经济舱）、机场税、7 天的租车费、保险费，一本包含地图、线路建议、景点信息介绍的指导手册，不包括住宿费。如果要住宿，游客可以选择手册中的任一酒店提前预订，在报价基础上加上酒店额外一晚的价格即可，也可以直接到酒店付现。

案例分析：

1. 为什么不同季节，北美各地自驾车游报价悬殊较大？
2. 游程按照游客要求编排，有什么好处？

第一节　旅游价格的含义

在旅游市场上，旅游消费者购买旅游产品，满足旅游需求，需要支付一定的货币；旅游经营者卖出旅游产品，实现自身利益，则需要有合适的产品价格。在旅游消费者和旅游经营者的交换关系中，价格是保证交换能够顺利进行的前提条件。在市场经济中，一方面，旅游活动的商品化是必然结果，旅游消费者食、住、行、游、购、娱等需求必须通过交换活动、通过支付一定量的货币才能获得满足；另一方面，旅游经营者在向旅游消费者提供旅游产品时，必然要求得到相应的价格补偿，于是在旅游消费者与旅游经营者之间围绕着旅游产品的交换而产生了一定货币量的收支。

旅游价格是旅游消费者为了满足旅游活动的需要所购买的旅游产品的价格，是旅游产品价值的货币表现形式，它是旅游产品价值、旅游市场的供求和一个国家或地区的币值三者变化的综合反映。

在旅游营销组合中，价格是唯一能产生收入的因素——其他因素均表现为成本。价格也是营销组合中最灵活的因素，它与产品特征和营销渠道不同，它的变化是异常迅速的；同时，价格与价格竞争是许多旅游目的地与旅游企业所面临的头号问题。但是许多公司无法很好地处理定价问题，共同的毛病是：所定价格过分地以成本为导向；价格未能依据市场变化及时加以修改；价格的制定同旅游营销组合的其他部分相脱离，未被看成是市场定位战略的内在要素，并且相对于不同的产品品目、细分市场和购买环境，价格的差别不够多样化。

第二节　旅游价格的分类

从旅游经营者的角度看，旅游价格又表现为向旅游消费者提供各种产品和服务的收费标准。由于旅游产品价格构成的综合复杂性，因而根据不同的划分标准，旅游价格可以分为不同的类型。

一、不同产品形式的旅游价格类别

在现实的旅游市场交换中，用于交换的旅游产品主要是以两种形式存在的：一种是单项旅游产品；一种是线路旅游产品（或组合旅游产品）。

（一）单项旅游产品价格构成

单项旅游产品只是旅游消费者在旅游活动中所要涉及的餐饮、住宿、交通、购物、娱乐等当中的某一项，无论哪一种单项旅游产品，其价格都是由成本和盈利两部分构成的。

成本是生产单位产品所需费用的总和。旅游产品的生产成本包括三部分内容：第一部分是提供旅游服务所凭借的旅游接待设施设备、交通运输工具、建筑物以及各种原材料、燃料、能源等的成本；第二部分是旅游目的地与旅游企业从业人员的工资，它们是旅游从业人员提供劳务的价值补偿，是劳动的耗费部分；第三部分是旅游目的地与旅游企业的经营管理费用，它们是企业在生产经营活动中必须支付的一定费用。需要指出的是，旅游产品价格中的生产成本，是指生产同类型旅游产品的社会平均成本。生产同种类型旅游产品的众多企业中，由于各种各样的原因，他们所生产产品的个别劳动耗费是不一样的，导致旅游产品的价值有高有低，但在市场上，价格中的生产成本只是该产品一定时期内的社会平均成本。

盈利是旅游产品价格扣除成本的剩余部分，是旅游从业人员的社会劳动所新创造的价值部分。它包括向政府交纳的税金、贷款利息、保险费用和旅游产品经营者的利润。税金是纳税人依法向国家纳税的金额。利润则是企业获得的收入中扣除成本、税金、贷款利息及保险费后的余额。一般情况下，利润与价格是成正相关的，价格水平越高，企业所获得的利润就越多。

（二）线路旅游产品价格构成

线路旅游产品或组合旅游产品是旅游经营者，特别是旅行社把多个单项旅游产品组合在一起提供给旅游消费者的。其价格由购进成本加上旅行社的自身经营成本和利润构成。其中，旅行社在组合旅游产品时，用于购买各单项旅游产品的费用之和，称为旅行社的购进成本或代办费。由于这些交通费、餐饮费或住宿费是由旅行社批量代办的，所以旅行社的购进费用总是要比旅游消费者分别、多次购买后的总费用低。

无论是单项旅游产品，还是线路旅游产品，其价格构成本质上基本一致，都是成本与盈利之和，只是统计口径和计量部分上有所差别，这种差别在不同类型的旅游价格中也普遍存在。

旅游产品价格策略是旅游目的地与旅游企业营销策略的一个重要内容，也是不断开拓市场的重要手段。旅游产品价格合理与否，很大程度上决定了旅游消费者是否能够接受这个产品，直接影响产品和企业的形象，影响企业在市场竞争中的地位，它是旅游目的地与旅游企业能否走向成功的重要因素。价格策略的复杂之处不在于简单的成本和利润的计算方法，而是价格的制定受各种非成本因素的影响，如旅游消费者的需求量和心理变化、竞争对手的情况、价格变动后的市场占有率和品牌价值的变化、相关竞争产品的推出等。因此，旅游目的地与旅游企业不仅要面临制定合理价格的问题，而且还必须随着时间的推移、环境的变化、竞争策略的变化对价格进行必要的调整和修改。

二、不同购买方式的旅游价格类别

从旅游消费者购买旅游产品的方式划分，旅游产品价格可以分为统包价格、小包价格和单项旅游价格。

（1）统包价格。统包价格是指旅游消费者根据自己的需要，一次性购买旅行社推出的某条旅游线路的价格。旅游消费者通过旅行社组织，按旅行社推出的某条旅游线路的统包价格一次性支付费用，就可随团进行整体旅游活动。

（2）小包价格。小包价格是指旅游消费者通过旅行社购买旅游线路，但旅游消费者只一次性支付线路产品中的某一部分或几部分，其余部分由旅游消费者以零星购买的方式支付。在国际旅游中，越来越多的游客趋向于选择只含机票和饭店的包价，而游览的门票、导游翻译费等则由旅游消费者自己视具体情况而定。小包价格虽然也是通过旅行社购买，但不一定随团旅行。

（3）单项价格。单项价格是指旅游消费者不通过任何中介机构，以零星购买方式所购买的旅游产品的价格。旅游消费者每次购买的只是旅游活动诸多环节中的某一项或几项单项旅游产品，如旅游消费者单独购买的车票的价格、客房的价格、景点门票的价格等。

单项价格是由旅游产品经营者的成本和盈利构成。采用单项价格支付的优点在于灵活，旅游消费者可以根据自己的喜好和时间安排所要购买的内容。不足之处在于手续烦琐，且价位较高。

三、不同范围的旅游价格类别

从旅游消费者活动所涉及的范围划分，旅游价格可以划分为国内旅游价格和国际旅游价格。

（1）国内旅游价格。国内旅游价格是指旅游消费者在本国国内旅游的价格。具体还可以再细分为国内旅游包价和国内旅游单价。

（2）国际旅游价格。国际旅游价格包括出境旅游价格和入境旅游价格。无论是出境旅游价格还是入境旅游价格，其价格一般包含三部分，即国际交通费用、旅游目的地国家或地区旅游产品的价格、客源国的旅游服务费。

在我国，国际旅游价格的标准是针对国际旅游消费者制定的，国内旅游的价格标准是针对国内居民制定的。目前，无论是在国内机票、火车票、景点门票，还是在饭店的入住支出上，国际旅游价格与国内旅游价格都有很大的差别。其原因与我国现阶段的经济发展水平和旅游发展状况有关。我国目前还属于发展中国家，旅游的发展也是先国际后国内，而后才是出境。因此，国内居民的可支配收入没有海外旅游消费者高，旅游的意识也普遍没有海外旅游消费者强，这决定了我国国内旅游价格暂时要低于国际旅游价格。

四、不同需求程度的旅游价格类别

从旅游消费者对旅游产品的需求程度划分，旅游价格可以分为基本旅游价格和非基本旅游价格。

（1）基本旅游价格。基本旅游价格是旅游消费者在活动过程中必不可少的旅游需求部分的价格，主要包括住宿价格、餐饮价格、交通价格、游览价格等，是旅游消费者必须要进行消费支出的价格。

（2）非基本旅游价格。非基本旅游价格是指旅游消费者在活动过程中可发生也可不发生的旅游需求部分的价格，如向旅游消费者提供的日用品价格、医疗美容价格、旅游纪念品价格等，旅游消费者支付与否，支付多少，都不会影响旅游活动的顺利进行。

划分基本旅游价格和非基本旅游价格，对旅行社具有实际的操作意义，可以帮助旅行社在组合线路产品、编排具体游览行程时，明确哪些项目应当包括在内，并计算其价格，哪些项目可以由旅游消费者自由决定，不必计算其价格，也不纳入线路旅游产品的价格构成当中。

五、不同营销角度的旅游价格类别

从旅游目的地与旅游企业的营销角度划分，旅游价格可以分为两类，即旅游差价和旅游优惠价。

（1）旅游差价。旅游差价是指同种旅游产品，由于在时间、地点、质量、销售环节等方面的差异而引起的价格差额。同其他商品差价一样，旅游差价是产品价值的实现形式，是价值规律作用于价格的具体表现。旅游差价主要有旅游产品批零差价、地区差价、季节差价和质量差价四种形式。旅游产品批零差价，是指同种旅游产品批发价格与零售价格之间的差额。任何产品在销售时，每经过一个中间环节都要耗费一定量的劳动，旅游产品也不例外。旅游产品的批零差价一般是发生在旅游批发商和旅游零售商之间：在旅游经济活动中，旅游批发商主要负责推出旅游产品，即设计和编排旅游线路；而旅游零售商则从批发商手中购进旅游产品，再将旅游产品销售给旅游消费者。在这个过程当中，旅游零售商需要耗费一定的劳动，支出一定的费用。

（2）旅游优惠价。旅游优惠价是指在旅游产品的基本价格基础上，给予旅游产品购买者一定的价格折扣。一般情况下，旅游优惠价主要有对象优惠价、常客优惠价、支付优惠价和购量优惠价四种。

第三节　旅游产品定价的方法

定价方法是企业在特定的定价目标指导下，依据对成本、需求及竞争等状况的研究，运用价格决策理论，对产品价格进行计算的具体方法。旅游产品的定价方法主要包括成本导向定价法、需求导向定价法和竞争导向定价法三种类型。

一、成本导向定价法

成本导向定价法是旅游定价首先需要考虑的方法。成本是旅游目的地与旅游企业生产经营过程中所发生的实际耗费，客观上要求通过旅游产品的销售而得到补偿，并且要获得大于其支出的收入，超出的部分表现为企业利润。以产品单位成本为基本依据，再加上预期利润来确定价格的成本导向定价法，是企业最常用、最基本的定价方法。成本导向定价法又衍生出了成本加成定价法、目标收益定价法、边际成本定价法等几种具体的定价方法。

（一）成本加成定价法

成本加成定价法是按产品单位成本加上一定比例的利润制定产品价格的方法。大多数企业是按成本利润率来确定所加利润的大小的。这种定价方法操作简便，为企业普遍采用。

其计算公式为：

旅游产品价格=单位产品成本 ×（1+成本利润率）

例如，某饭店的一瓶酒水，其成本为 100 元，饭店确定的成本利润率为 50%，则

酒水价格=100 ×（1+50%）=150（元）

（二）目标收益定价法

目标收益定价法又称目标利润定价法，或投资收益率定价法。目标收益定价法是一种以成本为基础的定价方法，即旅游目的地与旅游企业按预期获得的利润来确定产品价格。其计算步骤如下：

1. 确定目标收益率

目标收益率可表现为投资收益率、成本利润率、销售利润率、资金利润率等多种不同方式。

2. 确定目标利润

由于目标收益率的表现形式的多样性，目标利润的计算也不同，其计算公式为：

目标利润 = 总投资额 × 目标投资利润率

目标利润 = 总成本 × 目标成本利润率

目标利润 = 销售收入 × 目标销售利润率

目标利润 = 资金平均占用率 × 目标资金利润率

3. 计算售价

售价=（总成本+目标利润）/预计销售量

目标收益定价法的优点是可以保证企业既定目标利润的实现。这种方法一般是用于在市场上具有一定影响力的企业、市场占有率较高或具有垄断性质的企业。目标收益定价法的缺点是只从卖方的利益出发，没有考虑竞争因素和市场需求的情况。

（三）边际成本定价法

边际成本是指每增加或减少单位产品数量所引起的总成本变化量。由于边际成本与变动成本比较接近，而变动成本的计算更容易一些，所以在定价实务中多用变动成本替代边际成本，而将边际成本定价法称为变动成本定价法，也叫边际贡献定价法。

边际产品定价法只计算成本，而不计算固定成本，以预期的边际贡献补偿固定成本并获得盈利。边际贡献是产品销售收入和变动成本的差额，若边际贡献大于固定成本，企业就有盈利，反之则亏本；若边际贡献等于固定成本，则企业保本。

例如，某旅行社在旅游淡季推出一日游团体包价旅游产品，每人市内交通费 40 元，正餐费 30 元，导游费 15 元，门票费 26 元，共计 111 元。由于市场竞争激烈，又时值旅游淡季，客源较少。因此，旅行社难以用 111 元的价格招徕大量的旅游消费者。在这种情况下，旅行社采用边际贡献法，将价格降为 104 元，即减少导游收入 7 元。这样，该项旅行社产品的单位售价高于变动成本（96 元），仍可获得边际贡献 8 元。这种定价法能给旅行社提供衡量销售价格的客观标准，便于旅行社掌握降价幅度，开展价格竞争。只要边际贡献大于零，旅行社就可以在更大的范围内实行价格竞争，争取市场优势。

显然，边际成本定价法是旅游目的地与旅游企业根据单位产品的变动成本来制定产品的价格，制定出来的价格只要高于单位产品的变动成本，企业就可以继续生产和销售，否则就应该停产、停销。而单位产品的预期收入高于变动成本的部分就是边际贡献。

二、需求导向定价法

现代市场营销观念要求旅游目的地与旅游企业的一切生产经营必须以旅游消费者的需求为中心，并在产品、价格、分销和促销等方面予以充分体现。只考虑产品成本而不考虑竞争状况及顾客需求的定价，不符合现代营销观念。需求导向定价法是指企业在定价时不再以成本为基础，而是以消费者对产品价值的理解和需求强度为依据。

需求导向定价法的特点是可以灵活有效地运用价格差异，对平均成本相同的同一产品，价格随市场需求的变化而变化。需求导向定价法主要包括理解价值定价法和需求差异定价法。

（一）理解价值定价法

理解价值定价法也称觉察价值定价法，指旅游目的地与旅游企业以旅游消费者对旅游产品价值的理解度为依据来制定价格的一种定价方法。所谓“理解价值”，是指旅游消费者对旅游产品价值的主观评判，而不是旅游产品的实际价值。

采用理解价值定价法进行合理定价的关键在于旅游消费者对产品价值的认知，而不是企业的成本。因此，旅游目的地与旅游企业运用这一定价方法需要注意两方面的问题：一方面，旅游产品的价格应尽可能接近旅游消费者的理解价值，尽量全面地了解旅游消费者对旅游产品价值的评价。另一方面，旅游目的地与旅游企业可以运用各种营销策略和手段，影响旅游消费者对旅游产品价值的认知，改变旅游消费者心目中固有的主观价值评价，形成对企业有利的价值观念而认可旅游目的地与旅游企业制定的现行价格。

（二）需求差异定价法

需求差异定价法是旅游目的地与旅游企业以旅游消费者需求为依据，强调适应旅游消费者需求的不同特性，根据旅游消费者需求差异而确定价格的定价方法。

不同旅游消费者的收入不同，消费水平也不同，针对他们实施不同的产品价格，可以增加企业的销售量。例如，我国许多旅游景区，对于学生群体、市民与外地游客，门票价格会有所不同。

同一旅游产品，如果销售的地理位置不同，经营环境发生改变，旅游产品的价格也可以相应地做出调整。例如，位于旅游热点地区的五星级饭店，制定它的客房售价时就可以高出一般地区的同级别饭店。

此外，在不同的时间，对同一旅游产品也可以制定不同的价格。例如，旅游淡季与旺季的车船票及门票价格不同等。

三、竞争导向定价法

竞争导向定价以市场上相互竞争的同类商品价格为定价的基本依据，以随竞争状况的变化确定和调整价格水平为特征。在竞争十分激烈的市场环境下，旅游目的地与旅游企业通过研究竞争对手的服务状况、价格水平等因素，依据自身的竞争实力、参考成本和供求状况来确定旅游产品价格，这种定价方法就是通常所说的竞争导向定价法。为实现旅游目的地与旅游企业的定价目标和总体经营战略目标，企业可以在其他营销手段的配合下，将价格定得高于或低于竞争者的价格，并不一定要求和竞争对手的产品价格完全保持一致。

竞争导向定价主要包括以下两种定价方法。

（一）率先定价法

率先定价法是一种主动竞争的定价方法，是旅游目的地与旅游企业根据市场竞争状况，结合自身实力，率先打破市场原有的价格格局，制定具有竞争力的产品价格。自行制定价格后，在对外报价时先于同行报出，可以在同行中取得"价格领袖"的地位，获取较高的利润。

采用率先定价法的旅游目的地与旅游企业一般要有雄厚的实力，或者在产品上具有竞争对手无法比拟的特色优势，这样，企业才能在自己引发的价格竞争中居于主动地位。

（二）随行就市定价法

随行就市定价法是指旅游目的地与旅游企业参照行业中主要竞争对手的价格，或跟随市场上的平均价格来确定自己产品的价格。这种方法既可以应付竞争，又可以保证企业获得平均利润，是一种较为稳妥的定价方法。

在完全竞争的市场结构条件下，任何一家旅游目的地与旅游企业都无法凭借自己的实力在市场上取得绝对的垄断优势。为了避免竞争特别是价格竞争带来的损失，大多数企业都采用随行就市定价法。此外，采用随行就市定价法，企业就不必去全面了解旅游消费者对不同价格的反应，从而为营销、定价人员节约了很多时间。

第四节　旅游产品的定价策略

旅游产品的定价，不仅需要科学的理论和方法作为指导，还必须有高明的定价策略和技巧。旅游产品的定价策略是指旅游目的地与旅游企业根据旅游市场的具体情况，从定价目标出发，灵活运用各种价格手段，使其适应市场的不同情况，以实现企业的营销目标。

一、影响旅游产品定价的因素

旅游目的地与旅游企业要进行科学合理的定价，必须从多方面分析影响和制约产品定价的基本因素。影响旅游目的地与旅游企业价格制定的因素非常多，一般要考虑以下因素：

（一）旅游目的地与旅游企业的定价目标

定价目标是指旅游目的地与旅游企业通过制定及实施价格策略所希望达到的主要目的。企业定价目标是除成本以外影响定价的主要内部因素。一般认为，企业的定价目标似乎都是获取尽可能高的销售额和利润。但这只是企业长远的整体目标，具体到某一时期为某一产品定价时，旅游目的地与旅游企业进行定价的目标主要有生存目标、当期利润最大化目标、市场份额领先目标等。

任何行业中以营销为导向的现代组织，都必须通过制定以销售量和销售收入为具体目标的经营决策。必须在整体营销战略目标的指导下确定营销目标，两者不能相互冲突。由于营销目标也多种多样，不同旅游目的地与旅游企业可能有不同的目标，同一旅游目的地与旅游企业在不同时期也可能有不同的定价目标，企业应当权衡各个目标的依据及利弊，谨慎加以选择。价格是营销组合中非常有影响力的要素，通过调节价格可以达到企业各个产品和市场部门的特定短期目标。

（二）旅游产品的成本

旅游产品的价格主要由旅游产品成本、税金和利润构成，因此旅游产品的最低价格取决于生产、形成、具体促成这种旅游产品的成本费用。从长远看，任何产品的销售价格都必须高于成本费用，才能以销售收入来抵偿生产成本和经营费用，否则就无法经营。所以说产品成本是旅游目的地与旅游企业定价的底线，以成本为导向的定价方法至今仍被很多旅游目的地与旅游企业采用。

一般来说，产品的成本越低，其价格就越低，市场需求量往往也会越大。旅游产品的成本是由产品在生产过程和流通过程所花费的物质消耗和人力资本所形成的，它是构成产品价值的主要组成部分，是影响旅游产品价格最基本、最直接的因素。

在短期内，旅游产品的价格配合一定的营销战略可以低于产品的成本，但从长期看，旅游产品的价格水平必须足以补偿其最低总成本。

（三）旅游目的地与旅游企业战略决策和市场定位

旅游目的地与旅游企业在当前和未来的企业发展战略和市场定位，是关系企业发展的重要基石，也是关系旅游产品价格的重要因素。

旅游目的地与旅游企业的形象定位、产品定位及其对市场份额要求、投资回报期限要求，确定了 3~5 年或更长时期内进行营销运作的背景，也会影响旅游产品价格变动的上限和下限。

（四）旅游市场需求与旅游消费者心理

旅游产品成本决定了产品价格的最低限度，而产品价格的最高限度则取决于旅游消费者的需求程度。因而旅游目的地与旅游企业在对产品定价时必须考虑旅游消费者对价格的理解及这种理解对购买决策的影响。一般来说，旅游产品价格与旅游市场需求量成反比，产品价格越高，市场需求量越少。

旅游消费者心理是旅游目的地与旅游企业制定产品价格时最不易考察的一个因素，同时又是必须考虑的一个重要因素。通常旅游消费者在选购旅游产品时，总是根据旅游产品为自己提供效用的大小来评定此产品的价格，他们对产品一般都有客观的估价。若企业定价高于消费者的心理期望值，则很难被旅游消费者所接受；反之，也可能会引起旅游消费者的误解及拒绝。例如，来自法国的许多旅游消费者对中国传统文化的民俗、民族风情有极大的兴趣，认为它们是人类文化的精品、旅游资源的瑰宝，因而愿意接受较高的中国文化旅游产品价格，若价格偏低反而会使这些旅游消费者产生不信任感。

旅游市场需求与旅游消费者心理有一定影响。如政治领袖、知名影星下榻过的富有传奇色彩的旅馆，在一定限度内其价格的上升反而会激发市场需求量的增多，原因就在于旅游消费者往往认为此类产品价格高，质量也就好。

（五）竞争状况与可替代性

旅游市场中，旅游产品竞争的激烈程度对产品的定价有很大的影响，竞争越激烈，对定价的影响就越大。在完全竞争的市场，旅游目的地与旅游企业没有定价的主动权，只能被动地接受市场竞争中形成的价格；在不完全竞争的市场，由于旅游目的地与旅游企业彼此提供的产品存在着差异，企业根据其差异优势，可以通过部分变动价格的方法来寻求较高的利润。对于具有垄断性和市场领先型的旅游目的地与旅游企业或旅游产品，通常会通过一些非价格的因素进行市场营销（如贵宾卡）。旅游产品有很大的一部分是以服务的形式进行营销，口碑、服务质量和消费者喜好等非价格因素成为市场营销的关键点。

不同的产品可以满足不同层次的市场需求，产品自身的特性将直接影响企业价格的选择。旅游产品与其他产品一样，也存在着替代性，尤其是旅游购物、娱乐、住宿、交通等产品，出现同类产品的可能性较大。产品的可替代性是旅游业休闲产品表现高价格弹性的原因之一，若在同一旅游目的地同类旅游产品并存，旅游产品生产者和经营者就有可能实行削价竞争。当产品有相似的替代品，消费者选择性就大。

（六）政府法律和法规的管制与制约

价格决策尽管基本上是受商业性因素的影响而做出的，但旅游价格也会受到政府的管制。由于公众健康和安全的原因，也为了保证供应商之间的竞争，保护消费者，所有国家的政府都会经常干预或影响价格决策。

例如，在许多固定国际航线上，航班票价仍要通过官方协议来确定，而且可能要接受调查以防止掠夺性价格。在一些国家，住宿设施是经官方注册和分类的，住宿定价往往需要官方（如我国的物价局）确认，单个企业只能在一定幅度内改变价格。

此外，旅游市场中影响旅游产品定价的常见因素还有汇率变动和通货膨胀等。

二、旅游新产品定价策略

新产品定价的难点在于无法确定旅游消费者对于新产品的理解价值。如果价格定高了，将难以被旅游消费者接受，影响新产品顺利进入市场；如果价格定低了，则会影响企业效益。常见的新产品定价策略有三种不同的形式：撇脂定价策略、渗透定价策略和满意定价策略。

（一）撇脂定价策略

新产品上市之初，将价格定得较高，在短期内获取厚利，尽快收回投资。这一定价策略就像牛奶中撇取其中所含的奶油一样，取其精华，所以称为“撇脂定价”策略。一般情况下，如果在市场上存在着一批愿意以高出市场平均水平的价格购买旅游产品的旅游消费者，撇脂定价是一种非常合适的定价策略。它使旅游目的地与旅游企业可以较快收回产品生产经营成本。

撇脂价格策略不仅能在短期内获取大量利润，而且可以在竞争加剧时采取降价手段，既可以限制竞争者的加入，又符合了旅游消费者对待价格从高到低的客观心理反应。应用这种定价策略，要具备以下相应的条件：目前市场需求较高；制定高价，不会刺激更多竞争者进入市场，有助于形成新产品优质的形象；虽然有可能销售量不大且单位成本较高，但企业仍能获得高额利润。这种定价策略作为一种短期的价格策略，适用于具有独特的技术、不易仿制、生产能力不可能迅速扩大等特点的旅游新产品，同时市场上存在高消费或时尚性的要求。

通常，撇脂定价策略适用于以下几种情况：①目前市场上有足够多的旅游消费者对旅游新产品存在迫切的需求；②旅游消费者认为高价代表了该旅游产品的优质形象；③市场竞争不十分激烈。

对企业而言，采用撇脂定价策略，必须使旅游消费者相信高价格购买这种新产品是值得的。从本质上看，撇脂定价是一种追求短期利润最大化的定价策略，若处置不当，会影响企业的长期发展。

（二）渗透定价策略

渗透定价是与撇脂定价相反的一种定价策略，即在新产品上市之初将价格定得较低，以吸引大量的购买者，扩大市场占有率。

采用渗透定价的旅游目的地与旅游企业无疑只能获得微利，这是渗透定价的薄弱处。但是，低价可以使旅游产品尽快为市场所接受，并借助大批量销售来降低成本，获得长期稳定的市场地位；同时，微利防止了竞争者的进入，增强了自身的市场竞争力。

一般来说，在旅游市场中运用渗透定价策略，也有可能导致投资回收期较长，产品若不能迅速打开市场或遇到强有力的竞争对手时，会遭受重大损失等。渗透定价策略一般适用于以下几种情况：①市场需求的价格弹性较大，使用低价格能够明显刺激市场需求的增加；②旅游产品的生产销售成本会随着产量的增加而逐步下降；③由于价格低廉，竞争者对该市场不感兴趣。

对于旅游目的地与旅游企业来说，需要综合考虑市场需求、竞争、供给、市场潜力、价格弹性和企业发展策略等因素才能确定。在定价实务中，往往要突破许多理论上的限制，通过对选定的目标市场进行大量调研和科学分析来制定价格。

（三）满意定价策略

满意定价也叫作适中定价，是一种折中价格策略。它吸取上述两种定价策略的长处，采取比撇脂价格低但比渗透价格高的适中价格，既能保证旅游目的地与旅游企业获取一定的初期利润，又能为旅游消费者所接受，因而这种价格策略确定的价格称为满意价格，有时也称为“温和价格”或“君子价格”。

满意定价的价格水平居于撇脂定价和渗透定价之间。当不存在适合于撇脂定价或渗透定价的环境时，旅游目的地与旅游企业一般采取适中定价，按照行业平均利润和价格水平来制定价格。这种定价策略兼顾了供给者与需求者双方的利益，既能使企业有稳定的收入，又能使消费者满意，形成稳定的购买者。

这种策略的不足之处是，由于产品的定价是被动地适应市场，而不是积极主动地参与市场竞争，因此可能使旅游目的地与旅游企业难以灵活地适应瞬息万变的市场状况。

三、心理定价策略

心理定价策略是指旅游目的地与旅游企业在定价时，利用旅游消费者心理因素，有意识地将产品价格定得高些或低些，以满足消费者生理和心理、物质和精神的多方面需求，通过消费者对企业产品的偏爱或忠诚，扩大市场销售，获得最大效益。常用的心理定价策略有整数定价策略、尾数定价策略、声望定价策略和招徕定价策略。

（一）整数定价策略

整数定价策略是指旅游目的地与旅游企业有意识地将产品的价格制定成整数，对零数忽略不计。整数价格便于计算，有时可提高产品的档次，使旅游消费者产生价高质优的购买意识，从而促进旅游产品的销售。

（二）尾数定价策略

尾数定价又称非整数定价，是指旅游目的地与旅游企业利用旅游消费者求廉的心理，制定非整数价格。这种定价方法直观地给旅游消费者一种便宜、价格计算精确的感觉，从而激起旅游消费者的购买欲望，促进产品销售量的增加。另外，有些旅游消费者有着求吉利的心理，这是近年来企业采用尾数定价策略的另一原因。如中国人喜欢价格以“8”“6”数字结尾，美国人喜欢以“9”作尾数等。旅游目的地与旅游企业可以根据不同民族和地区人们的喜好，灵活确定价格的尾数。

（三）声望定价策略

声望定价是根据旅游产品在旅游消费者心中的声望、信任度和产品在人们心目中的社会地位来确定价格的一种策略。声望定价可以满足某些旅游消费者的特殊欲望，如地位、身份、财富、名望和自我形象等，还可以通过价格显示名贵优质，因此这一策略适用于知名度高、有较大市场影响、深受市场欢迎的旅游产品。

（四）招徕定价策略

招徕定价是指旅游目的地与旅游企业有意制定特殊的低价，发挥促销导向作用，吸引潜在的旅游消费者，从整体上提高企业的销售收入，增加盈利。具体有亏损价格策略和特殊价格策略两类。采用亏损价格策略的旅游目的地与旅游企业会在自己的产品结构中，把某些产品或服务的价格定得很低，甚至亏损，以价格低廉迎合旅游消费者“求廉”心态而招徕顾客，借机带动并扩大其他产品的销售。特殊价格策略往往在某些节日、季节或在本地区举行特殊活动的时候，适度降低旅游产品或服务的价格以刺激旅游消费者，招揽生意，增加销售。这种定价策略往往在旅游淡季时受到企业的重视。

（五）习惯定价策略

习惯定价策略是指旅游经营者在定价的过程中维持旅游消费者已经形成的有关价格的“心理定式”，即使市场供求关系发生变化或者成本变动也不改变旅游产品的价格，而是通过调整产品的组合形式进行相应的调整。这种定价策略适用于价格长期固化的旅游产品以及在旅游消费者心目中具有独特文化价值的旅游产品。

四、折扣与折让定价策略

折扣与折让定价是指对基本价格做出一定的让步，直接或间接降低价格，以争取顾客，扩大销售量。其中，直接折扣的形式有数量折扣、现金折扣、功能折扣和季节折扣；间接折扣的形式有回扣和津贴（见图 7-1）。

（一）数量折扣策略

数量折扣是指按购买数量的多少分别给予不同的折扣，通常购买数量越多，折扣越大。其目的是鼓励大量购买，或集中向本企业购买。

数量折扣的促销作用非常明显，旅游目的地与旅游企业因单位产品利润减少而产生的损失完全可以从销量的增加中得到补偿。此外，销售速度的加快，使企业资金周转次数增加，流通费用下降，产品成本降低，从而导致产品总盈利水平上升。

旅游目的地与旅游企业采用数量折扣策略时，应注意以下几点：首先，企业制定的享受数量折扣的标准不宜过高，应该让大多数旅游消费者有享受优惠的机会。其次，采

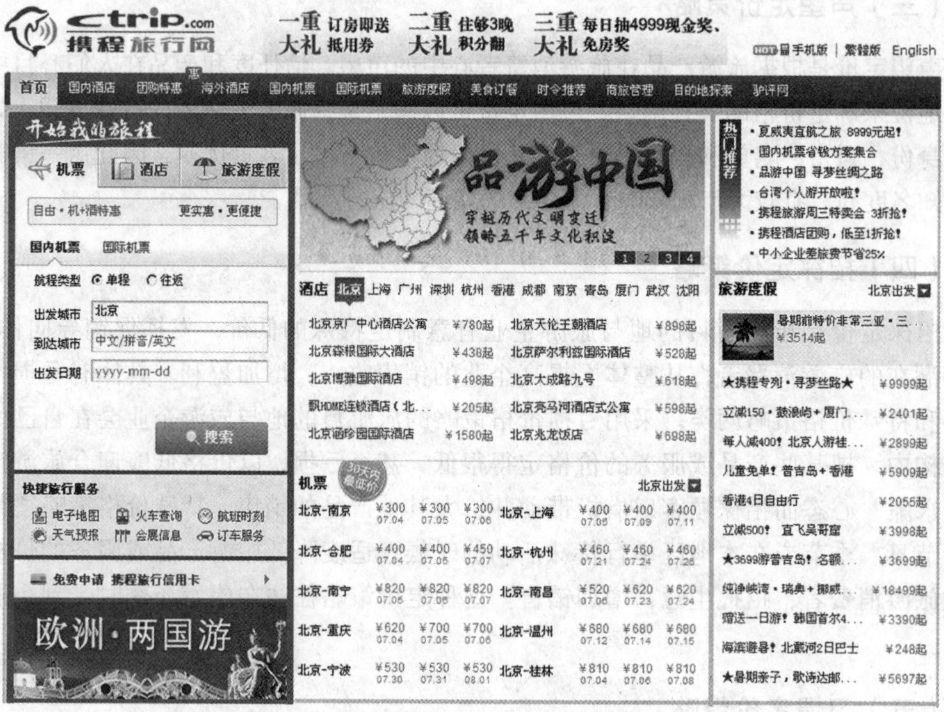

图 7-1　携程网提供饭店与机票各种折扣价

用数量折扣策略的目的是通过大批量出售旅游产品以降低营销费用，增加企业利润。最后，规定数量折扣的价格和条件应对所有旅游消费者一视同仁。

（二）功能折扣策略

部分旅游目的地与旅游企业在经营中必须借助旅游中间商经销其产品。在旅游中间商当中，有一部分经销能力强，有一部分经销能力相对较弱。功能折扣就是指旅游产品的生产企业按照各类经销商能力的不同给予不同的价格折扣。

这种折扣方式有利于拓宽旅游目的地与旅游企业的销售渠道，调动批发商和零售商经营企业产品的积极性。它以利益为刺激因素，借助旅游中间商的营销渠道来销售旅游产品，能解决直接销售渠道能力不足的问题。但是由于这种折扣方式只考虑到经销商的能力，没有考虑到销售的数量和销售金额的大小，不利于调动销售数量和金额都很大的旅游零售商的积极性。

（三）季节折扣策略

季节折扣策略是指旅游目的地与旅游企业根据旅游消费者购买季节的差异而给予一定的折让。客房、景点等旅游产品在消费的淡旺季节，需求差异是非常明显的，为充分发挥供给能力，避免资源闲置造成的浪费，旅游目的地与旅游企业会区分淡旺季，对淡季或者生意较为清淡时段的购买者给予优惠。

第五节　专项旅游产品的定价策划

一、宾馆饭店业价格的制定

（一）选择定价目标并确定需求

宾馆饭店业在制定价格时，可以根据游客外出的目的，对最终消费者进行划分。如商务差旅型旅游消费者、娱乐休闲消遣型旅游消费者。这些细分市场的需求状况不一，且都有其动态性，因而应详细分析，以便选定相应的定价目标。

（二）确定成本并选择定价策略

大多数旅游饭店均采用成本导向定价，即在成本的基础上，另加预期的回报，从而确定价格。这种方法尽管简便易行，但存在成本很难清晰合理地界定、没有充分考虑市场供需变化等问题，因此该定价的市场适应性较弱、灵活性较差、针对性不强。这种定价方法的出发点是饭店自身而不是目标客户群，价格不易被顾客认同。

旅游饭店要吸引更多顾客并保持长期利润，就应当以顾客需求为导向，充分理解顾客的需要和认知价值，结合成本因素，综合利用各种定价策略，确定价格。

（三）竞争者分析并确定最终价格

饭店业的房价决定了饭店其他产品的价格水平，因此房价是饭店定位的重要组成部分。在具体确定价格时要考虑以下几种房价种类进行组合。

（1）门市价。门市价通常是对外公开的客房价格。在运行良好的市场状况下，门市价是根据成本加成法确定的；但在大多数情况下，门市价成为讨价还价的基础价格。事实上，许多饭店通常是根据需求的变化实行需求差异定价策略。

（2）竞争价。饭店客房最高的价格类别称为竞争价。它能够使消费者和旅游中间商在将本饭店与给定市场中的其他饭店进行比较之后，对本饭店的质量产生某种感知。同时竞争价是一种基准价格，其他各种折扣价都是在竞争价的基础上打折形成的。一般来说，竞争价的价格幅度越宽越好，即从一个饭店中条件最差的房间（不打折的全价）到条件最好的房间（定价略高于地理位置最近的竞争者的同类房间）的价格幅度尽量要宽。这种宽价格幅度的好处在于，一方面可给消费者留下本饭店是当地最佳饭店的印象，另一方面也使得本饭店可以通过控制低价客房的销售和存量实现收入最大化。

（3）公司价。公司价是一种用于吸引经常性商务旅行者的竞争价格。依据一个饭店自身的质量及其相对于当地主要竞争者的地理位置，该饭店的公司价应当与前四位主要竞争者的公司价大致相同。如果某一饭店在地理位置和服务方面明显优于其他饭店，则可以成为该地市场的价格领导者。但是如果某一饭店刚开业不久或者还立足未稳，则其公司价可能需要低于竞争者，以便能够吸引商务旅行者进行尝试性购买。饭店的公司价格幅度应依据房间的类型、位置等加以确定。

（4）批量价。批量价亦称公司批量价，是面向批量购买者的一种特定价格，批量价低于公司价。批量价有不同种类。通常情况是，预订的客户量越大，批量价也就越低。由于一个饭店可能会有多种不同的公司价，因而公司批量价应当根据有关公司客户或社团客户的名称而有所专指。

（5）周末价。周末价是指周末有效的价格，即在周五、周六、周日时生效的价格。根据市场情况的变化和当地盛事活动的情况，这类客房可以随时停止供应。例如，在周末市场规模很大的情况下，比如周末当地有足球赛事或其他盛会活动举办，饭店可能希望停止这类客房的供应。

（6）超实惠价。超实惠价是一种低于公司价的房价，是面向价格敏感者实施的，也是一种打折促销的手段。超实惠价在淡季或为当前空置的客房招揽客源。同竞争价一样，超实惠价通过填充空置的客房尽可能地增加收入。这种价格还可以用于将客人从竞争者那里夺过来。它可以面向任何细分市场，但通常需要控制总量，也就是说，只适用于有限数量的客房。

（7）俱乐部价。位于俱乐部楼层、商务行政楼层或者其他有专人守卫区域的客房采用俱乐部价。俱乐部价是一种高于非俱乐部级别楼层的同类客房竞争价或公司价的溢价。为了同那些也设有俱乐部楼层的其他饭店进行竞争，一个饭店的房价应当定得具有竞争力，但也必须同本饭店总体定位战略相一致。

（8）旅游包价。此处的旅游包价是指饭店营销的自身旅游包价产品。例如，在饭店住宿 3 天并包括观光游览或文化体育活动等特殊兴趣活动的包价。通过广告宣传，这种包价旅游产品既可以向饭店客房促销，也可以直接向游客出售，或是通过其他与旅游相关的企业来营销。

（9）合作性房价。合作性房价是与旅游、航空等批发商协商制定的特殊打折房价。旅游批发商可以营销自己的包价旅游。例如，航空公司可以提供一种包括在饭店住宿若干天的产品，这种产品是全部旅游度假优惠活动中的一个组成部分。多数旅行社及运输公司都以合作性房价组织包价旅游。从饭店的角度来看，合作性房价的折扣损失可以由生意规模的扩大来弥补。

（10）家庭房价。家庭房价有三种形式。一是“儿童免费”，这是许多饭店用来吸引家庭顾客的一种优惠策略。二是提供保姆服务，免费看护儿童。三是为家庭顾客安排套间或毗邻客房。此类产品有助于利用周末或淡季过剩的出租能力。

二、航空机票价格的制定

乘飞机，是游客出行的一种方式。从本质上讲，航空公司要利用每一座位或每一航班去争取最大的收益。航空公司应当选择解决有助于实现这一收益的营销战略，如是通过低价多销的途径还是通过高价少销的途径。

不同航空公司的定价由于不同的目的而有所不同，或出于竞争目的，或出于市场定位的需要，或根据航班的起飞时间去选择某种价格战略，但其收益的最低控制线是尽可能地扩大每一航班的营业收入，即利用每一座位或每一航班去争取最大的收益。

同饭店企业中的情况一样，影响航空公司价格制定战略的因素包括人工成本、机群规模和飞机的大小（相当于一个饭店的规模），以及航线构成（相当于饭店的坐落地点），其次是消费者。

对某一品牌或某一航空公司的忠诚度比较高的消费者，会根据自己不断变化的需要而对机票价格和服务质量做出回应。而当各航空公司爆发机票价格战时，消费者会从中受益。在价格战中“取胜”的航空公司通常都是那些实力雄厚的航空公司。

航空公司为争取市场份额，一般会采用大量的机票类别（见表 7-2）。

【知识链接 7-1】

机票的种类

机票以有效期时间的长短可分为一年、半年、三个月、一个月、十四天有效票等不同种类。此外，因航空公司有不同的促销措施，不同航空公司会根据市场情况而产生不同的机票种类，以适应不同的旅客需求和消费能力。

普通一年期机票（NORMAL FARE），主要分头等票（First Class），商务票（BUSINESS CLASS）及经济票 Economy Class or Coach）三种，有效期为一年，可换乘其他航空公司的航班，票价较高，但灵活方便，没有太多时间上的限制，适合途中可能改变线路、时间的旅客，购买此种机票，旅客须持有相关有效证件（身份证或军官证、护照、出国证明及目的地的签证等）。

特别机票又可分为旅游机票、团体机票、包机机票、学生机票、优惠机票等，价格较为优惠，但限制较多。

1. 旅游机票（EXCURSION FARE），其票价一般比普通一年期机票较为低廉，但限制相对来说较多，只能购买来回票，不能购买单程票，可分为中途停站及不停站两种，中途容许停站的票价较贵，持票人一定可在目的地停留一段时间后，在机票规定的有效期内回程，否则机票就会失效，因此，购买此种机票时，应该详细了解有效期，以免机票因过期失效，回程要另行买票，招致损失。

2. 团体机票（GROUP FARE/GROUP INCLUSIVE TOUR/GV FARE），由航空公司委托的旅行社作为指定代理，事先向航空公司订下若干数目的机位，作为举办团体旅行之用。按规定这种团体机票不能出售与个别旅游人士，旅客在购买时应该注意其有效期及能否退回程票等情况，因为某些团体票在机票上注明不能退款，如因签证或其他原因延误，导致不能出发或回程，则损失很大，必须小心注意。

3. 包机机票（CHARTERED FLIGHT FARE），包机公司或旅行社向航空公司包下整架或部分飞机座位，以供旅客乘搭。这类机票的票价及营运限制，均由包机公司或旅行社自行订购。

4. 学生机票，需持有国际学生证 ISIC 卡或 GO25 青年证才可购买，票价较为低廉，限制相对来说较为宽松，可享有较高的行李托运公斤数，停留有效期可长达半年，甚至一年之久。

5. 优惠机票，是指航空公司淡季不定期推出促销活动的促销票，限制标准因航空公司而异，差别较大。

资料来源：百度百科 http：//baike.baidu.com/view/1652253.htm

三、旅行社价格的制定

旅行社价格有两层含义：一是指旅行社提供各项服务的收费价格；二是指旅行社组织客人旅游期间，安排各类活动项目价格的总和。对旅行社而言，价格的制定应根据不同的情况而有所不同。

（一）针对散客或游客单项委托服务的价格制定

对于散客或单项委托服务的客人来说，提供哪种服务，就涉及哪种服务的收费标准，包括导游服务收费、接送服务收费、行李服务收费，订房、订餐、订票服务收费及代办其他各项服务的手续费等。

（二）针对游客包价旅游的价格制定

针对包价旅游的客人，按照包价形式的不同，可以分为全包价、半包价、小包价，服务的内容包括哪些项目，价格也就包括哪些项目；按照项目的层次不同，又分为豪华、标准、经济等，各等级因提供服务的消费水平高低而收取不同标准的费用，其中包括旅行社的综合服务费，也包括旅行社安排活动的代收代付部分，如房费、餐费、交通费、文娱活动费等。

现在比较流行的一种方法是将旅行社价格分为统包价格和小包价格（参见本章第二节相关内容）。

四、旅游景点价格的制定

旅游景点是旅游吸引力的根本来源，是旅游目的地形象的重要体现，在旅游业发展中具有重要的地位和作用。各国在景点价格制定的目的、用途上有许多不同，从而导致最终价格的确定也存在很大的差异性。例如，国外风景区的门票收入多用于景点的保护和资源开发，而在我国，国家管理的风景名胜区由地方政府代管，因而不少景点的门票收入要上缴地方财政，这样就造成风景名胜区缺乏资金、保护不力的状况。又如，与其他旅游业发达国家相比较，我国门票价格相对于居民收入来说显得偏高，而门票收入是旅游业各项收入中弹性最小的，这些都导致目前我国旅游景区景点的发展过分依赖于门票收入，即过于依赖门票价格的调控作用，而忽略了对其他经济手段的使用。那么，我国的旅游景点的价格到底该如何制定呢？

（一）我国旅游景点的价格管理

（1）政府控制容量，放开门票价格。由于风景名胜区主要的制约因素是环境的容量，建议政府可以根据规划的景区极限容量，来控制每个景区单日、月或季的最大客容量，以取代以往直接控制景区门票价格的做法，在此基础上全面放开门票的价格，使之可以随市场变化而波动。

（2）明码标价，不暗箱操作。应尽可能地取消园中园票，实行一票制，或在景区门口售票处标明所有票价，包括优惠票价、各个项目票价等，并严厉打击给导游、司机回扣等行为，确保旅游消费者的正当利益不受损害。

（3）及时公布门票价格信息。旅游景区可以通过互联网、电视、广播、杂志、报纸等媒体及时公布最新的门票价格信息，增加透明度。

（4）旅游景区应拓宽收入渠道，并完善配套设施。旅游景区应广开财源，积极拓宽收入渠道，以便把门票价格调整到与当地居民生活消费相适宜的水平，重树形象，创品牌，以吸引游客。

（二）我国旅游景点的价格制定应遵循的原则

（1）科学地制定价格水平。在制定旅游景区的价格时，应综合考虑消费者的承受能力、景点投入力度、周边城市同类景点的价格水平等多方面的因素。景区的价格应有升、有降、有免费。市场价格需求弹性小、投入力度大、景区卖点多、垄断程度高、需要限制客流量的景点，如安徽的黄山、云南丽江的玉龙雪山等风景名胜区，可以制定较高的价格或随旺季的到来而适当涨价，通过门票价格杠杆来调节客流量。

（2）运用各种价格策略，制定灵活多样的优惠价格。旅游景区景点应制定灵活多样的优惠价格，以吸引不同类型的旅游消费者。例如，针对本地居民，可推行年卡、月卡等；对于一些特定年龄的人群（老人和小孩）实行一定幅度的优惠；对特定职业的人群（军人、教师、记者、学生等）推行组合门票；可跨区域、跨景点销售套票；还可以推行季节优惠、团体优惠、节假日优惠、现金优惠等。

【复习思考题】

1. 影响旅游产品定价的因素有哪些？
2. 旅游产品定价方法中的成本导向定价法包括哪些方法？
3. 旅游产品定价方法中的需求导向定价法包括哪些方法？
4. 旅游产品定价方法中的竞争导向定价法包括哪些方法？
5. 旅游产品有哪些定价策略？
6. 试论述旅游产品供求关系对旅游产品定价的影响。
7. 试述如何进行专项旅游产品定价策划。

【案例分析】

畅游腾冲超值自由行

第一届云南航空旅游市场推介会在丽江召开，旨在推动云南旅游和航空“打包”进行产品开发与推介。该会议吸引了超过300位来自国内外航空公司、国内和云南省内知名旅行企业代表和省内12个机场及机场所在地州市政府代表参加。

航空与旅游产品“打包”面向市场，这一形式在省外或者其他航空公司已经开始“萌芽”——买一张机票来云南旅游，一张登机牌或许以后就是你在云南部分景点和酒店等商家的“打折卡”，或者你的机票加点钱就包含了酒店景点的入住费用。

腾冲机场推出的“畅游腾冲超值自由行”套餐产品，即旅客购买昆明往返腾冲特价机票，加一定的钱就可享受五星级酒店、温泉SPA和景点门票。腾冲机场总经理卸建昆透露，这款航空旅游产品两人套餐原本需要10480元，目前旅客享受的套餐价只需3200元，费用优惠了七成。

思考：

腾冲旅游运用了哪些定价策略？

第八章 旅游营销渠道策略

本章导读

营销渠道就是商品和服务从生产者向消费者转移过程的具体通道或路径。旅游营销渠道是旅游目的地与旅游企业使其产品可进入和到达目标市场（或目标顾客）所进行的各种活动，包括渠道选择、中间商管理等。通过本章学习，了解旅游市场营销渠道的含义、类型，并理解旅游市场营销渠道的选择策略、旅游中间商的激励与营销渠道调整的基本程序。

【学习目标】

1. 识记和理解旅游营销渠道的含义和功能。
2. 掌握旅游营销渠道的类型及其各种类型的优缺点。
3. 掌握旅游营销渠道选择策略。
4. 理解旅游中间商的含义、类型、选择和激励。
5. 理解旅游营销渠道的调整。
6. 了解互联网对旅游营销渠道的影响及我国旅游营销渠道的发展趋势。

【导入案例】

携程旅行网

携程旅行网是中国领先的在线旅行服务公司，创立于1999年，总部设在中国上海。携程旅行网（以下简称“携程”）向超过1000万注册会员提供包括酒店预订、机票预订、度假预订、商旅管理、特惠商户以及旅游资讯在内的全方位旅行服务。

携程被称为旅游产业的入侵者，它毫不客气地破坏了传统旅游业的游戏规则，甚至剥夺了传统旅行社主动向在线服务转型的机会。

最初，携程以在飞机候车室、火车站出入口等出行黄金地段派发携程会员卡的方式，将网络订酒店、订机票这种新的消费模式介绍给了用户；之后，携程成为资本市场的神话，它于2003年成功登陆纳斯达克，并创纳市3年来开盘当日涨幅最高纪录；现在携程的服务范围也扩大至酒店、机票、度假预订，商旅管理、特惠商户及旅游咨询服务。不经意间，当初的那家“发卡公司”、订酒店和机票的网站，现在已经成为国内在线旅游业无可厚非的老大。

携程高站在产业链的上游，扮演着航空公司和酒店的“渠道商”角色，它建立了旅游需求方和酒店、旅行者以及航空等供给方的数据库。一只手掌控着全国千万以上的会员，另一只手向酒店和航空公司获取更低的折扣，自己则从中获取佣金。

这是一个独特的资源整合者。携程旅行网CEO范敏回忆道：“在携程成立之前，全国有1万多家旅行社。在携程之前提供预订服务的公司都是区域性的，上海的旅行社只订上海的酒店，可能有的旅行社合作酒店比较多，也就能多订几家。但没有哪家公司能在全国200个或300个城市订酒店，且没有一家旅行社能做到全天候服务。”同样地，在携程之前，也没有一家全国性的、能统一处理全国各地机票的公司，机票都是转给售票点，售票点再以柜台的形式面对各地区的客户。分散的服务方式让质量控制难以执行。

显然，在机票和酒店预订行业，存在着空白地带，携程找到了产业的缝隙，并将它与互联网相结合。

案例分析：

1. 为什么说携程网是渠道商？

2. 携程网与一般的旅游渠道商有什么不同？

第一节　旅游营销渠道概述

市场营销渠道，通常也称作市场分销渠道、营销通路，一般是指生产、销售和消费某一生产者的商品和服务的所有企业和个人。它包括某种产品在供、产、销过程中所涉及的所有有关企业和个人，如供应商、生产者、代理中间商、辅助商以及最终消费者或用户。著名市场营销学家菲利普·科特勒提出，营销渠道是使产品或服务能被使用或消费而配合起来的一系列组织的集合。

一、旅游营销渠道的含义

旅游营销渠道又称旅游分销渠道，它是指旅游产品从旅游生产者企业向旅游消费者转移过程中所经过的一切取得使用权或协助使用权转移的中介组织和个人，也就是指旅游产品使用权转移过程中所经过的环节连接起来而形成的通道。

旅游产品营销与传统商品营销的运动方向不同，通常是将消费者向产品移动。旅游目的地与旅游企业将旅游产品向最终旅游消费者转移的过程，是借助旅游营销渠道来完成的。

二、旅游营销渠道的功能

在旅游市场营销过程中，旅游营销渠道一般具有以下功能：

（1）信息沟通功能。营销渠道往往是寻找潜在买主并与之交流的好途径，是旅游目的地与旅游企业与旅游消费者沟通的信息“桥梁”。一方面，营销渠道中的中介机构负责与顾客沟通，可以及时地将旅游产品和服务的相关信息提供给旅游消费者，从而刺激旅游消费者的购买欲望。另一方面，中介机构又可以利用自己与旅游消费者的直接联系，将有关竞争者、新产品、市场需求和价格的变化等方面的信息及时反馈给旅游产品的生产者，帮助其对市场变化做出反应，提供适销对路的旅游产品和服务。

（2）交易功能。旅游营销渠道的交易功能，表现为为旅游消费者和旅游目的地与旅游企业双方都提供了极大的便利。从旅游消费者的角度来看，旅游目的地与旅游企业通过形式多样的营销渠道把旅游产品带到旅游消费者面前，供旅游消费者选择，从而为其节省了大量购买时间和精力；对旅游目的地与旅游企业而言，由于旅游中间商的存在可以相对容易地获取顾客，节省大量人力、物力。

（3）组织功能。任何一个旅游目的地与旅游企业，均不能完全满足旅游消费者在完整的旅游活动中对所需的食、住、行、游、购、娱等环节的各种需求，只能通过旅游营销渠道把各种旅游产品组合在一起，成为配套的旅游产品，即包价旅游线路。组合旅游产品主要通过旅游中间商来完成。旅游中间商自身与多家旅游目的地与旅游企业有着广泛的联系，具有强大的旅游产品组合、加工能力。

（4）促销功能。旅游营销渠道的中介机构利用其全面的市场营销能力以及市场影响力等专业优势，可以帮助旅游目的地与旅游企业进行广告宣传、咨询服务等促销活动，激发旅游消费者的购买欲望，促进市场需求的形成，从而使旅游目的地与旅游企业的产品销售达到企业自身所不可能达到的广度和深度，大大提高产品的销售量。

（5）解决投诉功能。旅游营销渠道便于接受并协助解决旅游消费者的投诉。

（6）分散风险功能。在销售的整个过程中，由于中介机构的介入，原应由旅游目的地与旅游企业所承担的风险可以分散到渠道的各个成员中去，从而使销售的风险通过渠道成员的调整和经营而得以减缓。如旅游经销商通过预订旅游产品，减少了旅游产品未能及时销售带来的损失，同时也有责任承担一部分在销售过程中可能出现的损失所带来的风险。

三、旅游营销渠道策划程序

旅游营销渠道策划的程序包括确定渠道目标、选择渠道模式、选择旅游中间商和评估渠道方案四个阶段（见图 8-1）。

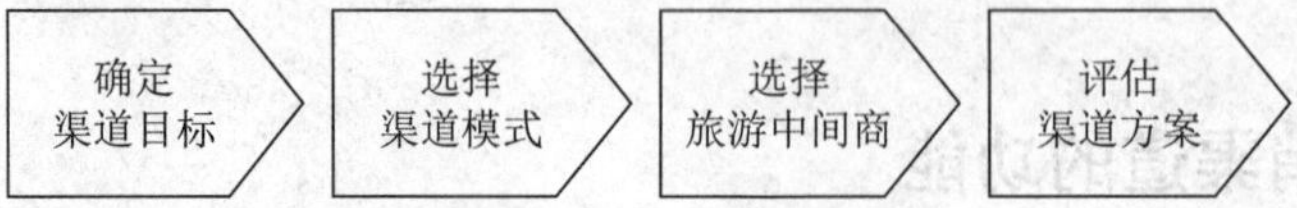

图 8-1　旅游营销渠道策划程序

（1）确定渠道目标。策划旅游营销渠道，首先要明确建立营销渠道的目标。渠道目标应从以下几个方面进行分析。第一，进行旅游产品分析，即确定旅游营销渠道相关旅游产品的目标。包括旅游产品的种类、数量和质量以及档次和级别，旅游产品的市场需求状况，旅游市场变化的趋势，市场定位。第二，进行市场目标分析，即了解旅游目标市场上旅游消费者的购买情况、旅游消费者购买的动机和行为情况，判断旅游市场的结构类型。第三，进行竞争目标分析，把握旅游竞争的态势和程度，确定自己的竞争取向。第四，进行经营目标分析，即分析旅游目的地与旅游企业的销售额和利润目标、企业的资金状况、人力资源情况以及经营管理水平。

（2）选择渠道模式。不同类型的渠道有着不同的特点。在选择旅游营销渠道模式时，要考虑企业各种内外部因素的影响，根据企业、产品、市场以及环境等因素，选择适合企业发展的分销渠道模式。

（3）选择旅游中间商。旅游中间商是指从事转售旅游目的地与旅游企业的产品、具有法人资格的经济组织或个人。选择旅游中间商，首先要了解、摸清旅游中间商的情况，其次要对不同旅游中间商进行比较、选择。

（4）评估渠道方案。旅游目的地与旅游企业评估渠道方案的标准有三个，即经济标准、控制标准和适应标准。经济标准通过比较各种旅游营销模式的成本以及可能取得的销售收入，进而评价渠道模式的优劣。控制标准是指旅游目的地与旅游企业对营销渠道的控制程度。渠道长度越长，对渠道的控制难度就越大。适应标准是指旅游目的地与旅游企业与旅游中间商合作关系的灵活程度。

第二节　旅游营销渠道类型

一、直接营销渠道和间接营销渠道

根据旅游产品在销售过程中是否涉及中间环节，一般认为旅游营销渠道存在着直接营销渠道和间接营销渠道两种模式。美国夏威夷大学旅游管理学院的朱卓仁教授根据中介环节的数量将其分为四种，即一级营销渠道、二级营销渠道、三级营销渠道和四级营销渠道。一级营销渠道即直接分销渠道，其余三种系统均为间接分销渠道。

（一）直接营销渠道

直接营销渠道，又称零级渠道，是指旅游产品生产者不经过任何中间环节直接将产品销售给最终消费者的渠道。即生产者—消费者。

直接营销渠道主要有以下三种形式。

（1）旅游消费者到现场购买、消费。如参观博物馆、游览景区，某些旅游消费者可以直接到售票窗口购票进场。

（2）旅游消费者通过各种直接预订方式购买。如旅游消费者可以通过电话、网络等系统直接向旅游景点、旅游饭店等预订。

（3）旅游消费者通过旅游产品生产者的自设零售系统购买。如航空公司或铁路运输公司在客流量最大的地区设置售票处或订票点。

直接营销渠道环节少、渠道短，旅游目的地与旅游企业可以节省流通费用，降低旅游产品成本。但不足之处是旅游目的地与旅游企业与市场的接触面较小，从而影响企业产品的销售量。因此，直接营销渠道适用于规模较小的旅游目的地与旅游企业。

（二）间接营销渠道

间接营销渠道是指旅游产品生产者通过一个或多个中间商将产品转移到最终消费者的渠道。根据中间商的多少，间接营销渠道主要分为以下三种形式：

（1）一级营销渠道。一级营销渠道即旅游产品生产者—旅游零售商—旅游消费者。这种营销渠道主要是旅游产品生产者向旅游零售商支付佣金，由旅游零售商把旅游产品销售给旅游消费者。例如，出国旅游组团的某一代办点在为组团社销售某种出国旅游产品之后，该组团社必须按代理协议向代办点支付佣金。一级营销渠道仅适宜于营销批量不大，地区狭窄或单一的旅游产品，它有利于降低旅游产品生产的成本与开支，提高经济效益。

（2）二级营销渠道。二级营销渠道即旅游产品生产者—旅游批发商—旅游零售商—旅游消费者。这种营销渠道，旅游产品的生产者只与旅游批发商发生直接业务关系，将其产品批量销售给旅游批发商，旅游批发商将众多的旅游产品加以组合、编排成适应市场需求的包价旅游产品，再以批量的形式出售给旅游零售商或委托其代理销售，最终由旅游零售商将旅游产品销售给旅游消费者。二级营销渠道适应于规模大的旅游目的地与旅游企业，其可以借助旅游批发商把旅游产品分销到更大的范围或更远的目标市场。

（3）三级营销渠道。三级营销渠道即旅游产品生产者—旅游总代理商—旅游批发商—旅游零售商—旅游消费者。这种营销渠道旅游产品生产者通过旅游总代理商、旅游批发商和旅游零售商三个环节，在旅游零售商经营现场将产品转移到旅游消费者手中。

其主要适应于我国国际旅游市场营销企业。由于我国旅游生产企业与国外的旅游批发商、旅游零售商接触有限，一般较少直接在国际市场销售，而是委托总代理商把产品销售给国外旅游批发商，再经由它们把产品委托给国外旅游零售商，由零售商转卖给客源国旅游消费者。可以看出采取这种渠道，销售范围进一步扩大，销量也进一步提高。但因其渠道太长，所以推销速度较慢。

总之，间接营销渠道可以使旅游目的地与旅游企业借助中间商的专业性和其他优势，不断扩大自己产品的市场占有率，在一定程度上有助于消除单纯采用直接营销渠道的局限性。但随着营销渠道长度的增加，旅游目的地与旅游企业对旅游产品销售的控制能力和信息反馈的清晰度将减弱。

二、长营销渠道和短营销渠道

渠道长度是以渠道级数为基础的，是指在生产者和消费者之间的销售中间机构的多少（见图 8-2）。所经中间层次越多，则分销渠道越长。

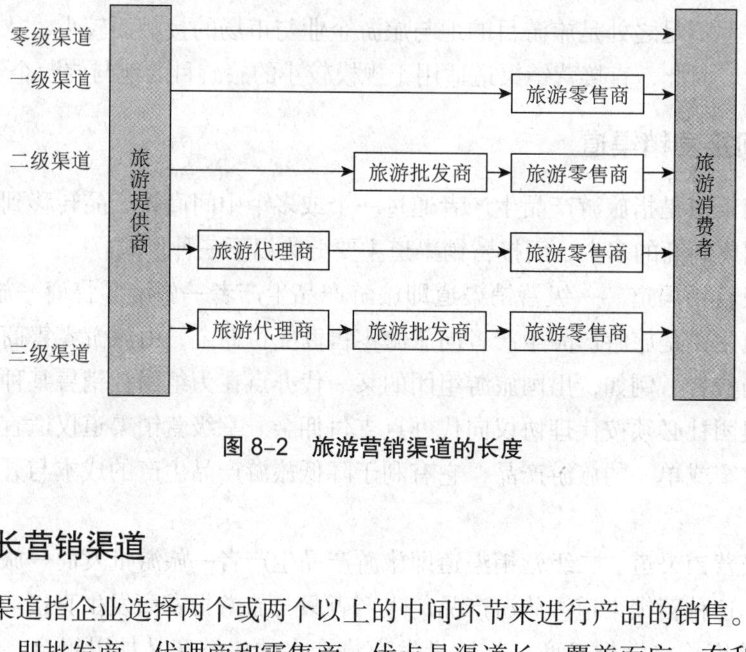

图 8-2　旅游营销渠道的长度

（一）长营销渠道

长营销渠道指企业选择两个或两个以上的中间环节来进行产品的销售。长渠道一般为三级渠道，即批发商、代理商和零售商。优点是渠道长，覆盖面广，有利于扩大产品的销售量。缺点是环节多，难控制，销售费用增加。

（二）短营销渠道

短营销渠道指没有或只经过一个环节来进行产品的销售工作。优点是易于与中间商建立良好的合作关系，有利于加强对中间环节的控制，节省流通时间和费用。缺点是企业产品的销售规模受到限制，不利于扩大产品的销售范围。最短渠道模式为零级渠道，由生产者直接将产品销售给消费者，中间不经过任何营销中间机构。

三、宽营销渠道和窄营销渠道

旅游产品营销渠道的宽度是指每个环节中同类型中间商数目的多少，即旅游产品销售网点的多少和分配情况。营销渠道宽度选择策略解决的是确定渠道的每个层次中使用同种类型中间商的数目多少的问题。

（一）宽营销渠道

如果旅游目的地与旅游企业使用的同类中间商多，产品在市场的分销面广，就称为宽营销渠道。一般适用于大众旅游产品，如桂林、昆明、西安等热点旅游线路。最宽渠道模式为密集分销，即通过尽可能多的适当的批发商、零售商进行销售。

（二）窄营销渠道

如果旅游目的地与旅游企业使用的同类中间商少，旅游产品在市场的销售面较小，则称为窄营销渠道。一般适用于专业性较强的和高档的旅游产品，如探险、沙漠之旅等。

最窄渠道模式为独家分销。独家经销渠道是指旅游产品生产企业在一定的市场区域内选用一家经验丰富、信誉卓著的中间商来推销旅游目的地与旅游企业产品。这种渠道策略有利于旅游目的地与旅游企业控制渠道成员，特别适用于特殊高价旅游产品。但该渠道策略灵活性小，不利于旅游消费者购买旅游产品，而且一旦中间商发生变故，对旅游产品的销售会产生极大的消极影响。

第三节　旅游营销渠道的选择

一、旅游营销渠道选择的影响因素

（一）旅游产品

旅游产品的性质、种类、档次、等级及市场声誉等因素影响和制约着旅游营销渠道的选择。一般来说，大众化的低档旅游产品采用间接营销渠道即长而宽的渠道，而价格昂贵的豪华旅游产品或非大众化的旅游产品则宜采用直接营销渠道即窄而短的渠道。

另外，旅游产品生命周期也影响着营销渠道的选择，在投入期、成长期、成熟期及衰退期各阶段，旅游产品选择的营销渠道是不同的，如对于刚问世的旅游产品应采用直接营销渠道，而处于成长期、成熟期的旅游产品应建立广泛的营销渠道。

（二）旅游市场

旅游市场中影响旅游营销渠道选择的因素主要包括旅游产品消费者、旅游产品竞争者和旅游中间商三方面。

旅游产品消费者的地域分布、购买习惯及其对旅游产品的需求度将直接影响旅游营销渠道的长度和宽度。当市场规模较大、旅游消费者地域分布较分散时，为了便于消费者购买，需要旅游产品在市场上广泛分布，旅游产品生产者可以利用中间商进行销售；反之，若市场规模较小时，分布集中、购买量大，旅游产品生产者应该策划短渠道或者零渠道模式，如可以选择在客源地建立直接营销网点，以节约企业资源。对于旅游消费者购买频率较高的旅游产品，交易量会相应增大，因而策划时应考虑多采用中间商。如果旅游消费者不是经常购买旅游产品，可以采用短渠道或者零渠道模式，以减少中间环节。

旅游产品竞争者的竞争地位及其营销渠道对旅游企业营销渠道的选择也有极大的影响。如果旅游目的地与旅游企业的产品在市场中处于优势地位，则可以选择与竞争对手类似的营销渠道；如果旅游目的地与旅游企业的产品不如竞争对手的产品，则应避开竞争对手，选择与其不同的营销渠道。如果竞争对手所生产的旅游产品替代性不强甚至有一定的互补性，旅游目的地与旅游企业也可以选择与竞争对手相同的营销渠道。在竞争对手分销渠道的附近设立分销网点，以优取胜，此为正位渠道竞争；而在避开竞争对手分销渠道的地方设立分销网点，以市场的空白点另辟蹊径，此为错位渠道竞争。

旅游中间商的性质、功能及对各种产品的销售服务质量影响旅游营销渠道的选择。例如，促销专业性强的旅游产品，必须选择有针对性的、业务能力强的中间商，一般大众化的旅游产品则由覆盖面广、网点多的中间商来完成。

（三）旅游目的地与旅游企业

旅游目的地与旅游企业的资源、竞争实力、营销能力以及商业信誉等对旅游营销渠道的选择有很大的影响。旅游生产企业在进行旅游营销策划时，虽然不能无视旅游产品本身的特性、旅游市场的规模及竞争状况以及外界的宏观环境因素等的影响，但是影响旅游营销策划最重要的因素仍然在于企业自身。

从旅游产品组合的角度看，组合面窄、产品单一的旅游目的地与旅游企业宜通过批发商营销，反之产品组合面广、品种多样的旅游目的地与旅游企业则可以选择较直接的营销渠道。旅游目的地与旅游企业管理营销能力强，也可以自行组织营销系统，反之缺乏经验时则可以依靠中间商来开展营销。另外，规模大、资金雄厚的旅游目的地与旅游企业选择营销渠道的空间较大，灵活性也较强。

（四）外部环境

外部环境因素主要包括法律、经济、政治、自然、技术等，它们都会对旅游营销渠道选择产生很大的影响。例如，国家法律政策对于国内旅行社和国际旅行社的业务范围做了明确规定后，国内旅行社就不可能到海外市场去争取客源。在具体进行营销渠道策划时，不得与国家的政策和法律相抵触。动荡的政局可能导致游客不敢前来游玩，取消行程。技术进步会导致营销渠道的变革，如随着信息技术的飞速发展，越来越多的旅游消费者利用网络营销渠道来完成自己的旅游计划，选择利用互联网进行旅游产品的预订、线路的安排、活动的组织等，这会给旅游中间商的营销模式带来影响。因此，在具体策划旅游营销渠道时，要根据经济和技术的发展程度，在传统营销模式和网络营销模式之间进行合理的权衡，最大限度地为旅游消费者购买旅游产品提供便利。

二、旅游营销渠道选择策略

旅游营销渠道的长、短、宽、窄，各有其优点与不足，旅游营销渠道选择受到各种因素的影响。一般而言，旅游营销渠道选择的策略，有密集型渠道策略、独家经销渠道策略和选择型渠道策略三种。

（一）密集型渠道策略

密集型渠道策略是在旅游渠道层次中选择大量的中间商，充分与旅游产品的营销市场接触。在旅游消费者集中的地方，或者旅游企业主要的目标市场上，采取这种较宽的营销渠道，可以方便旅游消费者购买旅游产品。这种渠道策略适用于大众化的旅游产品。这一策略的主要特点是在使用中间商时不经过多选择，只要中间商愿意且能够销售其产品，双方在利益分配上又能达成协议，就能够成为合作者。但不足之处是中间商太多，不利于中间商与旅游生产者建立稳定的合作关系，也不利于旅游生产者对中间商进行控制，中间商的责任心相对较差。

（二）独家经销渠道策略

独家经销渠道策略是指旅游产品生产企业在一定的市场区域内选用一家经验丰富、信誉卓著的中间商来推销旅游目的地与旅游企业产品，这是最窄的渠道形式。

独家经销渠道策略有利于旅游目的地与旅游企业控制渠道成员，特别适用于特殊高价旅游产品。但该渠道策略灵活性小，不利于旅游消费者购买旅游产品，而且一旦中间商发生变故，对旅游产品的销售会产生极大的消极影响。

（三）选择型渠道策略

选择型渠道策略是指旅游产品生产企业在某一旅游市场中通过少数几个经过挑选的、较为合理的中间商分销其旅游产品。这种策略适用于价格较高的旅游产品。旅游消费者购买这类旅游产品时需要经过慎重考虑与选择，因而要求中间商具有一定的专业知识、服务水平以及较高的信誉。

选择型渠道策略既能使旅游产品在特定的旅游市场获得一定的覆盖范围，又便于生产者控制渠道费用，降低渠道成本。但在激烈的竞争中，旅游企业与中间商的选择是双向的，如果旅游目的地与旅游企业的规模不大、知名度不高，挑选满意的中间商就会受到限制。

三、旅游营销渠道的联合模式

随着旅游目的地与旅游企业生产经营的复杂化和企业对旅游分销渠道认识的加深，营销渠道模式出现了如下特点及类型：

（一）纵向联合分销渠道

分销渠道纵向联合又称垂直销售系统，是指用一定的方式将分销渠道中的各个环节的成员联合起来，采取共同目标下的协调行动，以促进分销活动整体效益的提高。这种纵向联合的分销渠道大致有三种形式：

第一，公司式。旅游目的地与旅游企业以延伸或兼并的方式建立起统一的旅游产品的产销联合体，使其具有生产、批发和销售的全部功能，以实现对旅游市场营销活动的全面控制。即由一家旅游公司拥有和统一管理若干子公司，旅游批发机构和零售机构，控制分销渠道的若干层次，甚至整个销售渠道，综合经营生产、批发、零售业务。例如，一些大型酒店开办旅行社为本酒店提供客源等。

第二，管理式。即通过渠道中一个规模和实力较大的成员来协调整个产销通路的渠道系统，品牌产品的制造商较能取得批发商的合作与支持。例如，中国国旅、中国青年旅行社、上海春秋旅行社等公司可能博得其旅游中间商在产品促销和价格政策方面的异乎寻常的合作。

第三，合作式。这是契约型联合营销渠道是指通过契约形式。即不同层次的独立的旅游生产商和旅游中间商，以合同为基础建立的联营形式。包括：旅游批发商自愿连锁店、旅游零售商合作社、特许经营机构。在一定的利益基础上，将旅游产品从生产者转移到消费者的过程中各个独立的经营实体联合起来，形成一个合同式的营销体系，以降低营销成本，提高营销效率。特许经营的方式就是一个典型的契约式联合营销体系。

（二）横向联合分销渠道

分销渠道横向联合又称水平式渠道系统，指由两家旅游公司联合开发共同的渠道系统。

这些公司或因费用、生产技术，营销资源不足，无力单独开拓旅游市场机会，或因不愿意承担风险，或因看到和其他旅游公司联合可实现最佳协同效益，如组成水平渠道系统。它们可以暂时或永久地合作也可以组成一家新公司。

（三）混合式联合分销渠道

混合式联合分销渠道是指旅游供应商通过多种渠道进入旅游消费者市场。这种策略下旅游目的地与旅游企业可以根据目标细分市场的特殊需要选择合适的营销渠道，其适用于市场营销环境复杂条件下的旅游目的地与旅游企业采用。但是混合渠道很难控制，由于有更多的渠道争夺顾客和销量，所以容易引起冲突。旅游目的地与旅游企业使用该策略时要注意协调好各渠道利益。

随着顾客分市场和可能产生的渠道不断增加，越来越多的公司采用多渠道分销方式，更好地满足了不同顾客的需求。

（四）网络销售系统

这是一种新兴的销售渠道系统，也是对传统商业销售运作的一次革命。随着信息技术在各个领域的广泛应用，网络营销渠道作为一种新型的营销渠道，正被越来越多的旅游目的地与旅游企业所关注和使用。

旅游目的地与旅游企业通过国际互联网络，发布商品及服务信息，接受消费者或用户的网上订单，然后由自己的配送中心或直接由生产商通过网络虚拟店、专业旅游网站等。在实际策划中应多角度考虑销售渠道的模式结构，根据产品与企业情况，选择最佳的渠道。

第四节　旅游中间商策略

一、旅游中间商的作用

旅游目的地与旅游企业如果采用间接营销渠道，旅游中间商的选择就十分必要。在旅游产品从旅游目的地与旅游企业转移到旅游消费者的过程中，旅游中间商发挥了重要的作用。第一，可以使旅游目的地与旅游企业及时发布旅游产品信息。旅游中间商掌握信息快而全面，可以在恰当的时间和地点传递给相关的目标细分市场。第二，可以为旅游产品消费者提供方便的购买地点和便利的服务。旅游中间商一般处于旅游产品消费者密集的客源地，拥有自己的目标群体，因而更便于为旅游消费者提供服务。第三，可以提升旅游产品生产者和供应者的经济效益。旅游中间商拥有一批有经验、懂业务、了解市场、掌握旅游消费者心理的专门人才，所以旅游中间商有助于加快旅游产品的流通，提高旅游产品的销售。第四，旅游中间商也有利于促使供求关系尽可能趋于平衡。旅游中间商便于旅游产品供求双方之间的信息交流，因而有助于平衡旅游供求关系。

二、旅游中间商的类型

根据不同的分类标准，旅游中间商可以划分为不同的类型。如根据其规模可以划分为大、中、小旅游中间商。在旅游市场营销中，旅游中间商一般按照中间商的业务性质和中间商是否拥有旅游产品所有权两个标准来划分。

（一）旅游批发商和旅游零售商

根据旅游中间商的业务性质，可以将其分为旅游批发商和旅游零售商。

1. 旅游批发商

旅游批发商是指从旅游产品生产者那里大批量购买单项旅游产品，经过包装组合，再通过旅游零售商销售组装好的旅游产品的旅游中间商。旅游批发商一般从事包价旅游活动的组织和销售。其包价旅游产品中一般包括交通和住宿，有时也包括餐饮和娱乐活动。

旅游批发商可以通过多种组合形成多种价格、时间和旅游目的地的包价旅游产品，向旅游零售商出售，由旅游零售商销售给旅游消费者。在组合包价旅游产品的过程中，旅游批发商首先要从航空公司、旅游景点、饭店等旅游目的地与旅游企业手中购买一定数量的机票、景点门票和饭店客房等，并享受批量折扣，然后组织多种价格、时间和旅游目的的包价旅游产品，并将其批发给零售商。从这个意义上来说，旅游批发商也是旅游经销商。

2. 旅游零售商

旅游零售商，又称零售旅行代理商，是指直接面向广大旅游消费者，从事旅游产品零售业务，向旅游产品消费者出售各种形式的最终旅游产品、提供旅游咨询等旅游服务的组织或个人。旅游零售商的经营业务可以是向旅游消费者提供广泛和正确的旅游咨询服务，或者安排各种专项旅游，也可以是代理航空公司、旅游景点、饭店等销售其机票、门票、床位等单项旅游产品。

旅游零售商与旅游批发商的最大区别在于旅游零售商直接面对旅游消费者从事销售业务，而旅游批发商则直接面对零售商，不接触旅游消费者。

（二）旅游经销商和旅游代理商

根据旅游中间商是否拥有旅游产品所有权可将其分为旅游经销商和旅游代理商。

1. 旅游经销商

旅游经销商是通过购买或预付定金的方式批量订购旅游产品，再直接转售或将旅游产品加工之后再销售出去的中间商。旅游经销商受旅游产品生产者的委托，在一定区域范围内代理销售其旅游产品，通过旅游商品买卖差价而获得收入。

旅游经销商在购买之后对旅游产品拥有所有权，独立享受和承担产品在转卖过程中的所有利益和风险。旅游经销商的利润来自旅游产品销售过程中买入价和卖出价之间的差额。在旅游市场中，旅游经销商一般也是旅游批发商。

2. 旅游代理商

旅游代理商则是进行旅游产品代销时，不需要预付订金或购买产品，对产品不具有所有权，其收入仅来自被代理旅游目的地与旅游企业按协议支付的佣金。

旅游代理商几乎不承担旅游产品销售的市场风险。但是当旅游目的地与旅游企业需要在某一地区开拓市场，或客源集中于某一区域而旅游目的地与旅游企业又无法直接进行营销活动时，可以借助于代理商的营销资源优势寻求市场机会，扩大销售。在旅游市场中，旅游代理商一般也是旅游零售商。

目前，通过旅游代理商实现的旅游产品销售量占到航海旅游总销售量的95%以上，航空票务销售量的90%，汽车出租量的50%和饭店客房总销量的25%，由此可见，旅游代理商在旅游产品销售中有着很重要的作用。以旅游饭店业为例，对旅游代理业务感兴趣，想通过代理商销售的饭店名单都列在航空预订系统和旅游饭店指南中。目前，旅游代理商通过全球分销系统（Global Distribution System，GDS），已经将其业务触角延伸到世界各地。

三、旅游中间商的选择

不同类型的旅游中间商在营销渠道中发挥的优势各不相同，旅游目的地与旅游企业要选择符合本企业经营目标、营销战略、产品营销渠道特点的中间商，才能做到互助双赢。一般旅游目的地与旅游企业选择旅游中间商，应重点从以下几个方面考虑：

（一）目标市场与经营范围

旅游中间商目前的旅游消费主体，是否与旅游目的地与旅游企业的目标顾客及旅游目的地与旅游企业准备进入的细分市场相一致？旅游中间商主要经营的产品类型是否有竞争者的产品？其与本企业产品之间的质量与价格差异如何？这是选择旅游中间商的首要标准。

（二）旅游中间商可能带来的经济效益

旅游目的地与旅游企业选择旅游中间商，还应考虑到在对旅游中间商提供一定的支持和援助后，能否获得最大的销售量或销售额。旅游目的地与旅游企业应该根据自己的经营实力，在利润大小和风险高低之间进行均衡。因为，在利润相同的情况下，风险最小的销售渠道应是最理想的渠道，但利润和风险往往在很多情况下是成正比的。通过估测旅游中间商的单位销售费用和销售总额，就可以基本衡量出旅游中间商可能带来的经济效益效果。如果对方是从事代理业务的旅游中间商，应考虑对方所要求的佣金要求。

（三）旅游中间商企业形象

旅游中间商企业形象方面，主要考察旅游中间商的实力、声望、信誉、知名度，特别是应有良好的实力与履行合同的信誉。实力方面主要了解人力、物力和财力状况，服务质量，销售速度及开展促销和推销工作的经验和能力等。信誉方面主要了解旅游目的地与旅游企业的资信和满足合同要求的能力。经营实力的了解应依据相关的统计和调查资料进行综合分析、评估，而不能完全以企业大小来判断。

（四）旅游中间商的数量

旅游目的地与旅游企业在同一地区应选择适当数量的旅游中间商。因为过多，会造成促销方面不必要的重复与浪费，而且旅游中间商本身也会因粥少僧多而影响推销积极性；旅游中间商过少有可能形成垄断性销售或销售不力的局面。

（五）旅游中间商的合作意愿

旅游目的地与旅游企业和旅游中间商之间的合作关系实际上是一种双方情愿、互相合作的关系，因此，旅游目的地与旅游企业在选择旅游中间商时，所选取的对象必须有与旅游目的地与旅游企业合作的诚意。有些旅游中间商是为多家同类旅游产品供应者代理零代业务，那么合作诚意就更为重要，否则无法保证其积极推销旅游产品。

总之，选择旅游中间商是旅游目的地与旅游企业在开拓销售渠道工作中，必须加以认真对待的课题。它不仅需要有战略的眼光，而且需要有务实的精神。只有综合考虑上述因素，才有可能获得与条件理想的旅游中间商的合作。

四、旅游中间商的激励与评估

（一）旅游中间商激励

旅游目的地与旅游企业不仅要选择旅游中间商，还要经常激励旅游中间商使之尽职。激励方法大致有以下几种：

（1）产品支持。旅游目的地与旅游企业向旅游中间商提供物美价廉、适销对路的旅游产品。旅游中间商认为适销对路的产品是销售成功的一半，因而生产者提供符合市场需求的产品会受到中间商的欢迎。

（2）促销支持。旅游目的地与旅游企业承担推广宣传产品的全部或部分费用，并派专业人员协助旅游中间商成员安排产品资料陈列，举办展览等，都会受到旅游中间商的欢迎。

（3）合理分配利润。旅游目的地与旅游企业在产品定价方面应该充分考虑到旅游中间商的利益，对信誉、财力、管理等不同的旅游中间商给予不同的价格折扣，使旅游中间商得到较理想的利益收入。

（4）资金支助。旅游目的地与旅游企业可通过融资，采取售后付款或先部分付款的方式，促进旅游中间商积极进货努力推销产品。

（5）提供情报。旅游目的地与旅游企业将获得的市场信息及时通报给旅游中间商，同时也将生产方面的发展状况告诉旅游中间商，使其心中有数，能够积极有效地安排销售。

（二）渠道成员评估

旅游目的地与旅游企业除了对旅游中间商进行有效的选择和激励外，还需要定期评估旅游中间商的工作绩效。对旅游中间商评估的目的是及时掌握情况，发现问题，以便更有针对性地对不同类型的旅游中间商开展激励和推动工作，提高渠道销售效率。对于绩效得分低于既定标准的旅游中间商，则需要找出原因，同时考虑可能的补救办法，必要时改变现有的营销渠道，剔除绩效差的旅游中间商，以保证渠道的效能。评估的标准一般包括：销售定额完成情况；市场覆盖率；对公司促销与培训计划的合作情况；销售款返回的状况；中间商对顾客提供的服务。

旅游中间商与旅游生产企业是一种合作关系。旅游目的地与旅游企业为了实现本企业的营销目标，保证营销渠道稳定高效地运行，就必须采取各种激励措施，充分调动旅游中间商的工作积极性。

五、旅游营销渠道的调整

旅游目的地与旅游企业对营销渠道的调整是为了适应纷繁复杂、瞬息万变的市场情况。主要有以下三种方式进行旅游营销渠道的调整：

（一）增减旅游中间商成员

增减旅游中间商成员是指在某一营销渠道里增减个别旅游中间商，而不是渠道模式。

旅游目的地与旅游企业决定增减个别旅游中间商时，需要做经济效益分析。要考虑到增减某个旅游中间商是否会影响企业的赢利，是否会引起渠道其他成员的反应，是否会影响其他成员的销售等。对于那些在营销方面缺乏积极性、经营管理不善、难于合作的旅游中间商，应予以剔除。如果有必要，可再另选营销积极性高、诚信高、营销能力强的旅游中间商加入进来。当企业为扩大规模或调整营销目标增加销量时，现有的渠道成员数量若太少，旅游生产企业可考虑增加营销渠道成员。

（二）增减渠道

增减渠道是指增减某一渠道模式，而不是增减渠道里的个别旅游中间商。

当旅游目的地与旅游企业利用某一营销渠道销售产品不理想时，或者市场需求扩大而原有的渠道不能够满足时，或者旅游目的地与旅游企业利用有些营销渠道一方面销售量低下，而另一方面市场的需求又不能够满足时，旅游目的地与旅游企业就要考虑减少或增加渠道，或者在减免某条渠道的同时再增加某条渠道。

（三）调整全部渠道

调整全部渠道是指生产者对所利用的全部渠道进行调整。如直接渠道改为间接渠道，单一化渠道变为多元化渠道等。

旅游目的地与旅游企业在采取这种策略时意味着取消原来的营销渠道，建立新的营销渠道。这对企业的影响是非常巨大的，企业一定要慎重考虑后再实施。这种调整不仅会使全部营销渠道改观，还会涉及营销组合因素的相应调整、营销策略的改变。旅游目的地与旅游企业对全部渠道进行调整的风险很大，要特别谨慎，要进行市场调研，充分论证，系统分析，以防考虑不周，影响企业的整体销售。

第五节　旅游营销渠道的未来发展趋势

一、互联网对旅游营销渠道的影响

互联网产生于20世纪60年代，于90年代初开始真正向商业过渡，经过近20年的快速发展取得了巨大的成功。尤其是近几年，越来越多的旅游目的地与旅游企业开始关注网络营销，通过互联网把本企业的旅游产品和服务销售到全球各地，如旅行社线路的网络销售等。

网络营销是网络经济时代的一种崭新的营销理念和营销模式，是指借助于互联网、电子通信技术和数字交互式媒体来实现营销目标的一种营销方式。中国作为仅次于美国的第二大互联网市场，庞大的网民群体形成了巨大的网络消费群体和网络营销空间。网络营销渠道与传统的营销渠道相比，在作用、结构和费用等方面有所不同，网络营销渠道的作用是多方面的。

互联网作为信息技术发展的应用基础，使信息的交换和处理变得异常简单和便捷，其优势是有目共睹的。对旅游目的地与旅游企业营销方面，互联网对旅游目的地与旅游企业营销渠道的影响最大（见图8–3）。

图8–3　百度旅游网

利用互联网的信息交互特点，网上直销市场得到大力发展。网络营销渠道可以分为两大类：一类是通过互联网实现的从生产者到消费（使用）者的网络直接营销渠道（简称网上直销），这使传统中间商的职能发生了改变，由过去的环节上的中间力量变成为直销渠道提供服务的中介机构，如提供网上结算服务的网上银行、提供产品信息发布和网站建设的互联网服务提供商和电子商务服务商。网上直销渠道的建立，使得旅游目的地与旅游企业和旅游消费者可以直接连接和沟通。另一类是通过融入互联网技术后的中间商机构提供网络间接营销渠道。传统中间商由于融合了互联网技术，大大提高了中间商的交易效率、专门化程度和规模经济效益。同时，新兴的中间商也对传统中间商产生了冲击，如携程网，从2000年1月开始在互联网上开设网上商店。基于互联网的新型网络间接营销渠道与传统间接营销渠道有着很大不同，传统间接营销渠道可能有多个中间环节如一级批发商、二级批发商、零售商，而网络间接营销渠道只需要一个中间环节。

互联网对旅游营销渠道的影响主要有：

第一，利用互联网进行营销开发，成本低、操作灵活。其一，互联网的应用，使得旅游目的地与旅游企业可以节省大量昂贵的店面租金，大大降低了建立营销渠道的成本；其二，互联网替代营销渠道中传统中间商的位置，使得旅游目的地与旅游企业与消费者直接沟通和交易成为可能，旅游目的地与旅游企业可以随时根据旅游产品消费者的需求修改产品信息，操作方便灵活。

第二，突破了传统营销时代旅游产品交易的时空限制。在传统的面对面交易过程中，旅游目的地与旅游企业很难做到提供全天候24小时的服务。随着旅游目的地与旅游企业信息网络化，全球几乎任何一个地方的旅游消费者，每时每刻都能够从网上获得任何一个旅游目的地与旅游企业或产品的信息。旅游消费者可以不受任何限制地获得自己所需要的旅游信息，并直接通过网络实现预订。

第三，可以降低交易成本。网上直接销售模式改变了传统渠道中多层次的选择和管理工作的控制问题，它不需要经过其他中间环节，所以旅游目的地与旅游企业不必支付手续费或佣金，最大限度地降低了渠道中营销费用。由于交易可以通过网络直接完成，消费者足不出户即可了解旅游市场的供应情况，降低了消费者的时间和精力成本，最终有效地降低了交易成本。

第四，远程双向交流成为可能。旅游中间商的传统职能是沟通信息、组合包价旅游产品、代理销售等，随着网络技术的出现，这些职能由电子商务和旅游供应商（饭店、航空公司等）网站直接承担。通过因特网，生产商与旅游消费者直接联系，旅游产品消费者可以通过网络将自己的需求和意见直接反馈给旅游目的地与旅游企业，旅游目的地与旅游企业可以针对旅游消费者的问题及时予以解答，甚至可以为旅游消费者量身定做个性化的旅游产品。企业与旅游消费者之间的这种双向沟通可以通过互联网不受距离的限制随时、持续不断地进行，形成良性的双向互动沟通。

正因为有如此多的优点，目前互联网已经成为旅行社、饭店、航空、铁路甚至餐饮业的一种重要的营销渠道。

二、我国旅游营销渠道的发展趋向

（一）旅游营销渠道的发展趋势

随着信息技术的迅猛发展以及市场竞争需要，旅游营销渠道的形式与内容也随之发生相应的变化，其发展趋势体现在以下三个方面。

1. 分销渠道扁平化

扁平化管理是企业为解决层级结构的组织形式在现代环境下面临的难题而实施的一种管理模式。当企业规模扩大时，原来的有效办法是增加管理层次，而现在的有效办法是增加管理幅度。当管理层次减少而管理幅度增加时，金字塔状的组织形式就被“压缩”成扁平状的组织形式。

随着市场环境的变化，传统的营销渠道显示出了与环境越来越多的不适应。长渠道由于中间层次多导致信息沟通与反馈困难，并且每层旅游中间商都有利益需求，导致旅游产品价格较高，削弱了竞争优势；而窄渠道如一个地区仅授权一家旅游代理商，旅游目的地与旅游企业则容易受制于旅游中间商，旅游产品拓展受到限制，从而失去竞争的主动性。因此许多旅游目的地与旅游企业正将营销渠道改为扁平化结构，即营销渠道越来越短，销售网点越来越多，这样既加强了旅游目的地与旅游企业对于渠道的控制，又提高了产品的质量。

2. 通路终端个性化

个性化就是在大众化的基础上增加独特、另类、拥有自己特质的需要，独具一格、别开生面的一种说法，打造与众不同的效果。当今的旅游消费者个性消费成为主流，它强调以旅游消费者为导向，即旅游目的地与旅游企业要出售目标市场旅游消费者所希望购买的旅游产品，而不是销售旅游目的地与旅游企业所能出售的产品。

旅游目的地与旅游企业为了赢得目标顾客的满意，扩大目标市场，就需要直接面对消费终端，进行信息沟通，及时把握市场态势。旅游“定制营销”体现了渠道终端的个性化。另外，特许经营店、品牌专卖店等是针对零售商完成的渠道终端个性化。

此外，现在旅游目的地与旅游企业除了加强营销渠道的管理与控制之外，通常还直接在终端市场上进行种种促销活动，激发消费者的购买动机和行为。

3. 成员关系紧密化

紧密型的战略联盟关系可以确保营销系统的方方面面都能从集体的、长期的利益出发，保持整个营销系统的均衡发展。

在传统的营销渠道系统中，各渠道成员之间是纯粹的交易型关系，每个渠道成员是独立的个体，追求的是自身利益最大化，旅游中间商不考虑旅游目的地与旅游企业与旅游消费者的利益，而旅游中间商之间也因为旅游产品竞争，争夺目标顾客而时时发生冲突，无法实现营销渠道整体经济效益最大化。

随着旅游业的发展，渠道成员之间强调以协同为基础的战略合作过程，如旅游目的地与旅游企业和旅游中间商为了提高营销效率，降低营销成本，进行垂直一体化联合，如航空公司创办旅行社等。旅游目的地与旅游企业也可以通过横向联合实现横向一体化联合，这样不但可以减少人员、资金不足的困扰，而且可以有效利用规模经济和专业化优势，提高旅游目的地与旅游企业的竞争地位，降低企业的风险。如我国旅游目的地与旅游企业与东南亚同行联合开发欧美等远程国际旅游市场。这种重视实现多赢为目标的营销活动使得渠道各成员能够从整个营销系统中获得合理的利益。

（二）我国旅游营销渠道的发展方向

1. 特许经营渠道

特许经营是指特许经营权拥有者以合同约定的形式，允许被特许经营者有偿使用其名称、商标、专有技术、产品及运作管理经验等从事经营活动的商业经营模式。在旅游行业，特许经营渠道是指某些知名旅游目的地与旅游企业作为授权人通过签订特许专卖合同，授权给其他企业即被授权人使用其商号或品牌经销其产品。特许经营渠道一般由一个授权人和若干个被授权人组成，合同通过授权人与被授权人一对一地签订，渠道中各被授权人之间没有联系。

【知识链接 8–1】

中国国际旅行社总社有限公司，原中国国际旅行社总社（以下简称国旅总社，英文名称为China International Travel Service Limited，Head Office，缩写为CITS）成立于1954年，它的成立标志着中国国际旅游业的开始。它经历了初创、开拓、发展等历史阶段，是中国国际旅游业的缩影。伴随着中国经济的发展，国旅总社组织接待外国游客人数每年递增，毛泽东、刘少奇、周恩来、邓小平等党和国家领导人都曾接见过国旅总社组织来华的客人。因此，不少国外友人正是通过来华旅行了解了新中国和中国人民。

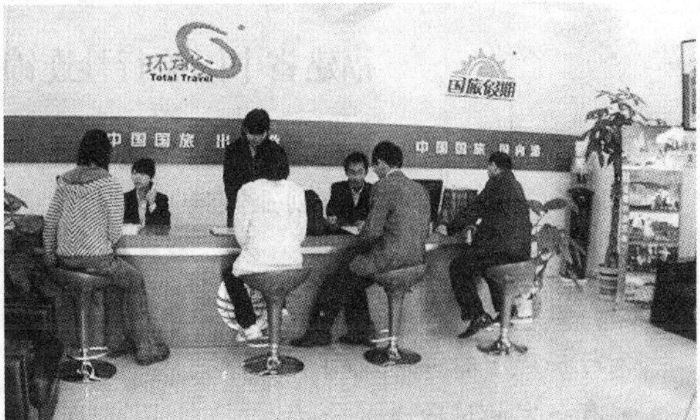

图 8–4　中国国际旅行社营业网点

1989 年，国家旅游局批准成立国旅集团。1992 年，国务院生产办公室正式批准成立国旅集团。1994 年国旅总社被国务院列为“百户现代企业制度试点企业”。1998 年年底，国旅总社与国家旅游局脱钩，进入中央直接管理的企业。

特许经营的优点是有利于降低渠道费用，快速渗透市场，扩大产品销售量和市场份额。但授权人必须具有较大的规模、较好的品牌形象、独特的产品和较先进的管理技能等。

2. 连锁经营渠道

连锁经营是一种商业组织形式和经营制度，是指经营同类商品或服务的若干个企业，以一定的形式组成一个联合体，在整体规划下进行专业化分工，并在分工基础上实施集中化管理，把独立的经营活动组合成整体的规模经营，从而实现规模效益的一种经营模式。在旅游行业，连锁经营渠道是指不同地区或多个国家的旅游目的地与旅游企业，在同一所有权下或者通过合同契约的形式自愿联合，统一组织经营活动，即以统一的商号或品牌、统一的服务质量水平、相同或相似的产品组合为目标顾客提供优质的旅游服务。

连锁经营渠道的优势在于有利于塑造良好的企业形象，同时通过自身的网络系统将遍布各地的连锁店连接为一个统一的整体，十分方便地为顾客预订任何一家连锁店的旅游产品，从而达到锁定顾客、稳定客源、提高盈利水平的目的。

【知识链接 8–2】

福建省中国旅行社
CHINA TRAVEL SERVICE FUJIAN
AAAAA

福建省中国旅行社连锁经营条件

· 认同福建中国旅行社企业文化及经营理念，接受总部监督与管理
· 有企业家精神，具有创业激情
· 热爱旅游服务行业
· 具有处理日常经营事宜及亲自管理营业网点的能力
· 与福建中旅品牌没有利益冲突
· 有一定的风险承受能力

3. 网络营销渠道

网络营销是指旅游目的地与旅游企业为了实现营销目标，借助互联网、计算机通信和数字交换等系统进行的一系列商务活动。网络营销渠道的使用让旅游消费者可以通过各种电子商务媒介同旅游目的地与旅游企业进行非面对面的直接交流，营销活动超越了时空限制。

当今旅游目的地与旅游企业可以通过使用网络营销渠道，使企业的市场范围轻而易举地遍及全球，从而使小企业“变大”；同时，网络营销渠道也为旅游目的地与旅游企业提供了一种互动、直接、即时信息反馈的渠道模式。

4. 集团联合营销渠道

集团联合营销渠道是指由多个旅游目的地与旅游企业通过联盟式合资、股权投资和职能型联盟，以旅游目的地与旅游企业集团的形式，结合旅游目的地与旅游企业组织形式的总体改造，来促使旅游目的地与旅游企业营销渠道发展和改造。

集团联盟能够完成单个旅游目的地与旅游企业无力单独积聚进行经营所必须具备的巨额资金、先进技术、市场营销设施等，旅游目的地与旅游企业集团化联合是一种更高级的联合形式，集团的市场营销功能齐全，对市场营销活动能够进行较为周密、系统的策划，并能够建立起较为健全高效的运行机制，从而能促使旅游市场营销活动整体经济效益的大幅度提高。

【复习思考题】

1. 什么是旅游营销渠道，其功能是什么？
2. 简述旅游营销渠道的类型及优缺点。
3. 简述旅游营销渠道的选择策略。
4. 如何对中间商进行选择、激励和评价？
5. 怎样对旅游营销渠道进行调整？
6. 试比较特许经营渠道与连锁经营渠道的异同点。
7. 试述我国旅游营销渠道的发展趋势。

【案例分析】

“云台山号”旅游专列

2011 年 8 月 19 日，武汉至焦作“云台山号”旅游专列正式开行，其与北京至焦作“云台山号”一起成为贯通南北、推介焦作优秀旅游资源的铁路专线。

2012 年 4 月 14 日 6 时许，2012 年首趟武汉至焦作“云台山号”旅游专列抵达焦作火车站，焦作火车站广场举行了隆重的首发团欢迎仪式。游客们一走出站台，立刻被焦作人的热情所感染，脸上露出了开心的笑容，不少人忙拿出相机、摄像机记录兴奋的时刻。

随着市长助理魏丰收鸣响发令枪，游客们陆续登上旅游大巴，开始为期两天的山水之旅。

思考：

“云台山号”旅游专列运用了什么样的营销渠道？你认为是否合理？

第九章

旅游促销策略

本章导读

促销策略是市场营销组合又一个基本策略。“旅游促销”代表旅游企业宣传介绍其旅游产品的优点和说服目标游客来购买其产品所进行的种种活动，包括旅游广告、旅游营业推广、旅游人员推销和旅游公共关系等。通过本章学习，了解旅游促销与旅游促销组合的含义，熟悉制定旅游促销组合策略的步骤，并了解、掌握旅游促销的方式方法。

【学习目标】

1. 识记旅游促销的基本概念和作用。
2. 熟悉制定旅游促销组合策略的步骤和影响因素。
3. 理解并掌握旅游促销的主要方式。
4. 了解各种旅游促销方式的运作。

【导入案例】

峨眉山微信营销

（1）峨眉山微信内容策略

由于大多游客喜欢上峨眉山拜佛祈福，这群人员年龄在30岁至50岁，有着对传统文化与拜佛祈福的喜爱。所以我们从图9–1可以看出“峨眉山”的内容主要是以峨眉山的历史文化以及旅游攻略为主。但文章头像（图9–1中标注红框）选择比较随意，与文章标题不搭配，对于景区微信公众号大多数人是视觉性动物，且第一印象很重要，用户在点击文章阅读时选择的标准是，第一是看标题，第二是看头像，如果头像与标题不一致时容易造成用户心理误差。

图 9-1　峨眉山微信营销截图

（2）微信功能策略

用户在旅游过程中需求分为旅游前、旅游时、旅游后。根据用户在“旅游前”的需求，峨眉山特别地把“锦囊秘籍”放在一级菜单，目的是让用户能快捷地查询官方景区攻略，帮助解决用户在旅游前对景区的未知焦虑。

随身导——打通线上线下。第一，有效地为公众号增粉；第二，随身导里的“游览攻略”音频以及“高清地图”很好地解决了用户在旅游中的景点讲解与位置识别，增强了用户体验，形成二次销售。

（3）峨眉山微信的营销活动策略

从内容策划与功能制定可以看出，峨眉山公众号以30~50岁喜好拜佛祈福的人群为主，基于人群的定位，以及微信公众号拜佛业务的推广。在2016年5月推出了金佛贴金活动（见图9-2）。

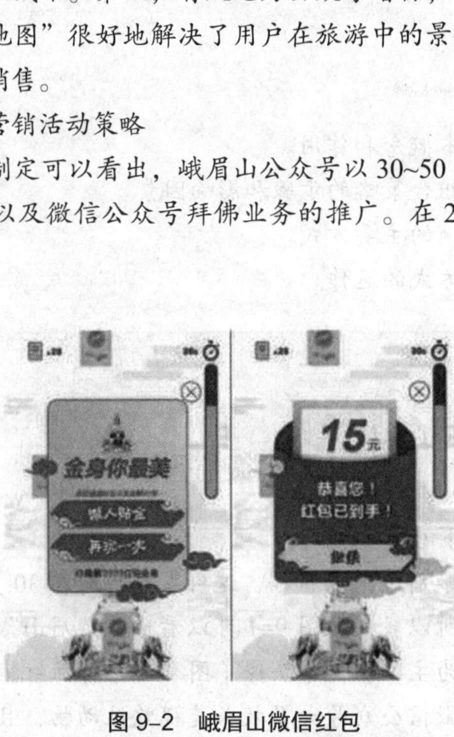

图 9-2　峨眉山微信红包

活动的目的是线上活跃用户，通过老用户分享给新用户，形成“病毒式”营销，线下通过活动间接推广峨眉山拜佛业务，形成线下转化。

思考：

互联网营销的优缺点。

第一节 旅游促销概述

促销策略是市场营销组合的四大基本策略之一。促销策略是指企业如何通过人员推销、广告、公共关系和营业推广等各种促销方式，向消费者或用户传递产品信息，引起他们的注意和兴趣，激发他们的购买欲望和购买行为，以达到扩大销售的目的。

显然，旅游目的地与旅游企业不仅需要提供能满足旅游消费者需求的旅游产品、制定合理的旅游产品价格和选择高效的旅游产品营销渠道，还需要制定符合旅游目的地与旅游企业自身特点的、有效的旅游促销策略。

一、旅游促销的概念

“促销”（Promotion）一词来源于拉丁语，是中文“促进销售”的简称。旅游促销就是旅游目的地与旅游企业向旅游消费者传递有关本企业及产品的各种信息，说服或吸引消费者购买其产品，以达到扩大销售量的目的。

促销实质上是一种信息沟通活动，即营销者（信息提供者或发送者）发出作为刺激消费的各种信息，把信息传递到一个或更多的目标对象（即信息接收者，如听众、观众、读者、消费者或用户等），以影响其态度和行为。旅游促销的实质就是要实现旅游目的地与旅游企业与旅游消费者之间的有效信息沟通。旅游促销手段包括旅游广告、旅游营业推广、旅游推销和旅游公共关系等，有效的旅游促销策略是这四种促销手段的综合运用。例如，各地开展的旅游大篷车活动（见图 9–3），既制造了声势，扩大了知名度，又吸引了不少游客前往观光、度假。

图 9–3 广西旅游大篷车宣传促进活动

二、旅游促销的作用

旅游促销作为旅游营销组合中的一个要素，对旅游目的地与旅游企业的营销活动起着很重要的作用，具体表现在以下几个方面：

（1）刺激旅游需求。旅游目的地与旅游企业使用促销手段，旨在对旅游消费者或经销商提供短期激励。在一段时间内调动人们的热情，培养顾客的兴趣和使用爱好，引导和创造旅游消费者对特定旅游产品的需求。

（2）引导旅游消费。旅游产品作为高层次的非一般生活必需品，其消费需求弹性大、波动性强。促销行动的导向目标就是立即实施销售行为，而旅游消费者一般对旅游新产品具有抗拒心理。旅游目的地与旅游企业通过各种生动、形象的旅游促销活动，加深人们对相关旅游产品的认识，可以让旅游消费者降低这种风险意识，降低初次消费成本，而去接受新产品。

（3）强化竞争优势。促销是有效的竞争手段。相互竞争的同类产品往往差别不甚明显，尤其是作为无形服务的同类旅游产品的差别更不易被旅游消费者辨识。旅游目的地与旅游企业通过旅游促销活动，可以突出旅游产品的性能和特点，强化旅游产品的附加价值，加深旅游消费者对旅游产品的了解和信任。

（4）提高销售业绩。生动而有说服力的旅游促销活动往往可以塑造良好的旅游形象，赢得更多潜在旅游消费者的关注。一个持续的、有针对性的促销计划，可以有效地吸引旅游消费群，为旅游目的地与旅游企业带来源源不断的客源。

（5）顾客酬谢回馈。开展促销可以表达旅游目的地与旅游企业对广大旅游消费者的酬谢，提升旅游消费者的满意度和忠诚度。节庆期间的旅游促销活动经常为企业的营销运作锦上添花。每当节日到来时，往往能大大激发顾客参与促销活动的积极性。

三、旅游促销策略

根据促销手段的出发点与作用的不同，旅游促销可以分为“推”与“拉”两种促销策略。

（1）旅游推销策略。旅游推销策略，又称为推式策略，是指旅游目的地与旅游企业以直接的方式，运用人员推销手段，把旅游产品推向销售渠道。其作用过程为，旅游目的地与旅游企业的推销员把旅游产品或劳务推荐给旅游批发商，再由批发商推荐给旅游零售商，最后由零售商推荐给最终消费者。旅游推销策略适用于以下几种情况：①旅游目的地与旅游企业经营规模小，或无足够资金用以执行完善的广告计划。②旅游市场较集中，分销渠道短，销售队伍大。③旅游产品具有很高的单位价值。④旅游产品刚刚推向市场。

（2）旅游拉销策略。旅游拉销策略，又称为拉式策略，是指旅游目的地与旅游企业采取间接的方式，通过广告和公共宣传等措施，吸引（拉动）最终消费者，使旅游消费者对企业的产品或劳务产生兴趣，从而引起需求，主动去购买商品。其作用过程为，旅游目的地与旅游企业将旅游消费者引向零售商，将零售商引向批发商，将批发商引向旅游目的地与旅游企业。旅游拉销策略适用于以下几种情况：①市场广大。②旅游商品信息必须以最快速度告知广大消费者。③对旅游产品的初始需求已呈现出有利的趋势，市场需求日渐上升。④旅游产品具有独特优势，与其他旅游产品差异性明显。⑤能引起旅游消费者某种特殊共鸣。⑥有充足资金用于广告。

四、旅游促销组合及其影响因素

（一）旅游促销组合的概念

促销组合是根据产品特点和经营目标的要求，有计划地综合运用各种有效的促销手段所形成的一种整体的促销措施。旅游促销组合是指旅游目的地与旅游企业将旅游广告、旅游营业推广、旅游公共关系和旅游人员等促销方式有机结合。它是“推”“拉”策略结合的具体运用。

在选择采取哪一种或几种促销方式时，要确定合理的促销策略，实现促销手段的最佳结合，必须注意把握影响促销策略的各种因素。

（二）影响旅游促销组合的因素

旅游目的地与旅游企业面临着把总的促销预算分摊到广告、人员推销、营业推广和宣传报道上。影响促销组合决策的因素主要有：

（1）促销目标。促销目标是影响促销组合决策的首要因素。每种促销工具——广告、人员推销、销售促进和人员推广——都有各自独有的特性和成本。旅游营销人员必须根据具体的促销目标，选择合适的促销工具组合。

（2）市场特点。除了考虑促销目标外，市场特点也是影响促销组合决策的重要因素。市场特点受每一地区的文化、风俗习惯、经济政治环境等的影响，促销工具在不同类型的市场上所起的作用是不同的。一般来说，旅游目标市场范围小、潜在的旅游消费者有限，宜于开展人员推销；反之，旅游目标市场大、潜在旅游消费者多而分散，则应以旅游广告为主。另外，当旅游目的地与旅游企业的促销对象是广大的潜在旅游消费者时，应以旅游广告为主；促销对象是旅游中间商时，应以旅游人员推销为主。

（3）产品性质。由于旅游产品类型、性质的不同，旅游消费者具有不同的购买行为和购买习惯，因而旅游目的地与旅游企业所采取的促销组合也会有所差异。旅游产品生命周期的不同阶段，促销工作也具有不同效益。在旅游产品导入期，投入较大的资金用于广告和公共宣传，能产生较高的知名度，促使旅游消费者认识旅游新产品。在旅游产品成长期，广告和公共宣传可以继续加强，促销活动可以减少，因为这时所需要的刺激较少，主要目标是增进旅游消费者的兴趣与偏好。在旅游产品成熟期，广告主要起到提醒作用；相对广告而言，销售促进又逐渐起着重要作用，其主要目标是稳定旅游产品的销售。在旅游产品衰退期，旅游市场上出现了旅游新产品，广告仍保持有提醒的作用，公共宣传已经消退，销售人员对这一产品仅给予最低限度的关注，保持提醒型的旅游广告，吸引偏爱的旅游消费者继续购买旅游产品。

（4）“推”“拉”策略。旅游促销组合，较大程度上受旅游目的地与旅游企业选择“推”或“拉”策略的影响。推动策略偏重于使用销售队伍，通过销售渠道推出产品。而拉动策略则要求在广告和消费者促销方面投入较多，以建立消费者的需求欲望。

（5）促销预算。旅游促销预算大，可以进行充分的市场调查，选择旅游广告等花费大、覆盖面广的“拉”式促销方式，必要时还可以委托专业公司进行，以达到最佳的促销效果；反之，在预算较少的情况下，只能以人员推销为主，采取相对简单的促销方式。

（6）其他营销因素。影响促销组合的因素是复杂的，除上述五种因素以外，旅游目的地与旅游企业的营销风格、销售人员素质、整体发展战略、社会和竞争环境等也不同程度地影响着促销组合的决策。营销人员应审时度势，全面考虑才能制定出有效的促销组合决策。

第二节 旅游广告

一、旅游广告的概念和种类

（一）旅游广告的概念

广告，即“广而告之”。广告一词是外来语，首先源于拉丁文 Advertere，其意为“注意，诱导，传播”。中古英语时代（约 1300~1475 年），演变为 Advertise，其含义衍化为“使某人注意到某件事”，或“通知别人某件事，以引起他人的注意”。直到 17 世纪末，英国开始进行大规模的商业活动，“广告”一词便广泛地流行并被使用。此时的“广告”，已不单指一则广告，而指一系列的广告活动。名词 Advertise 被赋予了现代意义，转化成为 Advertising。汉字的“广告”一词源于日本。广告是指由营利性企业或非营利性的组织或个人，通过花费一定的费用将有关信息由媒介发布和传播出去的活动，它利用一种非人员的沟通方式，通过媒体进行公开宣传，以达到影响消费者行为、促进销售相关产品的目的。

旅游广告是指旅游目的地与旅游企业借助广告媒体，花费一定的费用，推荐介绍旅游产品或企业，与目标消费者沟通，达到影响消费者购买目的的活动。

（二）旅游广告的类别

由于分类的标准不同，广告的划分别很多。

1. 以媒体种类为标准来区分的广告类别

旅游广告是通过不同的媒体进行发布的，只有选择合适的媒体，才能达到促销的目的。旅游广告的种类主要有报纸广告、杂志广告、电视广告、广播广告、户外广告、直邮广告以及互联网广告等。随着新媒介的不断增加，依媒介划分的广告种类也会越来越多。

（1）报纸广告。报纸广告是旅游广告的主要媒体。报纸广告的读者面广，可信度较高，市场覆盖面较广，信息传递迅速，制作简单，费用较低，读者可以反复查阅、增加印象。其缺点是信息量较大，易分散读者的注意力，制作粗糙，表现力差。

（2）杂志广告。杂志广告具有特定的阅读对象，针对性强，印刷精美，能够有效地表现产品，保存时间长，印象深刻。其缺点是发行周期长，发行量有限，价格偏高。

（3）电视广告。电视广告视听并存，感染力强，可以真实地表现出旅游产品，且传播范围广、速度快、刺激性强。其缺点是费用高，每次播出的时间短，制作难度较大，易受干扰，观众选择性差。一般多用于形象宣传。

（4）广播广告。广播广告传播迅速，传播面广，费用较低。其缺点是信息的停留时间短，听众记忆困难，广告效果一般。因此，这种媒体在旅游广告中较少使用，多用于短时间内的促销活动宣传。

（5）户外广告。户外广告指在车站、建筑物、街道两旁以及交通工具（如公交车）等公共场所，设置的招牌、海报、旗帜、路牌等旅游宣传广告。户外广告的优点是灵活、醒目、展示时间较长、可加深印象。其缺点是内容具有局限性，宣传范围小。这种广告一般适合在特定地区发布旅游形象与旅游产品信息。

（6）直邮广告。直邮广告是指以邮政部门为媒介寄发散布的旅游广告。通常包括商业信函、旅游宣传小册子、明信片、贺年卡、挂历、新闻简报等。其优点是目标明确，方式灵活，受时间条件制约少。其缺点是人员、时间投入较多，使用不当易引起接收人的反感。适用于对老顾客的宣传、邮寄。

（7）互联网广告。网络的兴起为旅游目的地与旅游企业的广告宣传打开了新的通道。旅游目的地与旅游企业可以通过网络服务器和客户浏览，在互联网上发布各种信息。消费者可以借助检索工具迅速找到所需要的旅游产品信息。互联网广告的形式有旗帜广告、图标广告、文字链接、电子邮件广告、使用新闻组及网上问卷调查等。网络广告本身是一种很有潜力的广告载体，它具有传统媒体广告所无法比拟的优势。其特点是具有交互性、广泛性、针对性和易于统计性。其缺点是需要借助电脑上网，导致了一些不懂上网或不常上网的旅游消费者难以获得广告信息。

2. 以内容为标准来区分的广告类别

（1）旅游产品广告。旅游产品广告向消费者介绍旅游产品的特征，直接推销旅游产品，目的是打开销路、提高市场占有率的广告。

（2）旅游品牌广告。旅游品牌广告以树立旅游产品品牌形象，提高品牌的市场占有率为直接目的，突出传播旅游品牌，是在消费者心目中确定位置的一种广告类型。

（3）旅游观念广告。旅游观念广告是通过提倡或灌输某种观念和意见，试图引导或转变公众的看法，影响公众的态度和行为的一种公关广告。旅游目的地与旅游企业可以宣传企业的宗旨、信念、文化或某项政策，也可以传播社会潮流的某个倾向或热点。

（4）公益广告。公益广告是指不以营利为目的，内容以过问和参与、解决旅游业中有关的社会问题和环境问题等意图的广告。

3. 以目的为标准来区分的广告类别

（1）告知广告。告知广告是指以向目标受众提供信息为目标的广告。

（2）促销广告。促销是指直接向旅游消费者推销旅游产品或服务的广告。运用各种途径和方式，将旅游产品的品质、特点等进行诉求，唤起消费者的消费欲望，从而达到广告的目的。是传统的以促销为首要目的的广告。

（3）形象广告。形象广告是专为树立企业形象而进行的广告，目的在于增进社会各界对企业的了解和支持。它是旅游目的地与旅游企业向公众展示企业实力、社会责任感和使命感的广告。

二、旅游广告的作用

旅游广告是旅游促销的重要组成部分。它是消费者接触最多、对社会生活影响最大的促销方式，受到企业普遍重视并被广泛应用。

（1）宣传产品。旅游广告的基本用途就是通过广告向旅游消费者介绍旅游目的地与旅游企业的产品和服务，吸引人们的关注，使旅游消费者了解本企业产品或服务，形成他们对旅游产品或服务的偏爱，从而劝诱、鼓励、帮助旅游消费者购买本旅游产品或服务。当市场被细分时，广告有助于将旅游产品定位于某个特定市场，并将其作为这一市场的标志。

（2）塑造形象。旅游目的地与旅游企业运用广告方式，可以突出和塑造整个企业或产品的形象，提高自身的知名度和美誉度。广告有助于赋予企业与产品独特的形象和特征，旅游消费者不仅仅关注旅游产品的品质和价格，更关注的是产品和企业的品牌形象。品牌需要的是与众不同，是独特的个性，是兴趣点，是区别于他人的特征。

（3）扩大影响。随市场发展的通常是竞争。旅游目的地与旅游企业持续发布的形象广告或产品广告，有助于培养人们对此旅游产品或服务的积极看法，建立或培养偏好。同时，广告有助于抵御竞争者的影响，保住本企业的固有市场，避免防止销售量或市场份额下降。

（4）增强信任。广告有助于激活市场，但这必须是一个已经有一定规模或是有前景的市场。广告会逐渐成为一种建立并加强旅游目的地与旅游企业和旅游消费者之间关系的纽带。在旅游产品推广的不同阶段，通过提醒式广告，旅游目的地与旅游企业可以设法保持其知名度，增强消费者的信任感。但当这个产品已经过时、不符合市场需求或是对顾客没什么价值的时候，广告也无法拯救它。

（5）提高效率。在某些情况下，旅游目的地与旅游企业需要与一个特定的目标消费者群体取得联系，但是很难有效且经济地直接做到，而广告往往可以做到这一点。旅游目的地与旅游企业可以通过广告告知促销推广信息，为旅游消费者或潜在消费者提供信息，为企业人员推销创造机会；广告还会创造一种氛围，引起旅游消费者对旅游产品的兴趣。

三、旅游广告策略

（一）旅游广告的市场策略

旅游广告的市场策略主要有：无差别市场广告策略、差别市场广告策略和集中市场策略。

1. 无差别市场广告策略

无差别市场广告策略是在一定时间内，旅游目的地与旅游企业向同一个大的目标市场运用各种媒介搭配组合，做同一主题内容的广告宣传。这种策略一般应用在产品引入期与成长期初期，或产品供不应求、市场上没有竞争对手或竞争不激烈的时期，是一种经常采用的广告策略。

在旅游行业，无差别市场广告策略有利于运用各种媒介宣传统一的广告内容，迅速提高旅游产品的知名度，以达到提升旅游品牌知名度与美誉度的目的。

2. 差别市场广告策略

差别市场广告策略是旅游目的地与旅游企业在一定时期内，针对细分的目标市场，运用不同的媒介组合，做不同内容的广告宣传。

这种策略能够较好地满足不同消费者的需求，有利于企业提高产品的知名度，突出产品的优异性能，增强消费者对企业的信任感，从而达到扩大销售的目的。这是在产品进入成长期后期和成熟期后常用的广告策略。这时，产品竞争激烈，市场需求分化较突出。由于市场分化，各目标市场各具特点，所以广告设计、主题构思、媒介组合、广告发布等也都各不相同。例如，近几年旅游促销推广活动做得风生水起的山东省，以“好客山东”为形象标志，全面叫响“文化圣地，度假天堂”的形象口号，取得了丰硕成果。

3. 集中市场广告策略

集中市场广告策略是旅游目的地与旅游企业把广告宣传的力量集中在已细分的市场中一个或几个目标市场的策略。此时，旅游目的地与旅游企业的目标并不是在较大的市场中占有小的份额，而是在较小的细分市场中占有较大的份额。因此，广告也只集中在一个或几个目标市场上。

采取集中市场广告策略的旅游目的地与旅游企业，一般是本身资源有限的中小型旅游目的地与旅游企业，为了发挥优势，集中力量，只挑选对自己有利的、力所能及的较小市场作为目标市场。

【知识链接 9-1】

山东旅游新形象——“好客山东”

继叫响“文化圣地，度假天堂”形象口号后，一枚色彩绚丽、代表山东旅游新形象的标识——“好客山东 Friendly Shandong”也于2007年正式亮相。

标识设计者韩家英说，从这个标识的设计外观看，将中外古今的语言、文字、设计元素融合到一起，丰富的色彩变化，对应山东旅游“大山、大水、圣地、圣人”历史文化的人文传承，丰富、动感、亲切，构成强烈的视觉冲击。

该标识除了用在名片、明信片、信笺、礼品等实用物品以外，还在山东参展或主办的各类国际、国内会展上进行展示，并在一些城市的高速公路出入口设置展示牌，加强对该形象的广泛宣传。

“好客山东 Friendly Shandong”，是对山东旅游最生动、最直接的信息传递。“有朋自远方来，不亦乐乎?”（出自《论语·学而篇》）。2000多年传承下来的齐鲁待客之道，由这个饱含“山东人”热情的充满感召力的新形象，构成强烈的视觉记忆。这一形象标识通过多角度、多层面的立体化推广和应用，形成丰富的信息传递，可以增强山东旅游形象的社会认知度，也将呼唤起更多更强烈的对山东和中国文化的向往、求知与探索欲望。

（二）旅游广告的实施策略

旅游广告的实施策略主要有旅游广告的差别策略、旅游广告的系列策略和旅游广告的时间策略等。

1. 旅游广告的差别策略

旅游广告的差别策略是以发现差别和突出差别为手段，充分显示旅游产品、旅游目的地与旅游企业特点的一种宣传策略，主要包括旅游产品差别策略、旅游目的地与旅游企业差别策略两方面内容。

旅游产品差别策略是突出旅游产品的功能差别、品质差别、价格差别和销售服务差别等的广告宣传策略。因为旅游产品的上述差别可以是新旧产品间的差别，也可以是同类产品间的差别，因此，旅游产品差别策略是具有竞争性的。运用旅游产品差别策略时，首先要发现该旅游产品的独特优势，在设计制作广告作品时要突出它的独特优势，给予消费者能够获得某种利益的鲜明印象。旅游目的地与旅游企业差别策略包括企业管理水平差别、服务措施差别和企业环境差别等在内的各项内容。

旅游产品差别策略和旅游目的地与旅游企业差别策略是在实践中运用较多、效果也较好的差别策略。此外，还有心理差别策略和观念形态差别策略等也较为常用。

2. 旅游广告的系列策略

旅游广告的系列策略是旅游目的地与旅游企业在广告计划期内连续地和有计划地发布有统一设计形式或内容的系列广告、不断加深广告印象、增强广告效果的手段。旅游广告系列策略的运用，主要有旅游形式系列策略、旅游主题系列策略和旅游产品系列策略等。

旅游形式系列策略是旅游目的地与旅游企业在一定时期内有计划地发布数则设计形式相同但内容有所改变的广告策略。由于设计形式相对固定，有利于分辨广告，加深旅游消费者对广告的印象，增加旅游目的地与旅游企业的知名度。这种策略，用于内容更新快、发布频度大的广告。整体旅游广告很注重这一策略的运用。

旅游主题系列策略，是旅游目的地与旅游企业在发布广告时依据每一时期的广告目标市场的特点和市场营销策略的需要，不断变换广告主题，以适应不同的广告对象的心理欲求的策略。

旅游产品系列策略则是为了适应和配合旅游目的地与旅游企业系列产品的经营要求而实施的广告策略。旅游产品系列策略必须紧密结合系列旅游产品的营销特点进行，由于系列产品具有种类多、声势大、连带性强的特点，因而在旅游广告中可以灵活运用。

3. 旅游广告的时间策略

旅游广告的时间策略是对广告发布的时间和频度作出统一的、合理的安排。旅游广告的时间策略的制定，要视广告产品的生命周期阶段、广告的竞争状况、企业的营销策略、市场竞争等多种因素的变化而灵活运用。一般而言，即效性广告要求发布时间集中、时限性强、频度起伏大。迟效性广告则要求广告时间发布均衡、时限从容、频度波动小。旅游广告的时间策略是否运用得当，对广告的效果有很大影响。

（1）旅游广告的时间策略在时限运用上主要有集中时间策略、均衡时间策略、季节时间策略、节假日时间策略四种。

①集中时间策略主要是集中力量在短时期内对目标市场进行突击性的广告攻势，其目的在于集中优势，在短时间内迅速造成广告声势，扩大广告的影响，迅速地提高旅游产品或企业的声誉。这种策略适用于旅游新产品或服务投入市场前后，新企业开张前后，或在广告竞争激烈时刻，以及商品销售量急剧下降的时刻。运用此策略时，一般运用媒介组合方式，掀起广告高潮。

②均衡时间策略是有计划地反复对目标市场进行广告的策略，其目的是为了持续地加深消费者对商品或企业的印象，保持潜在消费者的记忆，挖掘市场潜力，扩大商品的知名度。在运用均衡广告策略时一定要注意广告表现的变化，不断予人以新鲜感，而不要长期地重复同一广告内容。

③季节时间策略主要用于季节性广告传播，一般在销售旺季到来之前就要开展广告活动，为销售旺季的到来做好信息准备和心理准备。旅游产品季节性强，一般在销售旺季，广告活动达到高峰，而旺季销售一过，广告便可停止。这类广告策略要求掌握好季

节性旅游产品的变化规律。过早开展广告活动，会造成广告费的浪费；而过迟，则会延误时机，直接影响商品销量。

④节假日时间策略也是旅游行业常用的广告时间策略。一般在节假日之前数天便开展广告活动，而节假日一到，广告即告停止。这类广告要求有特色，把旅游产品与服务异乎寻常之处的信息突出地、迅速地和及时地告诉消费者。

（2）旅游广告的频度是指在一定的广告时期内发布广告的次数。在策略上可以根据实际情况需要，交替运用固定频度策略和变化频度策略的方法。

①固定频度策略目的在于实现有计划的持续广告效果。固定频度策略有两种时间序列：均匀时间序列和延长时间序列。均匀时间序列的广告时间按时限周期平均运用。如时间周期为五天，则每五天广告一次；若为十天，则每十天广告一次，以此类推。延长时间序列是根据人的遗忘规律来设计的，广告的频度固定，但时间间隔越来越长。

②变化频度策略是广告周期里用各天广告次数不等的办法来发布广告。变化频度策略可以使广告声势适应销售情况的变化。常用的有集中时间广告策略、季节与节假日广告时间策略，借助于广告次数的增加，推动某一集中时间、季节与节假日销售高潮的到来。变化频度策略有波浪序列型、递升序列型和递降序列型三种方式。波浪序列型是广告频度从递增到递减、又由递减到递增的变化过程，这一过程使广告周期内的频度由少到多又由多到少，适用于季节性和流行性旅游广告。递升序列型则是频度由少到多、至高峰时戛然而止的过程，适用于节日性旅游广告。递降序列型是广告频度由多到少、由广告高峰跌到低谷、在最低潮时停止的过程，适用旅游目的地与旅游企业新开张或优惠酬宾广告等。

上述各种广告时间策略可视需要组合运用。如集中时间策略与均衡时间策略交替使用，固定频度策略与变化频度策略组合运用等。旅游广告的时间策略运用得法，既可以节省广告费，又能实现理想的广告效果。这是广告策略中极为重要的一环。究竟一个商品广告在一种媒介上投放几次，才可以使人们记住它，这一问题的研究目前还处在摸索阶段，但目前亦有研究表明至少是6次，即一个人接触同一个广告6次便会记住这个广告。如果有关此类问题的研究有所突破，将会使广告的传播工作在科学、合理、有效的轨道上运行。

四、旅游广告的决策过程

广告决策是为了一定广告目标，采用一定的科学方法和手段，从两个以上的广告策略方案中选择一个满意方案的分析判断过程。广告决策制定过程包括广告目标确定、广告预算决策、广告信息决策、广告媒体决策和广告效果评价五项决策。

（一）广告目标确定

制定广告决策的首要步骤，就是确定广告目标。广告目标的明确与一致，将直接影响广告效果。

旅游目的地与旅游企业的广告目标，是企业借助广告活动所要达到的目的。广告的最终目标是增加销售量和利润，但企业利润的实现是企业营销组合战略综合作用的结果，广告只能在其中发挥应有的作用，因此，不能笼统地将增加销售量和利润作为广告目标。供旅游目的地与旅游企业选择的广告目标可以概括为下述几种：

（1）以提高旅游产品知名度为目标。主要是向目标市场介绍旅游目的地与旅游企业产品，唤起初步需求。以提高旅游产品知名度为目标的广告称为通知性广告。通知性广告主要用在一种产品的开拓阶段，其目的在于激发产品的初步需求。

（2）以建立旅游需求偏好为目标。这一广告目标旨在建立选择性需求，致使目标购买者从选择竞争对手的品牌转向选择本企业的品牌。以此为目标的广告叫作诱导性广告或竞争性广告。近几年，在西方国家，有些诱导性广告或竞争性广告发展为比较性广告，即通过与一个或几个同类产品的其他品牌比较来建立自己品牌的优越性。

（3）以提示、提醒为目标。目的是保持消费者、用户和社会公众对产品的记忆。提示性广告在旅游产品生命周期的成熟期十分重要。与此相关的一种广告形式是强化广告，目的在于使旅游产品现有的消费者或用户相信他们所做出的选择是正确的。

广告目标是旅游目的地与旅游企业目标的一部分，企业在确定广告目标时，要与企业目标相吻合。为达到这一目的，客观上要求企业从整体营销观念出发，寻求与企业营销组合战略、促销组合策略有效结合的企业广告目标。

（二）广告预算决策

广告预算决策是企业广告决策的一项重要内容。在确定了广告目标后，企业可以着手为每一产品制定广告预算。在前面我们已经描述了制定促销（包括广告）预算的一般方法，在这里，我们将讨论以下两个问题：1. 广告预算的因素；2. 产品生命周期与广告费用支出的相关关系。

广告预算是企业为从事广告活动而投入的预算。由于广告预算收益最终只能在市场占有率的增长或者利润率的提高上反映出来，因此，一般意义上的广告预算是旅游目的地与旅游企业从事广告活动而支出的费用。

（三）广告信息决策

广告信息决策的核心问题是制定一个有效的广告信息。最理想的广告信息应能引起人们的注意，提起人们的兴趣，唤起人们的欲望，导致人们采取行动。有效的信息，是实现旅游目的地与旅游企业广告活动目标并获得广告成功的关键。

（四）广告媒体决策

广告媒体是广告主为推销商品，以特定的广告表现，将自己的意图传达给消费者的工具或手段。不同的广告媒体具有不同的特点，它限制着广告主意图的表达和目的的实现。不同的广告媒体，其传播范围、时间，所能采用的表现形式，接受的对象都是不同的。旅游目的地与旅游企业通过广告媒体把广告信息传递给目标对象时，需要根据媒体所能传播的信息量的多少，以及媒体占用时间与空间的多少，支付不同的费用。因此，广告媒体选择的核心在于寻求最佳的传送，使广告目标市场影响范围内，达到期望的展露数量，并拥有最佳的成本效益。

（五）广告效果评价

良好的广告计划和控制在很大程度上取决于对广告效果的测定。测定和评价广告效果是完整的广告活动过程中不可缺少的重要内容，是企业上期广告活动结束和下期广告活动开始的标志。

广告效果是通过广告媒体传播之后所产生的影响。这种影响可以分为：对消费者的影响——广告沟通效果；对企业经营的影响——广告销售效果。广告沟通效果的研究目的在于分析广告活动是否达到了预期的沟通效果。广告销售效果是测定广告传播之后增加的销售额。投放广告之后不一定能够扩大销售量，有时纯粹是为保持销售额、阻止销售额或利润急剧下降这一目的而利用广告。

第三节　旅游营业推广

美国销售学会对营业推广的定义是：人员推广、广告和宣传以外的用以增进消费者购买和交易效益的那些促销活动，诸如陈列、展览会、展示会等不规则的、非周期性发生的销售努力。因此，营业推广是一种适宜于短期推销的促销方法，企业为鼓励购买、销售商品和劳务，需要采取一些除了广告、公关和人员推销之外的营销活动。

一、旅游营业推广的概念

旅游营业推广是指旅游目的地与旅游企业在某一特定时期与空间范围内，通过刺激和鼓励交易双方，并促使旅游消费者尽快购买或大量购买旅游产品及服务而采取的一系列促销措施和手段。显然，旅游营业推广的主要目的是解决一定时间和空间内旅游需求不足的问题，从而扩大旅游产品的销售。

旅游营业推广有一定的时间和空间的限制，因此能够起到立竿见影的效果。旅游营业推广的对象既可以是旅游消费者，也可以是旅游中间商，还可以是销售人员。

二、旅游营业推广的特点

营业推广的工具多种多样，有以下几个明显的特点：

（1）表现直观，短期效益明显。旅游营业推广不像广告、人员推销和公共关系等常规性的旅游促销活动，而是以非常规性和非周期性的方式出现，在限定的时间和空间范围内，通过激励、刺激旅游中间商和旅游消费者产生购买行为，因而短期效益明显。旅游营业推广用于短期和额外的旅游促销工作，其着眼点往往在于解决具体的促销问题，承担短期内具有特定目的和任务的促销工作。旅游营业推广的上述特点体现了旅游营业推广手段的明显优势，有利于促进旅游产品的短期销售，从而激励更多的旅游消费者的需求和开拓旅游市场。

（2）灵活多样，适应性强。旅游营业推广的方式多种多样，能从不同角度吸引有不同需求的旅游产品购买者和消费者。例如，以批量折扣、推广津贴等方式对旅游中间商进行营业推广，以赠送纪念品、旅游地特产、风情画册等方式对旅游消费者进行营业推广。旅游目的地与旅游企业可以根据经营的旅游产品特征，以及面临的不同市场环境加以科学地选择和有机地组合运用，从而大大增强旅游营业推广的灵活多样性和适应性。

（3）功利推动，刺激性强。旅游营业推广是为了使旅游中间商和旅游消费者尽快或大量购买旅游产品而采取的旅游促销手段。因此必须从多种渠道和多种角度，加强和加快旅游产品购买者、消费者对促销信息的理解，促进迅速产生消费者购买需求和行为，这导致了营业推广的功利性色彩，刺激性强烈。这也决定了旅游营业推广必须给旅游产品购买者以不同寻常的刺激，以诱使旅游消费者购买某一特定旅游产品，从而取得明显的短期效果，较快地增加旅游目的地与旅游企业的销售额，巩固和提高旅游目的地与旅游企业应有的市场占有率。

（4）有一定的局限性和副作用。旅游营业推广的某些方式可能会显现出销售者急于出售的意图，容易造成消费者的逆反心理。过度使用旅游营业推广会使消费者怀疑此旅游产品的品质、服务以及价格是否合理，产生一种“可能被欺骗”的错误心理，从而影响了旅游营业推广的效果。

三、旅游营业推广的主要方式

（一）面向旅游消费者的营业推广

（1）优惠提供旅游产品。旅游目的地与旅游企业以一定的优惠价格提供旅游产品。

（2）折价券。在参加旅游活动时，持折价券可以免付一定金额的钱。折价券可以通过广告或直邮的方式发送。当价格成为影响旅游消费者购买的主要因素时，折价券是一种有效的方式。折价券既可以单独发放，也可以附带介绍或宣传资料发送，主要是通过广告附送或者邮寄，甚至直接随机发放。折价券上一般标明优惠额度及有效期限，目的是促使旅游消费者尽快地进行消费。

（3）赠送礼品。通过赠送有旅游目的地与旅游企业标识的小礼品，以介绍本企业产品的名称、特点、购买方式、价格等。如赠送旅游目的地与旅游企业特制的日历、台历、打火机或向团队客人赠送太阳帽、旅行包等。

（4）抽奖促销。顾客购买一定的产品之后可获得抽奖券，凭券进行抽奖获得奖品或奖金，抽奖可以有各种形式。这一方式主要是以特定奖品为诱惑，鼓励消费者积极参与、购买。如当消费者消费达到一定水平时，有机会参加抽奖，赢取奖品。在进行抽奖销售时，需要注意奖品应对消费者有足够的吸引力，并且应考虑中奖范围，保证及时兑奖。

（5）直邮推广。主要是指旅游目的地与旅游企业通过邮局直接向旅游消费者发送邮件，进行销售推广。邮件中可包括信件、回函单、宣传小册子、旅游产品照片、日历以及旅游目的地与旅游企业各种优惠活动的说明等。

（6）联合推广。旅游目的地与旅游企业与旅游零售商联合促销，将一些能显示企业优势和特征的旅游产品进行展示、推广。

（7）参与促销。通过旅游消费者参与各种促销活动，如技能竞赛、知识比赛等活动，能获取企业的奖励。

（8）会员卡。旅游消费者交纳一定的会费后即成为会员，价格上可享受一定的优惠。旅游目的地与旅游企业通过这种方式可以将旅游消费者组织化。

（9）会议促销。各类旅游展销会、旅游博览会期间，面对旅游消费者进行现场旅游产品介绍、推广和销售活动。

（二）面向中间商的营业推广方式

（1）销售折扣。主要是对长期合作或销售业绩较好的旅游中间商给予一定的折扣，包括批量折扣、现金折扣和季节折扣等。旅游目的地与旅游企业为争取批发商或零售商提升销量，也可以在某一时期内给批发商或零售商加大回扣比例。

（2）推广津贴．旅游目的地与旅游企业为了鼓励旅游中间商经营本企业的产品，可以支付给中间商一定的推广津贴。如采用资金奖励或补贴等形式，包括销售补贴、广告补贴、降价补贴等多种形式。

（3）销售竞赛。根据各个旅游中间商的销售实绩，分别给优胜者以不同的奖励，如现金奖、实物奖、免费旅游、度假奖等，以起到激励的作用。

（4）免费赠品。旅游目的地与旅游企业给旅游中间商一定的赠品予以奖励，一般采取赠品印花形式，达到一定量时可兑付赠品。

（5）旅游交易会和展览会。旅游目的地与旅游企业参加旅游商品交易会和展览会，对旅游中间商进行营业推广。在会议期间，旅游目的地与旅游企业可以发布新产品信息，也可以就销售中的问题与旅游中间商进行沟通，促使旅游中间商在短期内集中购买。

（6）宣传支持。旅游产品生产企业向旅游中间商提供用于陈列和展示的广告招贴画、小册子和音像制品等。

（三）针对销售人员的营业推广

（1）销售奖励。规定专业销售人员的销售指标，对在一定时间内超额完成指标的销售人员按一定比例提成，以鼓励销售人员积极推销产品。销售奖励的形式有奖金、奖品、免费旅行等。

（2）销售竞赛。在所有销售人员中进行销售竞赛，达到一定销售目标即给予一定物质奖励和精神奖励，用以激发销售人员的积极性，扩大产品的销量。

四、旅游营业推广设计

（1）确定推广目标。旅游目的地与旅游企业营业推广目标的确定，就是要明确推广的对象是谁，要达到的目的是什么。只有知道推广的对象是谁，才能有针对性地制订具体的推广方案，如是为达到培育忠诚度的目的，还是鼓励大批游客参与项目。

营业推广的具体目标一定要根据目标市场类型的变化而变化，针对不同类型的目标市场，制订不同的旅游营业推广目标。

（2）选择旅游营业推广工具。旅游营业推广的方式方法很多，但如果使用不当，则适得其反。因此，选择合适的旅游营业推广工具是取得营业推广效果的关键因素。旅游目的地与旅游企业一般要根据目标游客的接受习惯和产品特点，目标市场状况等来综合分析选择旅游营业推广工具。

（3）旅游营业推广的配合安排。营业推广要与营销沟通其他方式如广告、人员销售等整合起来，相互配合，共同使用，从而形成营销推广期间的更大声势，取得单项推广活动达不到的效果。一般说来，旅游营业推广方案是旅游目的地与旅游企业营业推广活动的具体安排。其包括：确定推广规模、选择推广对象、分析并选择推广途径。

（4）确定推广时机。营业推广的市场时机选择很重要，如季节性产品、节日、礼仪产品，必须在季前节前做营业推广，否则就会错过了时机。

（5）确定推广期限。推广期限即营业推广活动持续时间的长短。推广期限要恰当，如果过长的话，旅游消费者容易丧失新鲜感，产生不信任感；如果过短的话，一些消费者将会来不及接受营业推广的实惠。旅游营业推广的方式很多，可以根据具体的目标、具体的对象选择合适的方式。

五、旅游营业推广实施与效果评估

（1）旅游营业推广方案的实施。旅游营业推广方案在实施时，必须按部就班地按计划进行，及时解决出现的问题，并做出相应的调整。

（2）旅游营业推广效果评估。旅游营业推广活动完成后，旅游目的地与旅游企业要对其效果进行评估，这是检验旅游营业推广促销是否达到预期目标以及促销花费是否合算的唯一途径。评估效果既包括短期效果，也包括长期效果。但在很多情况下，长期效果的衡量只能采用定性或定量预测的方法来判断估计，而且结果也较粗略。因此，效果评价多数侧重于短期效果的评估。尽管推广效果评估的方法很多，而最普遍采用的一种方法是把推广之前、推广期间和推广之后的销售情况进行比较，因为短期销售量的变化幅度是衡量旅游营业推广效果的最好依据。

第四节　旅游人员推销

人员推销是指企业通过派出销售人员与一个或一个以上可能成为购买者的人交谈，做口头陈述，以推销产品，促进和扩大销量。人员销售是推销人员帮助和说服购买者购买某种商品或劳务的过程。

旅游人员推销是指旅游目的地与旅游企业利用推销人员直接与旅游消费者接触、洽谈、介绍和宣传旅游产品，以达到促进销售目的的促销方式。可以看出，旅游人员推销是旅游目的地与旅游企业所有促销手段中唯一利用人员所进行的最直接的促销活动，同时也是现代旅游目的地与旅游企业的一种重要的促销手段。

一、人员推销的特点和任务

（一）旅游人员推销的特点

（1）针对性强.人员推销可以满足推销人员和潜在顾客的特定需要，针对不同类型的顾客，推销人员可以采取不同的、有针对性的推销手段和策略。旅游人员的推销活动不仅可以满足旅游消费者对产品使用价值的需要，还能满足他们对旅游产品的各种信息需求、服务需求和心理需求等。

（2）双向互动。推销人员可以直接从旅游消费者那里得到信息反馈，诸如旅游消费者对推销人员的态度、对旅游产品和旅游目的地与旅游企业的看法和要求等。旅游人员推销作为一种双向沟通的促销形式，一方面向旅游消费者宣传介绍旅游产品的质量、功能、用途，为旅游消费者提供旅游产品的信息，以此招徕顾客，促进产品的销售；另一方面通过与旅游消费者的交谈，了解他们对企业、旅游产品及推销人员的态度、意见和要求等信息，以适应不同旅游消费者个体的需要。在推销过程中，不断地传播信息、收集信息、反馈信息，为旅游目的地与旅游企业的经营决策提供依据。

（3）灵活性强。推销人员通过与旅游消费者交谈，能够掌握旅游消费者的购买心理，因而可以从旅游消费者感兴趣的角度介绍旅游产品，唤起旅游消费者的需求。同时还要解答旅游消费者的疑问，消除旅游消费者的不满，并抓住有利时机，促成交易。

（4）效果明显。人员推销往往可以在推销后立即成交。在推销现场使旅游消费者进行购买决策，完成购买行为。同时，旅游人员推销的目的不仅是推销旅游产品，更重要的是帮助旅游消费者解决问题，满足他们的需求。因此，旅游人员推销具有满足旅游目的地与旅游企业推销产品及满足旅游消费者需要的双重目的。

（5）跟踪及时。人员推销可提供售后服务和追踪，及时发现并解决产品在售后和使用及消费时出现的问题。

（6）成本较高。人员推销成本较高，所需人力、物力、财力和时间量大。

（二）旅游人员推销的任务

（1）探寻市场，推动旅游产品销售。旅游目的地与旅游企业经营的中心任务就是占领和开拓市场，因此，推销人员要在复杂的市场中寻找新的、尚未满足的消费需求，发现潜在顾客，创造需求，开拓新的市场。在旅游企业里，推销人员常被看作是旅游消费者的代言人，因为他们最了解旅游消费者喜欢还是不喜欢企业的旅游商品。同时，推销人员还肩负着搜集和反馈市场信息的任务，应及时了解顾客需求、需求特点和变化趋势，了解竞争对手的经营情况，了解顾客的购后感觉、意见和看法等，为旅游目的地与旅游企业制定有关政策、策略提供依据。

（2）传递信息，实现沟通。旅游目的地与旅游企业推销人员要及时向旅游消费者传递旅游产品和服务信息，为旅游消费者的购买决策提供参考资料。推销人员可以向旅游消费者推介旅游目的地与旅游企业、旅游产品的经营状况、经营目标、个性等诸方面信息，从而刺激旅游消费者需求、促进旅游消费者购买。在促销组合中，人员推销可以直接与客源市场的中间人和目标层进行交流，与客户和潜在旅游消费者进行面对面的交流，详细介绍产品，及时回答询问，容易使旅游消费者产生亲切感与信任感。在这种时候，较之广告、小册子，推销人员更能引起旅游消费者的注意。

（3）推销旅游产品、满足顾客需要。推销人员通过与旅游消费者的直接接触，向旅游消费者介绍和销售旅游产品。推销员在向旅游消费者推销旅游产品时，必须明确他推销的不是产品本身，而是隐藏在产品背后的对旅游消费者的一种建议，即告诉旅游消费者，通过购买产品，他能得到某些方面的满足。同时，要掌握旅游消费者的心理，善于应用推销技巧，对不同旅游消费者使用不同的策略。推销人员作为旅游目的地与旅游企业的代表与客户签订交易合同。在一定的权限范围内，可根据旅游消费者的意见和要求，调整旅游产品的内容，如旅游线路中的交通安排、食宿条件和旅游活动等。

（4）开展售前、售中、售后服务。良好的服务是推销成功的保证。旅游目的地与旅游企业的推销人员在推销过程中，应积极向顾客提供多种服务，如业务咨询、技术咨询、信息咨询等。推销中的良好服务能够增强旅游消费者对企业及其产品的好感和信赖。推销人员要向现实与潜在旅游消费者提供各种服务，包括回答咨询、给予技术协作、提供售后服务等。

（5）协调工作。在推销工作中，协助旅游消费者排忧解难，协调供需双方利益。

二、推销人员的管理

对推销人员的管理是搞好旅游目的地与旅游企业营销工作的重要环节。对推销人员的管理，要抓好选拔或招聘、培训、使用和评价等几个环节。

（一）选拔或招聘

为了建立一支精干的推销队伍，对推销人员的选拔和招聘是一件很重要的工作，一般应注意以下几点：

第一，根据销售工作的性质、内容及其未来的职责，选拔和招聘推销人员。优秀的推销人员一般应具有两种基本品质：一是感染力，即善于从消费者的角度考虑问题，从而赢得消费者的好感。二是自我驱动力，即具有达成销售的强烈愿望。

第二，当推销人员应具备的条件确定后，可以从企业内部进行推荐抽调（包括选择优秀技术人员、管理人员及年富力强的中青年职工担任），加以培训或从大专院校毕业生中选拔或利用在报刊、网络等媒体刊登招聘广告等。

第三，考试、面谈、试用结合起来，综合考查应聘者的受教育程度、智力、兴趣、性格、处理人事关系能力及推销能力等，全面了解应聘者的文化程度、个人品德、工作能力、口才、风度及对问题的反应、判断和理解能力、健康状况等，择优录取。

（二）培训

旅游目的地与旅游企业必须十分重视推销人员的培训，对他们进行行为科学和市场营销学的教育，定期举办训练班，讲授企业产品、用户和市场等方面的必备知识，使他们了解企业的经营思想、经营目标、经营方针、财务状况、市场总趋势等，研究推销艺术。

（三）使用

合理使用推销人员，调动推销人员积极性，是一件很重要的工作。旅游目的地与旅游企业管理者必须经常了解推销人员的思想动态，帮助其解决具体困难，合理确定销售目标，随时关心他们的工作进展，及时给予帮助和指导。

（四）监督和评价

为了对推销人员进行有效管理，旅游目的地与旅游企业通过各种渠道取得推销人员工作的有关资料，有计划地加强对推销人员检查和监督，可以通过电话联系、记事卡、定期报告和个人考察、消费者的信函等方式取得推销人员工作业绩的原始记录，作为评价依据。

评价内容包括：执行的情况、销售目标、完成程序和工作进展以及态度、责任心等，使推销更有效率地工作。

三、推销人员工作组织和推销策略

（一）推销人员工作组织形式

（1）区域组织形式。即每一个推销人员或一个推销小组负责某一个地区、区域的销售工作。本方式适用于旅游产品单一、市场类似程度高的旅游目的地与旅游企业，便于推销人员熟悉地区销售情况并同用户保持经常联系，从而提高推销效力，节约销售费用开支。

（2）产品组织形式。按产品品种分配推销人员的工作，对于品种繁多、市场差异性大的产品和企业，可以按不同大类产品组织人员推销。此方式有利于推销人员熟悉产品性能、特点，更好地开展推销工作。

（3）顾客组织形式。此方式有利于推销人员加深对旅游消费者的了解，及时了解他们的意见，满足特定需求。

（4）综合组织形式。当企业面临产品品种多、地区分散的时候，为了节约人力，可采用这种形式。综合组织形式可以分为区域产品混合形式、区域顾客混合形式、产品顾客混合形式等。其优点是适应性强，能节约推销费用；其缺点是对推销人员要求高，如果没有水平高、知识比较全面的人才，往往不能取得满意的推销效果。

推销人员的工作组织形式不是一成不变的，应随着企业生产及销售情况的变化做出相应的调整和改变。

（二）销售工作安排

销售工作安排是指销售分配，即在销售队伍规模既定的条件下，销售人员如何在产品、顾客、地理区域方面分配时间和资源。

（1）时间安排（顾客方面）。大多数旅游消费者都是互不相同的。因而，销售人员进行销售时间安排时总会涉及以下问题：在潜在旅游消费者身上要花多少时间？在现有旅游消费者身上要花多少时间？对企业而言，推销人员时间安排通常要跟工作目标相联系。例如，某旅游目的地与旅游企业指示销售人员，要将80%的时间花在现有旅游消费者身上，20%的时间花在潜在旅游消费者身上。这样，既保证了与现有旅游消费者紧密合作，又不会忽视新消费者方面的工作。所以，企业进行人员推销决策时，必须重视销售时间的安排。

（2）资源分配（产品方面）。销售队伍通常要推销一系列旅游产品，所以，推销人员必须寻求一种最为经济的方式，在各个产品间配置推销时间。这项决策是较为困难的，新产品的推销有时要花很长时间才能使销售额达到高水平，因此，旅游企业在决策时不能仅看到近期的销售额和利润率，而必须着眼于长远利益，从战略角度来分配资源和时间，设计市场营销组合。

（三）推销人员的推销策略

在现代市场营销中，旅游产品推销有多种策略可供选择，在日常工作中一般可以采取以下三种：

（1）试验性策略。试验性策略"又称"刺激—反应"策略，指推销人员在不了解旅游消费者的具体要求情况下，而以一些准备好的问题进行试探。通过"刺激"得到"反应"，了解要求，再激发欲望，实现购买，达到推销目的。推销人员经常使用试验性策略，如运用广告宣传、发送旅游产品说明书等方法，向旅游消费者传递旅游产品和服务的信息。采用此策略，可以长期地、反复地对潜在旅游消费者施加影响，使潜在消费者变为现实的消费者，从而完成推销任务。

（2）针对性策略。针对性策略又可称“配方—成交”策略，指推销人员事先大致掌握旅游消费者的某些要求，有针对性地进行交谈，通过交谈引起旅游消费者的兴趣和购买欲望，促成交易，这是一种创造性推销，要求推销人员有较高的推销技术，使旅游消费者感到推销人员成了他们的“参谋”和“顾问”。

（3）诱发性策略。诱发性策略又称“诱导—满足”策略，指推销人员经常分析旅游消费者需求，通过这种方式分析哪种产品可以满足需求、诱发消费欲望，然后因势利导，从而促使消费者选择推介的旅游产品。

（4）程式化策略。程式化策略是指推销人员用一套程式化语言，指导和吸引旅游消费者购买产品。采用这一推销策略的前提是设想旅游消费者在进行产品购买之前，要经过注意、感兴趣、产生购买动机、决定购买几个阶段，针对这几个阶段用一套程式化语言，引导他们逐一越过这些阶段，最后实现产品购买。

上述几种策略各有其特点和特定适应性，推销人员要从实际情况出发，有针对性地灵活运用，所以说推销人员不仅需要掌握全面的旅游产品知识与旅游市场行情，还要善于运用推销策略和推销技巧，才能有效地实现促销目标。

四、客户关系管理

客户关系管理（Customer Relationship Management，CRM）是一个不断加强交流，不断了解客户需求，并不断对产品及服务进行改进和提高以满足顾客的需求的连续的过程。其核心思想是：客户是企业的一项重要资产，客户关怀是客户关系管理的中心，客户关怀的目的是与所选客户建立长期和有效的业务关系，在与客户的每一个“接触点”上都更加接近客户、了解客户，最大限度地增加利润和利润占有率。

旅游营销运作每次交易的达成，都预示着与客户长期关系的开始，客户关系管理是旅游人员促销的延伸，也是旅游产品销售管理的重要内容。通过对客户进行科学而有效的分析与管理，旅游推销人员可以从中了解客户的购买情况和发展动态，建立与客户的长期联系，并对市场需求状况做出正确的判断。客户关系管理系统实施的主要步骤包括：

（1）确立业务计划。旅游目的地与旅游企业在考虑部署客户关系管理方案之前，首先确定客户关系管理需要实现的具体的目标，例如提高客户满意度、增加合同的成交率等。即企业应了解这一系统的价值。

（2）建立客户关系管理队伍。为成功地实现客户关系管理方案，旅游企业管理者还须对旅游目的地与旅游企业业务进行统筹考虑，并建立一支有效的员工队伍。每一准备使用这一销售系统方案的部门均需选出一名代表加入该员工队伍。

（3）评估销售、服务过程。在评估一个客户关系管理方案的可行性之前，旅游企业管理者需多花费一些时间，详细规划和分析旅游企业自身具体业务流程。为此，需广泛地征求员工意见，了解他们对销售、服务过程的理解和需求，确保旅游企业高层管理人员的参与，以确立最佳方案。

（4）明确实际需求。充分了解旅游企业的业务运作情况后，从销售和服务人员的角度出发，确定客户关系管理系统的功能，并令最终使用者寻找出对其有益的及其所希望使用的功能。

（5）选择供应商。确保所选择的供应商对你的企业所要解决的问题有充分的理解。要为每一个客户建立档案，包括客户的基本资料：名称、地址、电话和法人代表；企业的业务和资产等；客户的特征，即客户的购买能力、发展潜力、经营方向、经营特点等；业务状况，即销售业绩、与本企业的合作关系和与竞争者的关系等；交易现状，即交易频率、信用状况和存在的问题等。

（6）开发与部署。客户关系管理方案的设计，需要旅游企业与旅游供应商两个方面的共同努力。为使这一方案得以迅速实现，旅游企业应先部署那些当前最为需要的功能，然后再分阶段不断向其中添加新功能。这一过程中，要对现有的客户进行分类，分析、研究客户的特点、发展趋势，为旅游目的地与旅游企业其他营销活动提供客户资料。

第五节　旅游公共关系

一、旅游公共关系的概念与特点

（一）旅游公共关系的概念

公共关系（Public Relation）是指某一组织为改善与社会公众的关系，促进公众对组织的认识、理解及支持，达到树立良好组织形象、促进商品销售的目的的一系列公共活动。目前公共关系作为一个重要的促销工具已被广泛应用于旅游业。

旅游公共关系是指旅游目的地与旅游企业以社会公众的利益为出发点，通过传播媒介在社会公众中树立良好形象和信誉，以赢得旅游目的地与旅游企业内部和外部社会公众的理解、信任、支持与合作的公共活动。旅游公共关系对于塑造旅游目的地与旅游企业的公众形象、提高知名度与美誉度、增强市场竞争力具有重要的作用。

【知识链接 9-2】

小燕子的公关术

日本古都奈良是日本著名的旅游胜地，每到春夏都会有大量来自各个国家的游人前来度假，欣赏美景。4月以后，燕子又争相飞来，纷纷在宾馆饭店筑巢栖息，繁衍后代，给奈良平添了一种温馨宜人的自然景观。

可是，招人喜爱的小燕子却有个随便排泄的毛病，刚出壳的雏燕更是把粪便溅在明净的玻璃窗上、雅洁的走廊里。旅店的服务员小姐尽管不停地擦洗，但燕子们的我行我素总使旅店留下污渍。游人也对此颇有微词。这成了奈良旅游业发展的一大难题。

一家名叫大竹饭店的经理灵机一动，以小燕子的名义拟了一则奇特的启事：

女士们、先生们：

我们是刚从南方赶到这儿来陪伴你们过春天的小燕子，没有征得主人的同意，在这儿筑了窝，还要生儿育女。我们的小宝贝年幼无知很不懂事，我们的习惯也很不好，常常弄脏你们的玻璃和走廊，使你们不愉快，我们很过意不去，请女士们、先生们多多原谅。

还有一件事恳求女士们和先生们，请你们千万不要埋怨服务员小姐，她们是很辛苦的，只是擦不胜擦，这完全是我们的过错，请你们稍等一会儿。她们就来！

你们的朋友燕子

小燕子这天真烂漫的道歉，把寻找欢乐的游客们逗得前仰后合，他们肚子里的那股怨气也在笑声中悄然散去。每当他们再看到窗上、走廊里的点滴粪便污渍，就会自然而然地想起小燕子那亲昵风趣的话语，又会忍俊不禁。从而成功化解了这个旅游难题。

（二）旅游公共关系的特点

旅游公共关系是社会关系的一种表现形态，科学形态的旅游公共关系与其他任何关系都不同，有其独特的性质，了解这些特征有助于我们加深对旅游公共关系概念的理解。

（1）情感性。公共关系是一种创造美好形象的艺术，它强调的是成功的人和环境、和谐的人事气氛、最佳的社会舆论，以赢得社会各界的了解、信任、好感与合作。旅游公共关系就是要追求“人和”的境界，为旅游目的地与旅游企业的生存、发展或个人的活动创造最佳的“软”环境。

（2）双向性。公共关系是以真实为基础的双向沟通，而不是单向的公众传达或对公众舆论进行调查、监控，它是主体与公众之间的双向信息系统。一般而言，旅游目的地与旅游企业通过第三者发布信息，可信度高，既可以使对推广促销存有戒心者放弃抵触情绪，又可以使信息沟通具有戏剧性，可接受性强。旅游企业一方面要吸取人情民意以调整决策，改善自身；另一方面又要对外传播，使公众认识和了解自己，达成有效的双向意见沟通。

（3）广泛性。公共关系的广泛性包含两层意思：一层意思是公共关系存在于主体的任何行为和过程中，即公共关系无处不在、无时不在，贯穿于主体的整个生存和发展过程中；另一层意思指的是其公众的广泛性。因为旅游公共关系的对象可以是任何个人、群体和组织，既可以是已经与旅游目的地与旅游企业发生关系的旅游消费者，也可以是将要或有可能发生关系的任何暂时无关的人们。

（4）整体性。公共关系的宗旨是指旅游目的地与旅游企业使公众全面地了解自己，从而建立起自己的声誉和知名度。旅游公共关系侧重于旅游企业在社会中的竞争地位和整体形象，以使人们对其产生整体性的认识。它并不是要单纯地传递信息，宣传企业的地位和社会威望，而是要使人们对其各方面都要有所了解。

（5）长期性。旅游目的地与旅游企业的公共关系活动往往追求的是整个企业形象的提升和改善，从而创建旅游目的地与旅游企业与社会、公众之间的良好关系，有利于旅游目的地与旅游企业营造良好的经营环境和氛围，而不是考虑短期的、直接的效果。

公共关系的管理职能应该是经常性与计划性的，它是一种长期性的工作。

二、旅游公共关系的实施步骤与方法

（一）旅游公共关系实施的“三步骤”

旅游公共关系实施步骤主要有以下几种。

（1）调查研究。旅游目的地与旅游企业通过调研，一方面了解企业实施政策的有关公众的意见和反应，反馈给高层管理者，促使企业决策有的放矢；另一方面将旅游目的地与旅游企业领导者意图及企业决策传递给公众，使公众加强对企业的认识。

（2）确定目标。一般说来，旅游目的地与旅游企业公关目标是促使公众了解企业形象，改变公众对企业的态度。具体地说，旅游公关目标是通过传播信息，转变公众态度。必须注意，不同旅游企业或旅游企业在不同发展时期，其公关具体目标是不同的。

（3）交流信息。企业通过大众传播媒体及交流信息的方式传播信息。可见，公关过程就是信息交流过程。

（二）公共关系的主要方法

（1）密切与新闻界的关系，吸引公众对某人、某产品或某服务的注意。

（2）进行产品宣传报道。

（3）开展旅游目的地与旅游企业与消费者的联谊活动。

（4）游说立法机关与政府官员。基于政府与企业关系特别密切的中国实际情况，有时也出现实际操作中“公关等于攻关”的畸形现象。

（5）咨询协商。

（6）编写案例、总结经验。

（7）公众舆论调查：事先了解设计师、建筑师、工程师以及有权决定旅游产品的购买者态度。

（8）信息反馈。

（9）广告合作。

（10）安排特别活动。

（11）支持相关团体，赞助相关的活动。

（12）处理顾客抱怨。

旅游目的地与旅游企业通过以上公关活动，可以加强与社会公众的密切联系，提高企业的知名度，创造良好的市场形象，从而影响旅游消费者的购买行为。旅游目的地与旅游企业应根据不同情况、不同时期的促销目标来开展各项卓有成效的公关促销活动。

【复习思考题】

1. 旅游促销的概念及作用是什么？
2. 旅游促销的主要方式有哪些？
3. 旅游广告目标有哪几种类型？如何对旅游广告信息进行决策？
4. 旅游营业推广具有哪些特点？
5. 简述旅游营业推广的形式。
6. 简述旅游公共关系的特点和作用。
7. 试比较人员推销、广告、公共关系和营业推广这四种促销手段的优缺点。

【案例分析】

杭州某旅行社的动物明星表演

2015 年秋天的某个周六，杭州市一个繁忙的路口比往日更加热闹，位于这个路口的某旅行社门口，聚集了大批的围观群众和媒体记者。原来，这家旅行社为了宣传促销，与动物园联系，从动物园里请来了几位动物明星进行表演。由小猴子、小熊组成的动物乐队吹吹打打，吸引了众多过往的行人，也有许多事先得知消息的小朋友在父母的陪同下专程前来观看表演。

事后，杭州一家电台播出了一则新闻，大意如下：“我市某旅行社组织了一次动物明星的表演。在寒风中，小动物们……”有人听了这则消息后反映说：“让小动物在这么冷的天气表演太残忍了。”也有人不以为然。

根据以上案例，回答如下问题：

1. 你认为该旅行社所做的这次促销活动存在哪些不足？应该如何进行避免？
2. 你认为该旅行社的促销人员应该从哪些方面努力来提高促销的效果？

第十章

旅游市场营销计划与组织

本章导读

旅游市场营销作为管理过程，是一个计划与实施的过程，具体包括旅游产品和服务的设计、定价、促销、分销和交换等，以达到旅游目的地与旅游企业的市场营销目标。正确制订和组织实施市场营销计划，是实现企业总体任务和目标的重要保证。通过本章学习，了解市场营销计划的演变及市场营销组织机构设置的类型，熟悉市场营销计划书的编制，掌握市场营销组织的设计。

【学习目标】

1. 熟悉市场营销计划的主要内容以及实施的过程。
2. 了解旅游市场营销管理组织机构设置的类型。

【导入案例】

××年××世界休闲博览会赞助计划【纲要】

一、赞助宗旨

二、赞助类别

1. 世界休闲博览会合作伙伴
2. 世界休闲博览会赞助商

三、赞助商权益

四、赞助开发

1. 开发方式

2. 推广步骤

五、赞助商选择标准

六、赞助商权益细节条款

· 总赞助

· 特别协办

· 特约协办

附件：

赞助商分类表

×× 年 ×× 世界休闲博览会赞助商征集公告

×× 年 ×× 世界休闲博览会赞助商应征意向文件

互动讨论：

1. 为什么该博览会需要撰写赞助计划？

2. 你认为该赞助计划的纲要全面吗？

第一节 旅游市场营销计划

旅游市场营销计划关系到旅游目的地与旅游企业其他各种计划的制订，是旅游目的地与旅游企业部门计划中最重要的计划之一，其实现离不开有效的市场营销组织。加强旅游市场营销组织建设，灵活机动地调整市场营销组织结构，是旅游目的地与旅游企业在激烈的市场竞争中取胜的关键因素。

一、旅游市场营销计划及其发展历程

市场营销活动是由一系列有组织的人员来进行的，成功的市场运作和市场营销计划的实现，离不开有效的市场营销计划。

（一）旅游市场营销计划

旅游市场营销计划是指在研究目前旅游行业潜力、市场营销状况，分析企业所面临的机会与威胁，以及现有优势与存在问题的基础上，界定旅游目的地与旅游企业财务目标与市场营销目标、制定市场营销战略、市场营销行动方案等的管理过程。

旅游市场营销计划不仅是企业部门计划中最重要的计划之一，而且其他各种计划都要涉及旅游市场营销计划的内容。

（二）旅游市场营销计划的发展历程

旅游市场营销计划的发展经历了如下几个阶段（见图 10–1）：

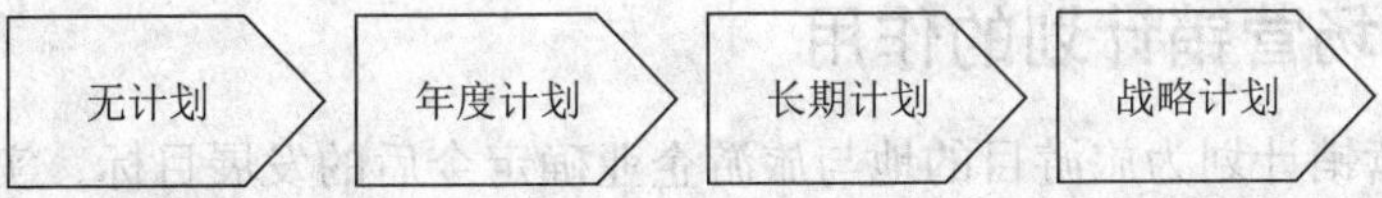

图 10–1　旅游市场营销计划阶段

（1）无计划阶段。新创办的旅游目的地与旅游企业因各项业务尚未步入正轨，往往顾不上制订计划；有一些经营多年的旅游目的地与旅游企业，其企业经理认为没有计划照样能够经营，或认为在市场变幻莫测的环境下，计划往往落后于实际，发挥不了任何作用。这两种情况下，旅游目的地与旅游企业均处于无计划阶段。

（2）年度计划阶段。伴随经营管理经验的日益丰富，旅游目的地与旅游企业管理者开始通过自上而下、自下而上或二者结合的方式制订年度计划，提高企业经营管理水平。但有些旅游目的地与旅游企业经理或主管认为年度计划是为迎合上级需要而制定的，因此往往对计划工作持消极态度。

（3）长期计划阶段。随着旅游市场上同质、同类景区、旅游线路的增加，旅游目的地与旅游企业管理人员意识到在变幻莫测的市场营销环境中需要在制订、执行好年度计划的基础上，编制三年、五年或更长期计划，并随年度计划的执行情况可以对长期计划进行调整。

（4）战略计划阶段。在全球经济动荡不定、营销环境日益复杂的背景下，旅游目的地与旅游企业为了求得长期生存和发展，站在企业战略的高度，从旅游消费者需求出发，制订企业的战略计划。如景区建设往往需要进行长达十年甚至更久的旅游总体规划（见图 10–2）。

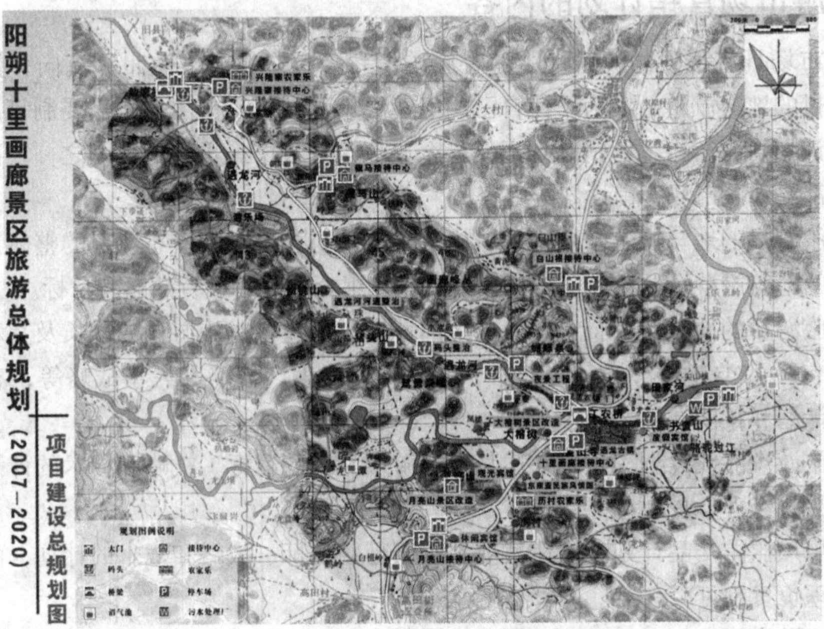

图 10–2　桂林阳朔十里画廊景区旅游总体规划

（引自桂林桂旅旅游规划设计研究院，2006）

二、旅游市场营销计划的作用

旅游市场营销计划为旅游目的地与旅游企业确定今后的发展目标、实现营销战略和行动方案提供了依据，对提高企业未来收入，落实、开展营销工作提供了有力保障。

（1）旅游市场营销计划可以保障旅游目的地与旅游企业营销战略、营销策略组合及其预期目标的落实。制订旅游市场营销计划时，要提前分析企业未来可能面临的机遇和困难，以深思熟虑的决策代替仓促草率的反应，从而提高企业适应千变万化的市场环境变动的能力，为其他经营管理活动提供依据。

（2）旅游市场营销计划可以对旅游目的地与旅游企业营销部门起到指导性作用。旅游目的地与旅游企业的市场营销运作依照旅游市场营销计划任务而定，崇高的使命和远大的目标可以激励旅游服务人员，企业内部部门间的协调也围绕着计划而进行。通过计划，可以形成系统累积的努力，达成较高的组织目标。

（3）旅游市场营销计划可以协调旅游目的地与旅游企业各部门、各环节的工作。旅游市场营销计划是旅游目的地与旅游企业内部各部门、各岗位行动的依据，缺乏科学的计划指导，企业活动将会一片混乱。

（4）旅游市场营销计划对计划期内旅游目的地与旅游企业的资源分配起导向性作用。一个旅游目的地与旅游企业在制订营销计划时，会集中每个人的智慧，运用先进科学的方法，结合企业自身资源情况，对各类资源进行合理分配，提高效率，在计划期内完成企业营销目标。

三、旅游市场营销计划的内容

旅游市场具有很强的波动性，随着旅游消费者需求、游客数量、流向、构成的变化，旅游目的地与旅游企业为了使自己的经营决策保持正确的方向，需要制订严密、科学的营销计划。旅游市场营销计划不仅是企业部门计划中最重要的计划之一，而且其他各种计划都要涉及市场营销计划的内容。

（1）旅游目的地与旅游企业计划。旅游目的地与旅游企业所有业务的整体计划，包括旅游目的地与旅游企业任务、增长战略、业务组合战略、投资战略和目标。

（2）旅游目的地与旅游企业各业务部门计划。描述各类旅游业务增长及其利润增长的计划，包括各类业务市场营销战略、财务战略、生产战略和人事战略等，有短期计划、中期计划和长期计划之分。

（3）旅游产品线计划。它是描述某类旅游产品线的目标、战略和战术的计划，由各个旅游产品线经理负责制订。

（4）单项旅游产品计划。描述某项旅游产品的目标、战略和战术的计划，由各个旅游产品经理负责制订。

（5）旅游市场计划。关于开发特定旅游行业市场（如食、住、行、游、购、娱）或地区市场并为之服务的计划，由各个市场经理负责制订。

（6）旅游目的地与旅游企业职能计划。是一种关于旅游目的地与旅游企业某项主要职能或在该职能下的子职能计划，如旅游市场营销计划、景区开发计划、人力资源计划、经营财务计划等以及在旅游市场营销计划下的广告计划、销售促进计划、宣传计划等。

四、旅游市场营销计划书

旅游市场营销计划书是一份总结营销人员对旅游市场的了解状况、揭示旅游目的地与旅游企业为达到营销目标而作出计划的书面文件，时效通常是一年。营销人员在制定旅游市场营销计划书之前，必须对旅游目的地与旅游企业的环境、资源情况进行彻底的调研。

（一）制定旅游市场营销计划书的步骤

第一步：分析当前形势。了解旅游目的地与旅游企业所面临的宏观、微观环境，并分析这些环境因素对企业的影响。

第二步：了解顾客和市场。掌握旅游者的数量、购买行为、购买习惯等以及旅游市场需求情况。

第三步：细分市场，寻找目标市场进行市场定位。以旅游者某一特征为标准细分旅游市场，寻找最大利益的市场，并在此市场上将产品与竞争企业相区别。

第四步：确定营销计划目标。找准企业营销目标，明确营销方案方向。营销目标有两类：一是以满足旅游者需求、树立旅游地形象为目标；二是以实现利润增长为目标。

第五步：制订营销策略和方案。针对目标市场，制定相关营销组合战略，实现营销目标。

第六步：编制营销计划书。结合旅游目的地与旅游企业实际情况，遵循合理、合规、实事求是、可行、可操作的原则，为达到市场营销目标而做的计划。

第七步：根据执行情况进行调整。在计划执行过程中通过信息反馈，对计划进行调整，以适应不断变化的市场环境。

（二）旅游市场营销计划书的结构

旅游市场营销计划书一般包括计划摘要、当前形势分析、营销目标、发展战略、营销组合方案、财务预算、计划控制、改进措施及建议（见表 10–1）。

表 10–1 旅游市场营销计划书的结构

项 目	主要内容
计划摘要	简单描述当前形势、选择的战略、制定的目标、主要的行动步骤和可能的财务结果，占旅游市场营销计划书长度的10%左右，方便高层管理人员在短时间内获得计划的主要内容
当前形势分析	产品类型、历史销售记录、竞争品牌、旅游消费者类型

续表

项 目	主要内容
营销目标	企业整体目标、各个子市场分目标、营销目标
发展战略	列举实现营销目标所需的策略
营销组合方案	产品、定价、促销、分销、市场调研等
财务预算	在执行本计划的基础上，详细的营销预测、支出、成本、收益
计划控制	确定指标，衡量计划执行过程，找出差异，分析原因，解决问题
改进措施及建议	提出计划执行过程中的改进性意见，进一步指导计划的执行

（三）撰写旅游市场营销计划书的要求

（1）语言简洁，内容精练。旅游市场营销计划书不宜过长，整个计划书一般以25~30页为宜。文字简明扼要，避免含混不清的词句；涉及一些如销售额、市场占有率等指标时，要用数字说明问题，数据、专业术语确保准确无误。

（2）层次清晰，重点突出。以科学规划为前提，以营销目标为目的，按照计划书的撰写思路，逐级逐层展开，突出营销计划重点，层次分明，条理清晰。

（3）预测结果详细符实。预测带有一定的假性，为保证预测结果与实际情况吻合，提高预测的真实性，预测时必须考虑旅游目的地与旅游企业经营管理中遇到的各方面因素及各种情况，依据准确、完整的资料，客观的预测结果。

【相关链接】

范例：某景区年度市场营销计划书

一、计划概要

·年度门票收益60万元。

·新建不同规模景区1个。

·现有景区在旅游市场中具有一定知名度。

二、营销状况

目前，该景区在旅游市场中受同类景区牵制，但游客需求总量还是比较可观的。随着人民生活水平的不断提高，景区在现有市场中发展潜力很大。从景区的销售渠道来看，大部分采用旅行社作为经销商的模式。目前景区在区域产品市场上的基础比较薄弱，管理团队还比较年轻，品牌影响力还需要巩固与拓展。在销售过程中必须要非常清楚企业的优势，并加以发挥使之达到极致；并要找出企业的弱项并及时提出，加以克服实现最大的价值；提高服务水平和质量，将服务意识渗透到与游客交流的每个环节中，注重售前、售中、售后回访等各项服务。

三、营销目标

1.×× 年以建立完善的销售网络为主，门票收益目标为 60 万元。

2. 跻身一流的景区行列，成为快速成长的成功景区。

3. 以现有景区声誉带动整个旅游产品的销售和发展。

4. 致力于发展分销市场，到 2010 年年底与本地 90% 以上旅行社发展成为业务合作伙伴。

5. 无论精神、体力都要全面投入工作，使工作有高效率、高收益、高薪资发展。

四、营销策略

总的营销策略：全员营销与采用直销和渠道营销相结合的营销策略。

（一）目标市场

遍地开花，各类旅游中间商同时突破，重点发展旅行社，大力发展重点区域和重点旅游代理商，迅速促进旅游产品的销量及销售额的提高。

（二）产品策略

用整体的解决方案带动整体的销售：要求旅游产品能形成完整的解决方案并有成功的案例，由此带动全线产品的销售。

（三）价格策略

1. 以高品质、高价格、高利润空间为原则。

2. 制定较现实的价格表：价格表分为两层，媒体公开报价和市场销售的最低价。

3. 制定较高的月返点和季返点政策，以控制营销体系。

4. 严格控制价格体系，确保一级分销商、二级分销商、最终用户之间的价格距离及利润空间。

5. 为了适应市场，价格政策又要有一定的灵活性。

（四）渠道策略

将主要精力放在开拓渠道分销上，各级人员主攻各自负责的市场，完成自己的营销定额。

五、营销方案

1. 整合各种资源，建立完善的销售网络。

2. 培养一批好客户，建立良好的社会关系网。

3. 建设一个好的营销团队。

4. 选择一套适合景区的市场运作模式。

5. 抓住景区旅游资源的特点，寻找景区的卖点。

6. 采用直销和经销相结合的市场运作模式。

7. 加强销售队伍的管理，维护各级代理商关系。

8. 根据市场具体情况进行分解下达景区的销售任务；

9. 根据市场情况和竞争对手的销售促进活动，灵活策划一些销售促进活动。

六、配备和预算

1. 营销队伍：全年合格的营销人员不少于5人。

2. 时时进行市场调研、市场动态分析及信息反馈，全力打造一个快速反应的机制。

3. 协调好代理商及经销商等各环节的关系。

4. 确立营业预算与经费预算，经费预算的决定随营业实绩做上下调节。

第二节　旅游市场营销组织与部门

一、旅游市场营销组织的含义

旅游市场营销组织是指旅游目的地与旅游企业内部涉及旅游市场营销活动的各个职位及其结构。旅游目的地与旅游企业为了实现营销目标和企业任务，必须通过职能分配和人员分工，授予相关人员相应的权利与职责。

第一，旅游市场营销组织是旅游目的地与旅游企业营销管理活动的实施主体。为了实现市场营销计划目标，有序地、有效地开展市场营销活动，需要旅游目的地与旅游企业的各组织部门共同协调、分工合作。这些从事旅游市场营销活动的组织部门都属于旅游市场营销组织。

第二，旅游目的地与旅游企业面临的内外部环境不同，营销目标和任务也不尽相同，因而各个旅游目的地与旅游企业的营销组织职能结构也有所不同。出于各种因素的影响，旅游目的地与旅游企业或旅游目的地对旅游市场营销组织的划分是不同的。即使旅游目的地与旅游企业在组织结构中设有专门的旅游市场营销部门，企业的所有营销活动也不是全部由该部门来完成的；同样，并非每个旅游目的地与旅游企业都必须设置专门的市场营销组织，规模较小的旅游目的地与旅游企业销售量少，从实际效益和营销成本考虑，没有必要设置专门的市场营销组织，当然，这并不意味着小型旅游目的地与旅游企业就不需要进行旅游市场营销活动了。因此，旅游市场营销组织的范围是难以明确界定的。

由于旅游目的地与旅游企业中所有的旅游项目都是由人来承担完成，对旅游目的地与旅游企业而言，为了给旅游消费者一次完整、美好的经历，旅游过程中企业对人的管理比组织结构的设计更为重要。所以，旅游市场营销组织也被理解为各个市场营销职位中人的集合。判断旅游市场营销组织的好坏主要是看旅游从业人员的素质，而不单单是看组织结构的设计。

二、旅游市场营销组织的目标

（1）快速应对旅游市场需求。旅游消费者的需求是在不断变化的，旅游目的地与旅游企业的市场营销组织应该适应外部环境，并对市场变化作出积极反应。组织部门人员通过多渠道为旅游目的地与旅游企业提供各种市场信息，了解到市场变化后，企业的反应则涉及整个营销活动。

（2）提升旅游市场营销效率。为避免旅游目的地与旅游企业内部部门间的矛盾冲突，旅游市场营销组织要充分发挥其协调和控制的职能，确定各自的权利和责任。

（3）维护旅游消费者利益。旅游业是特殊的服务行业，旅游目的地与旅游企业在经营中应把旅游消费者利益放在第一位。这项责任主要由旅游市场营销组织承担，通过市场营销人员对旅游消费者了解的信息反馈，旅游目的地与旅游企业提供各种产品满足旅游消费者需求，确保旅游消费者的利益不受损害。

三、旅游市场营销部门的演变

旅游企业的市场营销部门是执行营销计划、满足服务购买者的职能部门，组织形式主要受宏观营销环境、企业营销管理哲学以及企业自身所处的发展阶段、经营范围、业务特点等因素的影响，大致经历了单纯的销售部门、兼有附属职能的销售部门、独立的旅游市场营销部门、现代旅游市场营销部门、现代旅游市场营销企业五个阶段。

（1）单纯的销售部门。一般说来，企业都是从财务、生产、销售和会计这四个基本职能部门开始发展的，旅游目的地与旅游企业也不例外。财务部门负责融资，生产部门负责制造，销售部门通常由一位副总经理负责，管理销售人员，并兼管若干营销调研和广告宣传工作，对产品的类型、质量等问题几乎没有任何发言权。

（2）兼有附属职能的销售部门。随着市场竞争的日趋激烈，大多数旅游目的地与旅游企业的营销观念由原来的产品观念转变成推销观念。旅游目的地与旅游企业需要进行经常性的市场营销调研、广告宣传以及其他促销活动，这些工作逐渐变成专门的职能。当工作量达到一定程度时，便会设立一名旅游市场营销主任，由其负责这方面的工作。

（3）独立的旅游市场营销部门。随着营销调研、广告促销和客户服务等旅游市场营销职能的重要性日益增强，旅游目的地与旅游企业设置一个相对独立的平行于销售部门的市场营销部门，作为市场营销部门负责人的市场营销副总经理同销售副总经理一样直接受总经理的领导，成为平行的职能部门，在具体工作上，销售和市场营销部门需要密切配合。

（4）现代旅游市场营销部门。由于销售副总经理和市场营销副总经理在营销过程中行为方式、侧重点不同，他们之间往往形成的是一种彼此敌对、互相猜疑的关系。协调销售部门和市场营销部门之间的矛盾冲突，形成了现代旅游市场营销部门的基础，即由旅游市场营销副总经理全面负责，下辖所有市场营销职能部门和销售部门。

（5）现代旅游市场营销企业。旅游目的地与旅游企业提供的旅游产品具有无形性，质量的高低是没有办法用统一标准来衡量的。只有当企业内部所有员工都意识到企业一切工作都是“为旅游消费者服务、为旅游消费者营造难忘的旅游经历”时，这个企业才称得上是一个“以旅游消费者为中心”的现代旅游市场营销企业。

四、旅游市场营销部门和其他部门的关系

为确保实现旅游目的地与旅游企业的整体目标，企业内部所有职能部门都应以“满足旅游消费者”这一原则为中心，致力于旅游消费者需求的满足。市场营销部门是最了解旅游消费者需求的，所以更应该在日常活动中向其他职能部门灌输这一原则。但实际工作中，由于市场营销部门经理权力有限，往往在市场目标以及旅游产品的开发等方面与其他相关部门发生分歧。

（一）旅游市场营销部门与相关部门的分歧

（1）与景区开发建设部门。旅游目的地与旅游企业希望开发新类型景区吸引旅游消费者，但常因开发建设部门和市场营销部门关系不好而以失败告终。景区开发建设部门负责运用切实可行的技术手法，来设计、开发新景区。设计师们更关心景区建设成本费用的节约以及工程技术的简化、施工质量。但是市场营销人员倡导景区内旅游资源多样化、新奇化，设计师们便会与之发生冲突。他们认为营销人员只要求旅游资源外形美观，而不注重其施工技术和环境保护，是一群做事浮躁、夸夸其谈的人，不值得加以信任。若市场营销人员具有工科学历背景并能有效地与设计师沟通就不会出现上述问题。

（2）与财务部门。市场营销人员申请营销经费时，无法具体说明用于宣传、促销活动和推销人员的开支能够为企业带来多大销售利润，便会引起财务人员怀疑。他们认为市场营销人员所作的预测是随意编造的，没有真正考虑经费与销售利润的关系；市场营销人员急于大幅度削价是为了获得订单而不是真正为了盈利。而市场营销人员认为，财务人员控制资金太紧，拒绝把资金投入到长期的潜在市场开发中去，他们把所有的市场营销经费看作是一种浪费，而不是投资；财务人员过于保守，不愿冒风险，从而使许多好的机遇与其失之交臂。解决这个问题的办法是加强对二者的双向训练，财务管理人员要运用财务工具和理论，支持对全局有影响的市场营销工作。

（3）与会计部门。会计人员认为旅游市场营销人员不能准时提供销售报表，尤其不喜欢销售人员与旅游消费者达成的特殊交易，因为这些交易需要特殊的会计手续；市场营销人员则不喜欢会计人员把固定成本分摊到不同类型旅游产品上去。产品经理认为，他们负责的旅游产品比预期的更能盈利，但分摊给产品的间接费用太多，而使得利润率降低。解决此类问题要求会计部门能按销售渠道、销售区域等编制互不相同的利润和销售额报表。

（二）建设旅游消费者需求导向型企业文化

在旅游业中，为旅游消费者服务、满足旅游消费者需求不仅是市场营销部门的职能，而且是所有部门都应有的职能。旅游消费者需求导向型企业的各部门应具有如下意识：

（1）景区开发建设部门。①倾听旅游消费者意见；②在每一个新项目的设计开发期间，欢迎市场营销部门等其他部门提出中肯的意见；③视竞争景区为“超越基点”，以寻求更好的设计理念；④在市场反馈的基础上，不断完善和改进景区建设。

（2）旅游市场营销部门。①研究每一个细分市场旅游消费者的需求，努力提供更高质量的服务，致力于获得长期潜在市场利润；②经常收集和评估关于改进旅游产品的信息，以更好地满足旅游消费者需要；③积极影响企业所有部门的雇员，使他们在思想上和实践中都以旅游消费者为中心。

（3）旅游产品销售部门。①了解旅游消费者，努力给旅游消费者提供“最贴心的服务和最新奇的产品”；②主动将旅游消费者意见反馈给景区开发建设部门；③尽量为每一位旅游消费者服务更长的时间；④礼貌而迅速地回答旅游消费者所提出的各种咨询问题。

（4）财务部门。①理解并支持市场营销费用支出，以支持市场营销部门的长期市场营销计划；②根据旅游消费者的财务状况制定不同的财务标准。

（5）公关部门。①宣传有利于企业的消息，控制损害企业形象的消息的传播；②充当企业内部的消费者和公众，并不断倡导更佳的企业市场营销战略与实践。

（6）与旅游消费者接触的相关个体。极富能力，谦虚，精神愉快，值得信赖并很负责任。

第三节　旅游市场营销组织类型

食、住、行、游、购、娱构成了旅游业的六大支柱行业，由于他们各自提供不同的旅游产品，使得市场营销组织类型有较大差别。例如，以所在地区居民为主要客源的一些小规模旅游景区，不对外开展经营业务，就无须在其他省、市设置地理性的市场营销组织；像中国国际旅行社、中国旅行社等国际性的旅行社，业务范围广，接待游客多，在全国各地区均设置分社，配备地区性的营销组织负责当地市场业务。

所有的组织形式都要适应营销活动的四个基本方面：功能、地理区域、产品和顾客市场。旅游目的地与旅游企业现代市场营销组织形式都是以满足旅游者的消费需求和有利于市场竞争为中心的，无论旅游目的地与旅游企业采用哪种市场营销组织模式，都必须以旅游市场需求为主导。常见的旅游市场营销组织可以分为专业化组织和结构性组织两大类。

一、专业化旅游市场营销组织

专业化旅游市场营销组织包括以下四种具体的组织形式：

（1）功能型组织。功能型组织是指按不同的旅游市场营销活动功能而建立相应的职能部门。图 10–3 所示为我国旅行社功能型组织结构；图 10–4 所示为国外旅行社（旅游批发商）功能型组织结构。

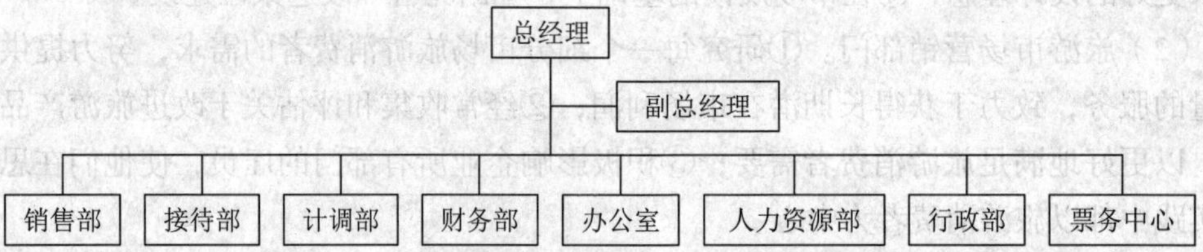

图 10–3　我国旅行社现行常见功能型组织机构

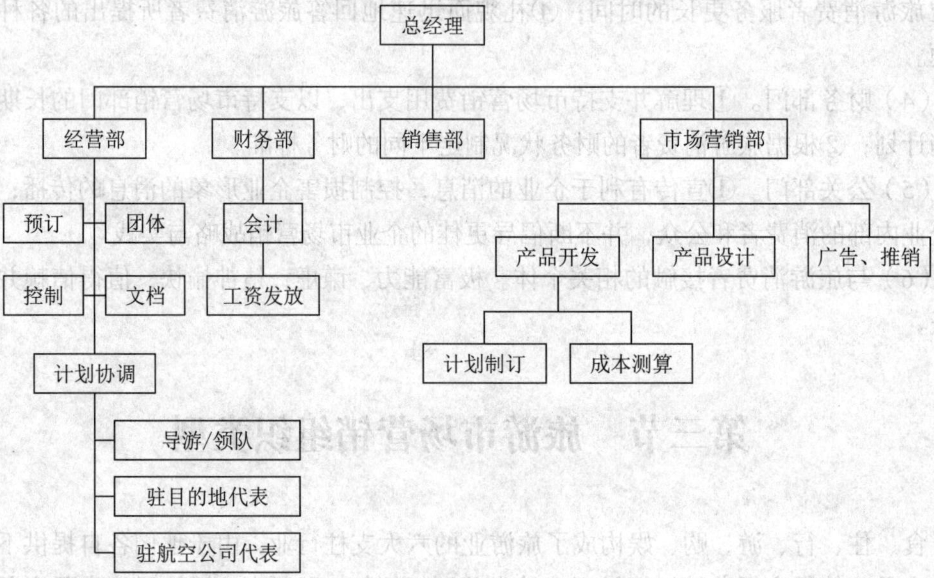

图 10–4　国外旅行社（旅游批发商）功能型组织结构

（2）地理区域型组织。旅游目的地与旅游企业的市场范围通常是跨地区的，不同地区的市场需求特征有所不同，因而一些大型旅游目的地与旅游企业常以地理区域为界安排自己的市场营销组织，从较大区域依次到较小地区设置不同级次的营销机构，并按一定的管理幅度安排人员，形成一个严密的销售网络。图 10–5 所示为我国旅行社现行地理区域型组织结构。

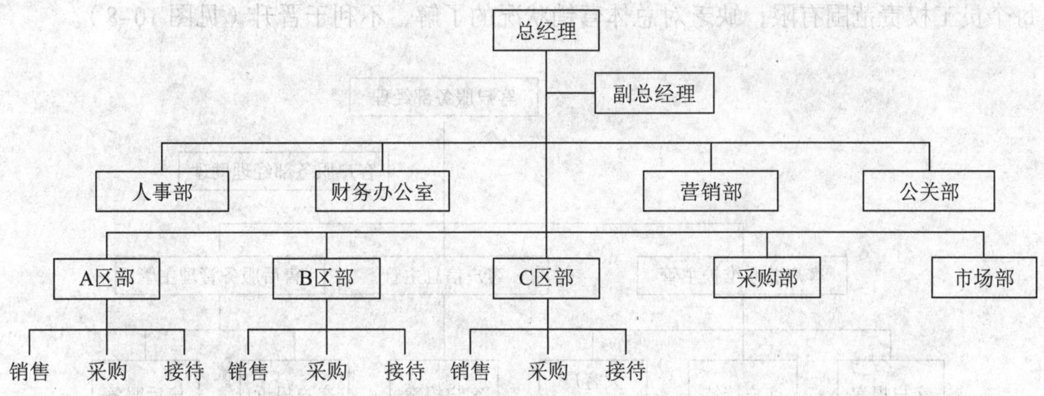

图 10–5　我国旅行社现行地理区域型组织机构

（3）产品管理型组织。当旅游目的地与旅游企业各产品之间差异较大，以致按职能设置的营销组织无法处理的情况下，统一交由营销副总经理领导，协调各职能部门的活动。图 10–6 所示为某饭店产品管理型营销组织结构。

图 10–6　某饭店产品管理型营销组织结构

（4）市场管理型组织。市场管理型组织与产品管理型组织的结构基本相似。图 10–7 所示为某景区市场管理型营销组织结构。

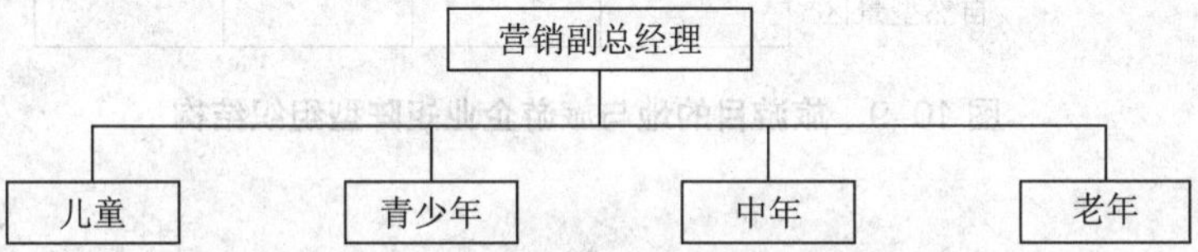

图 10–7　某景区市场管理型营销组织结构

二、结构性旅游市场营销组织

专业化旅游市场营销组织模式从不同角度确立了市场营销组织中各个职位形态，如何协调这些职位，更好地实现市场营销目标，还要分析组织结构与职位之间的相互关系。

（1）金字塔型组织。金字塔型组织是最常见的一种组织结构形式，依据自上而下的垂直领导关系设置组织结构。其特点是上下级权责明确，沟通迅速，管理效率较高；但每个员工权责范围有限，缺乏对总体营销状况的了解，不利于晋升（见图 10-8）。

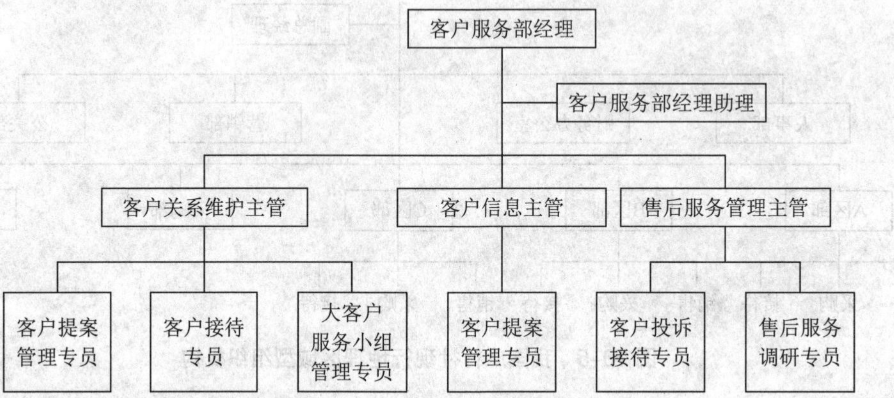

图 10-8　旅游目的地与旅游企业客户服务部通用金字塔型组织结构

（2）矩阵型组织。矩阵型组织是将功能型组织与产品管理型组织结合，形成的纵横双向的领导系统。通过双向沟通，加强了企业各部门间的协作，有利于提高工作效率。但是，双重领导，过于分权，稳定性差，管理成本较高。如图 10-9 所示。

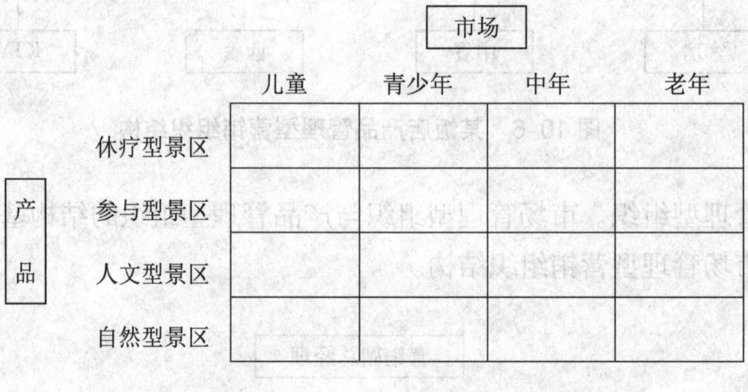

图 10-9　旅游目的地与旅游企业矩阵型组织结构

第四节　旅游市场营销组织设计程序

伴随旅游市场环境的变化，市场营销经理需要不断地对市场营销组织结构进行调整。可以说，设计和发展市场营销组织是旅游目的地与旅游企业每一位市场营销经理的根本任务。旅游市场营销组织设计一般程序如下（见图 10-10）：

（1）分析组织环境。任何一个市场营销组织都是在不断变化的环境中生存，组织生存的环境分为宏观环境和微观环境，组织在整个运营过程中，会受这些环境因素的制约。

（2）确定组织活动及职位。组织有两种类型：一种是职能性活动，涉及组织中的各个部门，范围宽泛。另一种是管理性活动，涉及管理任务中的计划、协调和控制等。设置组织职位时，应着重考虑职位类型、职位层次、职位数量三个方面。职位类型要与组织的需要及企业的内部条件相符；职位层次要对应一定的职位职能；职位数量与职位层次有关，层次越高需要的辅助性职位数量越多。

（3）设置组织结构。依照组织所处的环境及组织内部的职位，设置合适的组织结构。设置时需考虑权力分散程度、各级别所管理的人数。

（4）配备组织人员。结合组织内部人员的文化水平、工作经验、性格特征等合理配备每个职位的人员，并且为每个职位制定详细的工作方案及考核标准。

（5）组织评价与调整。由于受环境变化或组织人员变动等因素影响，旅游市场营销经理需要经常检查、监督组织的运行状况，并及时加以调整，使之不断得到发展。

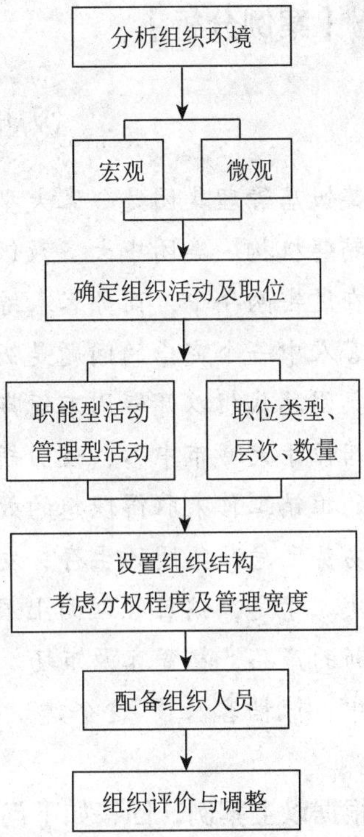

图 10-10 旅游市场营销组织设计一般程序

旅游市场营销组织的设计经历上述几个步骤，市场营销经理需根据程序完成组织的建立，一个合理、有效的组织能够对变幻莫测的市场做出及时的反应，适应旅游的需求，进一步满足旅游消费者求新存异的愿望。

【复习思考题】

1. 简述旅游市场营销计划经历了几个发展阶段。
2. 旅游市场营销计划的作用有哪些？
3. 简述旅游市场营销计划的内容。
4. 简述旅游市场营销计划书的基本结构，并阐述制定旅游市场营销计划书的步骤。
5. 如何撰写一份景区市场营销计划书？
6. 简述旅游营销组织设计的一般程序。

【案例分析】

饭店周末市场的市场营销计划

某饭店管理集团是一家大型饭店连锁公司，在国内的几个主要大城市都设有连锁饭店和销售机构。集团中大多数饭店属商务性饭店，主要接待来自国内外的高层次商务客人。在过去两年中，商务客人综合消费水平高，给各饭店带来了较好的收益。但在接待商务客人中一个突出的问题是饭店每周一至周四生意较好，周五至周末生意却清淡。为此，集团总裁想以开辟周末短期度假市场来提高各饭店周末的销售收入。然而该集团多数饭店位于大城市中心，吸引短期度假客人的环境和条件不很理想，所以周末短期度假市场的推销工作未取得理想的效果。集团的销售经理意识到，在激烈的竞争中，这个严重的劣势已危及集团的生存、发展，必须引起集团高级管理层的重视，并尽快想办法加以解决。于是，销售经理向上层领导提出了自己的想法："饭店应该适当转变经营方向，开发新的产品，拓宽客源市场。这意味着饭店不仅仅要接待高档次的商务客人，而且要面向中、低档客人。"这个建议得到高层领导的肯定，并聘请集团的特别项目经理负责此事。

根据以上案例，回答如下问题：

1. 你认为集团的销售经理所提的想法合理吗？为什么？

2. 假设你是那位集团的特别项目经理，应该从哪些方面来撰写有针对性的周末市场营销计划书？

第十一章 旅游市场营销执行与控制

本章导读

计划执行的好坏，直接关系到企业目标的实现。为了更好地、合理有效地执行计划，必须对计划的执行情况进行监控，根据监控结果及时调整市场营销战略。通过本章内容学习，要了解旅游市场营销计划执行的业务流程，并掌握旅游市场营销控制的基本原理与方法。

【学习目标】

1. 理解旅游市场营销计划执行常见的问题及其原因。
2. 熟悉旅游市场营销计划执行业务流程。
3. 掌握旅游市场营销控制的基本方法。

【导入案例】

广西旅游铁路“大篷车”（旅游专列）巡游宣传促销活动

广西壮族自治区区政府通过新颖独特的旅游铁路“大篷车”巡游宣传促销活动，有针对性地对国内主要客源及潜在客源省区湖南、湖北、河南、陕西、甘肃、新疆进行大规模旅游宣传，向当地旅游界和公众展示广西丰富多彩的山水风光、名胜古迹、民族风情和边关风貌，宣传广西旅游产品，吸引更多的游客到广西旅游。同时，向沿途省（区）市学习发展旅游的经验，向广西宣传沿途省（区）旅游。

一、活动内容和形式

（一）将广西旅游铁路“大篷车”（旅游专列）车厢进行整体装饰，突出广西整体旅游形象与特色，通过特殊的装饰效果，利用火车车体巡游进行广西旅游形象宣传。

（二）选择广西铁路“大篷车”（旅游专列）经停的主要城市，在市区公众场所举办广西旅游宣传系列活动。主要是举行广西少数民族风情表演、旅游图片展、旅游宣传咨询，散发广西旅游宣传资料等。

（三）在沿途省会城市举办广西旅游推介会，邀请当地有关部门领导、新闻媒体、旅游界人士参加，向他们展示和推介广西丰富多彩的旅游资源和旅游产品。

二、宣传口号

（一）游广西奇山秀水、体验八桂民俗、戏北部湾海滨、览中越边关风貌、寻宗教名胜古迹

（二）游广西，访甲天下绿色诗境家园

（三）游广西，上山下海可出国

（四）游广西，神奇的桂林山水、多彩的壮乡民俗、神秘的中越边关、迷人的北海银滩

思考：

你认为在旅游铁路“大篷车”（旅游专列）巡游宣传促销活动中，政府执行力的表现如何？

第一节　旅游市场营销计划执行

旅游市场营销计划执行是将市场营销计划转化为具体行动方案的过程，并保证这种任务的完成以实现计划的既定目标。旅游市场营销计划执行是解决“由谁去做”“在什么时候做”和“怎样做”的问题。

一、旅游市场营销计划执行中的问题及原因

（一）计划与实际脱节

如果计划的实际实施过程中缺乏具体的要求，营销计划往往被旅游企业当成“纸上谈兵”。旅游目的地与旅游企业的市场营销战略和市场营销计划由企业内部上层专业计划人员制订，由市场营销人员执行，由于这两类人员之间往往缺少必要的沟通和协调，导致下列问题的出现：

（1）制订计划的人员只考虑总体战略，忽视计划执行过程中的细节，结果使计划过于笼统，流于形式。

（2）计划制订人员只注重旅游目的地与旅游企业的营销目标，不了解执行过程中的

具体问题，致使计划脱离实际情况。

（3）旅游企业在实施营销计划时，并没有落实到具体的制度上，一方面旅游营销人员找不到开展工作的规范，无法衡量自身业绩的好坏；另一方面部分人员只是满足于现状，不能按照要求开展工作。

（4）计划制订人员和计划执行人员之间缺乏交流与沟通，致使计划执行人员无法完全理解他们所要完成的计划内容。

（5）计划制订人员与计划执行人员产生对立矛盾，使计划执行的结果不尽如人意。

（二）长期目标和短期目标的矛盾

市场营销战略着眼于企业的长期目标，但是执行人员为了获得良好的工作绩效往往注重短期目标，忽视或者无视长期目标的指导意义，这也是很多旅游目的地与旅游企业目前面临的一个棘手问题，如何求得二者的协调发展，是许多旅游目的地与旅游企业需要探索研究的问题。

（三）营销计划缺乏过程管理

在营销计划的执行过程中，往往最受关注的是一些硬指标，如销售额、知名度等，而市场价格体系、市场秩序、与竞争对手的对比等软指标往往会被忽视，也就是说在营销计划执行时，缺乏对执行过程进行系统管理，就算达到了硬指标，但软指标中存在的问题将会对企业造成根本性的伤害。营销计划执行时只重视结果，而不重视达成结果的过程。

（四）营销计划执行过程中缺乏整合和协调

（1）营销计划执行的各部门各自为战。主要表现在旅游企业各个职能部门之间，如市场部门和销售部门等，这在很大程度上依赖于合理的营销组织架构，也就是如果组织架构落后于企业发展的要求，就会限制营销计划的有效执行。

（2）不同部门对营销计划的理解不同。造成这个问题的因素主要在于旅游企业内部的沟通渠道不通畅，对于营销计划实施效果的衡量标准不统一。

（3）执行过程中缺乏统一的协调。这主要是在营销计划执行过程中，缺乏一个领导部门来推动整个计划的进行，各部门的本位主义比较严重，职能性的部门结构影响到了企业整体业绩的实现。比如，就多产品结构的旅游企业而言，对于不同种类的产品总是缺乏管理的。各个部门只是注重各自一块职能工作的完成，而对于一个产品的发展过程却缺乏一个综合的管理，从而造成各个部门的专业优势并没有转化为企业的整体优势，有可能还会造成企业资源的损耗和业绩的衰退。

（五）企业业务流程不合理

（1）营销计划执行过程中的业务流程过于复杂。由此造成旅游企业的反应速度降低，整个业务运作过程效率低下，使营销计划的时效性不能体现。

（2）执行过程中的审批环节过多。这一方面造成对市场机会的丢失；另一方面影响了营销人员积极性的发挥，不利于发挥其主动性和灵活性，也不能充分保证营销计划执行的有效性。

（3）执行过程中各部门的业务分配不合理。这主要是指部门之间的职能分配模糊，没有贯彻最大化提高效率的原则，在营销计划执行过程中出现专业技能不够或者是承揽了过多的职能，使营销计划无法得以有效执行。

（六）企业分支机构对区域营销计划缺乏系统性

（1）区域营销人员的专业技能有欠缺。对总部下达的营销计划无法进一步规划，对整个区域市场缺乏整体性的计划，对各个小区域之间也缺乏系统的拓展计划，造成整体营销计划一到下面就开始变形，无法真正落实。

（2）区域人员注重结果而不注重过程。由于部分企业的销售政策导向是以销量为核心，因此区域人员也会只注重结果而不关心过程，他们采取的措施都是短期内提高销量的，但是否能满足营销计划的战略要求则不在考虑之中。

（七）因循守旧惯性的制约

为了迎合变化的市场环境，旅游目的地与旅游企业会制订新的市场营销计划。在执行的最初阶段，新计划有时会与旅游目的地与旅游企业经营管理的传统和习惯相冲突，执行新计划可能遇到阻力。要想执行与旧战略截然不同的新计划，常常需要改变旅游目的地与旅游企业传统的组织机构和供销关系。

二、旅游营销计划执行的业务流程

（一）对营销计划重点目标的确定

重点目标决定着业务开展的重点倾向，这是确定关键业务流程的前提，一方面给出了核心业务的方向，另一方面则为衡量业务流程优劣提供了一个标准。

（二）对关键营销业务流程的界定

关键营销业务流程是关系着营销计划目标能否实现的核心流程，如营销推广流程、订单处理流程、销售储运流程等，都会直接影响到营销计划目标的实现。当然不同的行业和产品有不同的业务流程，但是在一些关键环节上是有共通性的，因此企业一定要重点抓住这些关键业务流程。旅游市场营销计划的执行需要明确的执行方案进行指导，遵循科学、合理的执行步骤，才能完成计划的预期目标。

旅游市场营销计划的执行，包括以下六个关键业务流程：

（1）制订行动方案，明确决策与任务，落实具体的完成时间，并分配给个人。

（2）结合旅游企业自身环境、特点，建立与战略相一致的组织机构，明确组织内部人员分工，协调人员行动。

（3）为企业人员设置评估及报酬制度。

（4）开发人力资源，建立人员的考核、选拔、安置、培训和激励制度，确定完善的工资、福利和奖惩制度，合理分配人员比例。

（5）建设企业文化，提出企业内部全体人员共同持有和遵循的价值标准、基本信念和行为准则。

（6）确定企业管理风格，是由旅游企业高层领导一人发号施令的“专权型”，还是由员工共同参与的“参与型”。

三、对营销计划执行过程的评估

（1）目标评估。对旅游企业营销计划执行过程的综合目标、硬性目标和软性目标的完成程度进行评估，随时掌握营销计划的实施进度。

（2）过程评估。对销售人员的工作方式和效率进行评估，了解旅游企业销售工作中存在的问题，为销售人员提供销售指导。

（3）投入产出评估。对营销计划执行的效率进行评估，同时衡量旅游企业营销计划对企业带来的效益，并且对这种效益所体现的价值程度进行判断。

（4）推广效果评估。对实际执行过程中销售人员在营销战术的创造性方面进行评估，衡量旅游企业现行推广方式对营销计划所起的作用，并且评估推广方式的价值，有无可能在更大范围内进行推广。

（5）执行政策评估。对销售人员执行营销计划的到位程度进行评估，一方面了解旅游企业销售人员对营销计划的认同程度，另一方面了解旅游企业销售人员对营销计划的重点有无把握，同时也评估政策是否有助于旅游企业营销业务活动的开展。

（6）竞争对比评估。对竞争对手的营销工作进行评估，重点是树立标杆，对旅游企业营销计划的各个环节与竞争对手进行对比，找到真正的差异或差距，进一步提高营销计划的针对性。

四、旅游市场营销计划执行技能

为了完成旅游市场营销计划目标，有效地执行旅游市场营销计划方案，旅游目的地与旅游企业各部门必须具备以下四种能力：

（1）配置技能。要求市场营销经理在职能、政策和方案三个方面，具备配置时间、资金和人员的能力。

（2）调控技能。要求旅游企业具备对年度计划、收益率、效率控制和战略控制的能力。

（3）组织技能。要求旅游企业内部各组织具备有效开展营销活动的能力。

（4）互动技能。要求旅游企业的营销人员具备一定的社会感召力，能够激励企业内部与外部共同为实现计划目标而努力。

第二节　旅游市场营销控制

在营销计划执行过程中，管理者需要经常对执行情况进行检查，看看计划与实际是否一致，如果不一致或没有完成计划，就要找出原因，并加以改正，以保证计划的顺利完成，这就是所谓的市场营销控制。

旅游市场营销控制是旅游企业用于跟踪旅游营销活动过程的每一个环节，确保能够按照计划目标运行而实施的一套完整的工作程序。旅游市场营销控制主要包括年度计划控制、盈利能力控制、效率控制和战略控制四种类型（见表 11–1）。

表 11–1　旅游营销控制的四种类型

控制类型	主要负责人	控制目的	控制方法
年度计划控制	营销管理者 营销审计人员	检查实际结果与计划目标是否一致	销售分析、营销费用率分析、市场占有率分析、财务分析、旅游消费者态度追踪
盈利能力控制	营销审计人员	检查旅游目的地与旅游企业的盈利情况	分析产品、销售区域、顾客群、渠道、销售规模等各方面的盈亏情况
效率控制	职能管理者 营销审计人员	管理销售人员及分销、促销、广告	销售人员效率控制、分销效率控制、促销效率控制、广告效率控制
战略控制	高层管理者 营销审计人员	检查战略计划是否符合旅游目的地与旅游企业未来发展趋势	营销效益考核 道德与社会责任考核 营销审计

一、年度计划控制

年度计划控制是指旅游目的地与旅游企业在本年度内采取有效控制手段，检查实际的销售、分销、促销等方面的绩效与计划之间是否存在一定偏差，并采取改进措施，以确保市场营销计划目标的实现，控制的中心是目标管理。年度计划控制主要包括四个步骤（见图 11–1）：

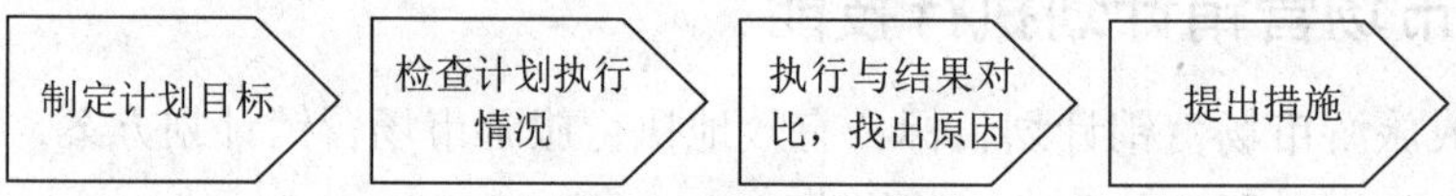

图 11–1　年度计划控制步骤

借助年度计划控制，推动旅游目的地与旅游企业的发展，帮助企业及时发现问题并妥善解决，从而有效地监督各部门的工作，并作为最终年度考核的依据。常用的年度计划控制方法主要有销售分析法、市场占有率分析法、市场营销费用分析法、财务分析法、旅游消费者态度追踪法。

（一）销售分析法

销售分析法主要用来确定不同因素对造成销售差距的影响程度。

例如，某景区在年度计划中规定，景区门票第一季度售出 10000 张，每张 20 元，总销售额 20 万元。季末实际售出 8000 张，价格降为 15 元，总销售额为 12 万元，比计划销售额少了 20%，差距为 8 万元。显然，其中既有价格下降的原因，也有销售额减少的原因。但是，二者各自对总销售额的影响程度又是多少呢？其计算如下：

售价下降的差距 =（S_p–A_p）A_Q=（￥20.00–￥15.00）× 10000= ￥50000

售价下降的影响 = ￥50000 ÷ ￥80000 × 100%=62.5%

销量减少的差距 =（S_Q–A_Q）S_P=（10000–8000）× ￥15.00= ￥30000

销量减少的影响 = ￥30000 ÷ ￥80000 × 100%=37.5%。

式中，S_P为计划售价；A_p为实际售价；S_Q为计划销售量；A_Q为实际销售量。

由此可见，没有按照原计划价格出售，是造成景区销售差距的主要原因，因此需要进一步深入分析销售量减少的原因。

（二）市场占有率分析法

市场占有率分析法可以用来衡量旅游目的地与旅游企业在竞争环境下所处的状况。若市场占有率提高，说明企业较其他竞争者的情况好；如果下降，则说明相对于竞争者其绩效较差。衡量市场占有率有三种方法：

（1）全部市场占有率。全部市场占有率即以旅游目的地与旅游企业的销售额占全行业销售额的百分比来表示的市场占有率。使用这种测量方法必须作出两项决策：一是要以单位销售额来表示市场占有率；二是正确认定行业的范围，即明确本行业所应包括的产品、市场等。

（2）可达市场占有率。可达市场占有率即以旅游目的地与旅游企业的销售额占企业所服务的市场的百分比来表示的市场占有率。所谓可达市场，一是旅游企业产品最适合的市场；二是旅游目的地与旅游企业市场营销努力所及的市场。

（3）相对市场占有率。相对市场占有率即以旅游目的地与旅游企业销售额相对于旅游市场的领导者或最大的三个竞争者的销售额总和的百分比来表示的市场占有率。

（三）市场营销费用分析

市场营销费用分析是为了保证企业在达到销售目标时的营销费用不透支，是用营销费用与销售额之比来计算是否透支的分析方法。旅游目的地与旅游企业从销售额中拨出一定比例作为营销费用，管理者需要对这些营销费用比率进行管理和监控，以保证营销费用控制在规定范围内。如超过正常幅度，要加以控制和纠正。

（四）财务分析法

市场营销管理人员应就不同的费用对销售额的比率和其他的比率进行全面的财务分析，以决定企业如何以及在何处展开活动，获得盈利。尤其是利用财务分析来判别影响企业资本净值收益率的各种因素。

（五）旅游消费者态度追踪法

旅游业提供的产品大多是属于服务性的，所以旅游目的地与旅游企业需要追踪旅游消费者、中间商以及其他市场营销系统参与者的态度。如果发现旅游消费者对本企业和产品的态度发生了变化，企业管理者就要利用各种措施，扭转旅游消费者的态度。旅游目的地与旅游企业一般主要利用以下方法追踪旅游消费者的态度。

（1）建立意见收集系统。每完成一次旅游活动，旅游消费者对目的地都会留下不同的印象。旅游目的地与旅游企业应该重视收集旅游消费者书面或口头的意见并进行记录、分析，作出适当的反应。对不同的意见应该归类分析，严重的应该提早预防。旅游目的地与旅游企业应该鼓励旅游消费者提出批评和建议，只有这样，才能全面掌握旅游消费者的态度，帮助企业更好地制定市场策略。

（2）固定顾客样本。旅游目的地与旅游企业可以选定一些具有代表性的旅游消费者，由他们组成固定的调查样本，企业定期地向他们发放问卷或者电话访问了解其态度。

（3）旅游消费者调查。旅游目的地与旅游企业定期地随机调查一些旅游消费者，通过分析他们填写的问卷调查表，企业可以及时发现问题，并及时予以纠正。

二、盈利能力控制

所谓盈利能力控制即旅游目的地与旅游企业综合衡量比较不同产品、不同销售区域、不同顾客群体、不同渠道以及不同订货规模的盈利能力，为旅游目的地与旅游企业调整营销组合策略提供依据。

（一）市场营销成本

市场营销成本直接影响企业利润，它由如下项目构成：

（1）促销费用。包括广告费用、宣传费用、人员推销费用、打折、折扣、旅游博览会等费用。

（2）仓储费用。包括有形旅游产品的折旧费、保险费、包装费、存货成本等以及旅游设施维护费等。

（3）其他市场营销费用。包括推销人员的工资、办公费用、维持旅游目的地与旅游企业正常运转的必需费用等。

（二）盈利能力指标

追逐利润是旅游目的地与旅游企业最重要的任务。企业盈利能力历来被市场营销管理人员高度重视，在市场营销管理中占有十分重要的地位。

（1）销售利润率。销售利润率是指利润与销售额之间的比值，是评估旅游目的地与旅游企业盈利能力的主要指标。

销售利润率＝税后息前利润／产品销售收入净额 ×100%

（2）资产收益率。资产收益率是指旅游目的地与旅游企业所创造的总利润与企业全部资产的比率。

资产收益率＝税后息前利润／资产平均总额 ×100%

（3）净资产收益率。净资产收益率是指税后利润与净资产所得的比率。净资产是指总资产减去负债总额后的净值。这是衡量企业偿债后的剩余资产的收益率。

净资产收益率＝税后利润／净资产平均余额 ×100%

（4）资产管理效率。资产管理效率可通过以下比率来分析：

①资产周转率。该指标是指旅游目的地与旅游企业用资产平均余额去除旅游产品销售收入净额而得出的全部资产周转率。该指标可以衡量企业全部投资的利用效率，资产周转率高说明投资的利用效率高。

资产周转率＝旅游产品销售收入净额／资产平均余额 ×100%

②存货周转率。该指标主要用来衡量有形旅游产品的存货水平。一般来说，存货周转率越高越好，说明存货水准较低，周转快，资金使用效率较高。

存货周转率＝产品销售成本／存货平均余额 ×100%

资产管理效率与获利能力密切相关。获利能力高说明资产管理效率高。获利能力可以用资产收益率表示，即

资产收益率＝资产周转率 × 销售利润率 ×100%

三、效率控制

所谓效率控制是指旅游目的地与旅游企业用来管理销售人员、广告、销售促进及分销的高效方式，目的在于提高人员推销、广告、销售促进和分销等市场营销活动效率。

（一）销售人员效率控制

通过了解销售人员的工作情况，掌握销售人员的工作效果。主要了解以下几个方面：

（1）每个销售人员每天平均的销售访问次数。

（2）每次会晤的平均访问时间。

（3）每次销售访问的平均收益。

（4）每次销售访问的平均成本。

（5）每次销售访问的成本。
（6）每 100 次销售访问后订购的百分比。
（7）每期间的新游客数。
（8）销售成本对总销售额的百分比。

（二）广告效率控制

广告效率控制主要考察广告为旅游目的地与旅游企业带来的收益率。企业进行广告效率控制，涉及以下几方面：

（1）每一种媒体类型、每一个媒体工具接触每 1000 名旅游消费者所花费的广告成本。
（2）游客对每一个媒体工具注意、联想和阅读的百分比。
（3）游客对广告内容和效果的意见。
（4）广告前后对产品态度的衡量。
（5）受广告刺激而引起的询问次数。

（三）促销效率控制

旅游目的地与旅游企业为了了解各种促销手段的效果，改善销售促进的效率，必须进行促销效率控制。旅游目的地与旅游企业应对下列几个方面有所统计：

（1）由于优惠而销售的百分比。
（2）每一项销售额的陈列成本。
（3）赠券收回的百分比。
（4）因示范而引起询问的次数。

（四）分销效率控制

分销效率控制主要针对有形的旅游产品而言，旅游目的地与旅游企业考察企业存货水准、仓库位置及运输方式，并进行分析和改进，以达到最佳配置并寻找最佳运输方式。

四、战略控制

（一）市场营销战略控制

旅游企业为了实现市场营销目标，结合所处的市场环境，制订的行动方案即是所谓的市场营销战略。由于市场营销环境变化很快，往往会使企业制定的目标、战略、方案失去作用。因此，在企业市场营销战略实施过程中必然会出现战略控制问题。战略控制主要是对旅游目的地与旅游企业的营销环境、营销组织、营销目标、营销战略、营销方法和程序等方面进行系统、全面的客观评价，通过检查、分析，发现企业市场营销中存在的机遇和挑战，从而为改进和完善营销活动提供战略性的决策依据。

战略控制的主要工具有：

1. 营销效益考核

企业的营销效益结合顾客哲学、整合营销组织、营销信息、战略导向和工作效率这五个指标，设计营销效益等级考核表，由营销经理和有关部门经理填写，然后将得分相加就得到考核结果。

2. 道德与社会责任考核

旅游目的地与旅游企业提供给旅游消费者的是无形产品，市场没有统一的标准来衡量产品质量的高低，故每个旅游目的地与旅游企业必须遵守社会道德准则，承担一定的社会责任。主要包括：

（1）营销责任。营销者必须对自己行为的后果负责，在营销活动中切实满足所有相关的公众、旅游消费者、组织和社会的需要。

（2）营销交易过程中各当事人的权利与责任。由于旅游产品的无形性，旅游消费者在购买之前，无法感受到产品质量的好坏，这就要求旅游目的地与旅游企业在交易过程中提供的商品和服务是安全的、符合旅游消费者期望的，在履行其责任、财务和其他方面是真诚的，对不合格旅游产品建立整套的改进制度。

（二）旅游市场营销审计

对旅游目的地与旅游企业来说，市场营销审计是对其市场营销环境、目标、战略、组织、方法、程序和业务等进行综合的、系统的、独立的和定期性的核查，以便确定困难所在和各项机会，并提出行动计划的建议，改进市场营销管理效果。旅游市场营销审计实际上是在一定时期对旅游目的地与旅游企业全部市场营销业务进行的总体效果评价。具有全面、系统、独立、定期的特性。主要包括内容（见表 11–2）。

表 11–2 旅游市场营销审计的主要内容

营销审计项目	旅游市场营销审计的主要内容
营销环境审计	影响旅游目的地与旅游企业发展的宏观、微观各种因素
营销战略审计	营销任务、营销目标、企业形象、营销战略、细分市场策略、目标市场的选择、市场营销组合策略
营销组织审计	营销主管人员的能力、销售人员的素质及管理制度、营销部门与其他部门的关系
营销系统审计	市场营销信息系统、市场营销计划系统、市场营销控制系统、新产品开发系统
营销盈利能力审计	不同产品、不同市场、不同地区以及不同分销渠道的盈利能力；某项业务对盈利的贡献率、成本效益分析
营销职能审计	市场营销组合因素

【复习思考题】

1. 旅游营销计划执行的业务流程。
2. 简述市场营销执行的层次。
3. 市场营销审计的含义与内容。
4. 旅游市场营销计划执行中的主要问题有哪些?
5. 旅游营销控制的主要方式。
6. 简述旅游市场营销审计的含义与内容。

【案例分析】

福建旅游形象塑造

在区域旅游形象的塑造中，旅游主题节庆活动往往和形象塑造紧密结合，这是因为一个鲜明、统一的主题往往能在人们心目中构造一个积极的形象。福建充分利用节庆活动来实现其目标：

其一，把福建宣传成一个充满各种吸引物的地方，或树立本地区友好热情、文化多样化或激动人心的形象主题。

其二，通过闽台直航、两岸实现“小三通”等大型焦点事件来吸引公众传播媒介，产生某种光环效应，把福建宣传成一个令人向往的地方。

其三，每年举办好六大旅游节庆活动，使这些活动成为旅游目的地永久性、制度化的旅游识别标志，同时配以一系列小的事件来吸引各种兴趣的游客。

根据以上案例，回答如下问题：

1. 福建省如何打造旅游形象?
2. 宣传与节庆活动的关系如何协调?

第十二章

旅游营销新理论及其应用

本章导读

旅游市场营销正面临日新月异的变化。本章重点介绍绿色营销、关系营销与网络营销等营销新理论、新思维在旅游市场营销方面的运用。

【学习目标】

1. 识记旅游绿色营销的概念与特点，掌握旅游绿色营销实施方法。
2. 理解关系营销内涵与特点，了解旅游目的地与旅游企业营销中的基本关系。
3. 掌握旅游目的地与旅游企业关系营销的实施。
4. 识记网络营销的概念与特点，理解网络营销的优势。
5. 掌握网络营销在旅游业中的运用。

【导入案例】

七彩云南保护行动计划实施“七大行动”

由云南省政府主办、省环保局承办的“七彩云南保护行动计划”计划提出实施“七大行动”：

1. 环境法治行动

加快推进环境法制建设；落实环境保护目标责任制；严格实行环境影响评价制度；按照“谁开发谁保护、谁破坏谁恢复、谁受益谁补偿、谁污染谁付费”的原则，逐步开展排污权交易和生态补偿试点，逐步建立生态效益补偿机制，进一步研究制定有利于环境保护的财税政策；加强基层环境执法能力建设，建成100支技术精良、装备先进、反应迅捷、作风过硬的基层环境监测和监察队伍。

2. 环境治理行动

继续加大以滇池为重点的九大高原湖泊水污染综合治理力度。全面实施“三退三还”工程。到2010年，力争全省新增城市污水处理能力95万吨/日，城市污水处理率不低于70%，城市河流水质明显改善；生活垃圾无害化处理率不低于60%，医疗废物等危险废物得到安全处置。

3. 环境阳光行动

建立和完善环境信息公开制度，维护环境知情权，倡导公众参与，鼓励舆论监督。具体措施为：建立全省环境状况年度分析报告制度；建立和完善重要水体水质、重点城市空气环境质量自动监测系统，安装重点企业主要污染物在线监测或者监控设施；实行企业环境行为公开制度；完善“12369”环保违法行为举报热线。

4. 生态保护行动

开展全省自然生态现状调查，科学编制生态功能区划；全面推行集体林权制度及配套措施改革，逐步建立现代林业产权制度，形成适应社会主义市场经济体制要求的森林管护体系；加强自然保护区的建设和管理；保护生物多样性，建立物种及遗传资源数据库和信息系统，构建保护与持续利用的信息共享平台。

5. 绿色创建行动

开展以环境保护进学校、进社区、进家庭、进机关、进农村、进公共场所为重点的多种形式的绿色创建活动，倡导绿色文明的生活方式，提高全民环境意识。培育1000个绿色细胞，包括100家绿色酒店、200个绿色社区、300个环境友好企业或环境友好工程、400所绿色学校；创建2~3个环保模范城市，创建100个绿色城镇，包括20个生态县（市、区）、30个生态示范区、50个生态乡镇；开展“千村示范、万村整治”活动。

6. 绿色传播行动

加大环境宣传教育力度，引导社会共同参与，营造绿色生产、绿色生活的良好氛围。建立对外推介平台，展示我省良好的生态环境，打造“云南积极保护生态环境，正确处理开发与保护关系”的形象。

具体措施是：昆明市选择100个公交站台、100辆公交车和1000辆出租车，长期开展“七彩云南保护行动”公益宣传；举办“七彩云南”生态环境保护与建设成就展，在各大中城市开展七彩云南保护行动宣传周活动，向省内外展示云南在保护生态、建设环境友好型社会所取得的成就等。

7. 节能降耗行动

调整产业结构，转变经济增长方式，确保到2010年全省单位生产总值能耗下降17%；实施“五个一批”示范工程。

【资料来源】张莲昆．七彩云南保护行动计划实施“七大行动”[N]. 都市时报，2007-01-23.

案例分析：

1. 云南是个旅游兴旺的省份，“七彩云南保护行动计划”对云南旅游有积极作用吗？为什么？

2. 你如何看待环保与旅游的关系？

第一节 旅游绿色营销

在21世纪，“绿色”被视为一种文明的标志，受到全球人类的关注和保护。以绿色为特征，涌现出许许多多的概念，如绿色食品、绿色产品、绿色消费、绿色旅游、绿色文化、绿色产业、绿色营销、绿色组织、绿色汽车、绿色计算机、绿色标志、绿色时代等。其中，绿色营销成为营销界最时髦的话题，也在全球范围内掀起一股“绿色革命风暴”。

英国威尔斯大学肯·毕提教授在其所著的《绿色营销——化危机为商机的经营趋势》一书中指出：“绿色营销是一种能辨识、预期及符合消费的社会需求，并且可带来利润及永续经营的管理过程。”绿色营销观念认为，企业在营销活动中，要顺应时代可持续发展战略的要求，注重地球生态环境保护，促进经济与生态环境协调发展，以实现企业利益、消费者利益、社会利益及生态环境利益的协调统一。

绿色营销是随着环保时代的到来和绿色运动推动，首先在工业生产企业展开的，它已成为企业营销最重要的内容之一。一般认为绿色营销产生于20世纪80年代末、90年代初。可持续发展战略在全球实施，更推动了绿色营销的迅速发展和普及。20世纪80年代末，旅游业引入了绿色营销，欧洲的一些饭店将环境管理纳入企业的整个管理和营销中，如内陆酒店集团等。

一、旅游绿色营销的含义和特点

（一）旅游绿色营销的含义

旅游业以其巨大的发展潜力被誉为“永远的朝阳产业”，21世纪的旅游业，“返璞归真，回归大自然”已成旅游新潮。

旅游绿色营销是指营销主体（包括企业和政府）从可持续发展战略的高度，以经济利益与生态环境利益、旅游消费者利益和社会利益四种利益的统一为原则和目标，进行的市场拓展与管理的行为和过程。

中国旅游业的绿色营销从20世纪90年代中期开始，特别是1999年以来发展较快。起初在一些独资、合资合作饭店展开，生态旅游产品的推出本身也意味着绿色营销的应用。许多旅游目的地也加入了环境管理体系的认证工作。浙江省首先在国内掀起创建“绿色饭店”活动，并创建了《绿色饭店》地方标准（DB33/T 326—2001）。2009年10

月19日至20日云南省委八届八次全委会提出的经济社会发展新的战略目标明确提出，建设绿色经济强省、民族文化强省和中国面向西南开放的桥头堡。

（二）绿色旅游营销的特点

绿色营销是因企业和社会生存环境发生变化而提出的，与知识经济和可持续发展密切相关的一种新的市场营销观念。绿色营销要求以“绿色”为核心，包括以下几个含义。

绿色观念：市场营销的观念是绿色的，以节约能源、资源和保护生态环境为中心，强调污染防治、资源的充分利用、再生利用以及新资源的开发。

绿色行业：绿色营销旅游目的地与旅游企业所属的行业是绿色的，或者说其生产经营的旅游产品是绿色的，具有节约能源、资源，利用新型资源，或者促使资源再生利用等优点。具有自然旅游的环境兼容性，对目的地有很小或没有生态影响。

长期目标：绿色营销强调企业服务的不仅是顾客，而是整个社会，关注的不是近期目标而是长期目标。

环境保护：绿色营销虽然同样需要从大自然中索取，但更注意对大自然的保护，在营销活动的全过程中，时时刻刻注意对环境的影响。

旅游绿色营销与传统的营销观念和方式相比，具有以下几方面的特点：

（1）具有鲜明的时代性。旅游业是个资源型产业，有赖于自然的馈赠和历史遗产，但在现实发展中，旅游业是“无烟产业”已受到质疑。随着旅游业的推进，世界上有许多精美如画但很脆弱的自然环境受到了严重破坏，而且问题变得越来越复杂，这些有损环境资源的现象直接影响到旅游业本身的发展。知识经济时代是社会经济发展的新时代，可持续发展是当代社会一种全新的发展观，旅游绿色营销的理论和实践要以知识经济和可持续发展作为其指导思想，同时以知识和科学技术发展为支持的知识经济，又为旅游绿色营销的实施创造了有利条件。

（2）突出“以顾客为中心”的营销观念。随着经济的不断发展，人们的生活条件有了很大改善，生活水平有了很大提高，消费层次由低层次向高层次递进，由简单的解决温饱型消费向小康富裕型转变。生活方式的改变和生活水平的提高，又使人们的健康意识、环保意识大大加强，形成了维护生态平衡、重视环境保护、提高生活环境质量的“绿色观念”和“绿色意识”。绿色营销正是迎合和满足这一消费需求变化的新营销方式。

（3）体现可持续性营销。绿色营销的目的是实现社会资源、自然资源、生态资源的永久利用，保护和改善生态环境。要实现旅游绿色营销，旅游景区开发、旅游产品设计、旅游质量标准、旅游广告策划及促销方案等方面都必须贯彻“绿色思想”，从而带动绿色产业、绿色产品、绿色消费、绿色意识的发展，形成旅游行业可持续发展的良性循环。

（4）具有综合性。绿色营销对诸如市场营销观念、生态营销观念、社会营销观念进行综合，吸收了各个观念的合理性部分，更加突出了其资源永久利用、经济可持续发展、保护生态环境的核心思想，促进了旅游目的地与旅游企业进一步适应旅游消费者的利益和共同愿望，代表了旅游目的地与旅游企业生存发展和未来行为的方向。

（5）具有示范性。随着绿色营销的实施，绿色产业和绿色消费必将大力发展，反过来将进一步促进人们绿色意识和环保意识的提高，使消费者实现由“不自觉”到“自觉”消费绿色产品的转变，这对社会进步和经济的可持续发展也有着一定的促进作用。绿色营销体现了社会发展和消费需求转变的方向，必将成为未来营销观念和营销方式的主流。

二、绿色旅游营销的发展

我国旅游业要走可持续发展道路，必须加强绿色经营，开展绿色营销。它是使旅游业真正成为与环境友好、和谐的产业；符合旅游消费者希望回归大自然、爱护旅游生态环境的潮流；是旅游业走可持续发展道路的一种极富生命力的营销策略。

（一）绿色旅游产品的开发

绿色景区建设与维护、旅游线路开发是旅游业绿色产品开发的主要方面。绿色旅游产品的开发一方面要考虑的是保护环境，使之对生态环境以及当地的社区生活不产生甚至少产生负面影响；另一方面，也不可忽视绿色交通工具、绿色饭店、绿色餐饮的选择，以及绿色的特色纪念品的设计与开发。

（1）绿色景区。绿色景区，一是指绿色风景区，也特指那些以特殊生态景观为主的旅游区，比如野生动植物园、沙漠景观特区、海洋公园、农家乐、农庄等。二是指景区注意维护风景区内动植物及其他生态资源之间的平衡，在风景区内提倡卫生、安全、文明、优雅的行为举止，实行资源利用的可持续发展等。

（2）生态旅游。生态旅游通常是指旅行社推出的绿色旅游线路。1999 年，我国推出主题活动“生态旅游年”，各地旅行社纷纷推出以宣传环保知识，展示自然生态为主的绿色旅游线路，比如自行车旅游、森林漫游、滑雪旅游、观鸟旅游等，这些旅游产品或注意节约能源，控制污染，或包含丰富科普文化知识，为人们走进自然、认识自然、爱护自然提供了很好的条件。

（3）绿色饭店。饭店是绿色旅游产品中开发较早的旅游目的地与旅游企业，也是绿色旅游产品中很重要的一部分。目前，创建绿色饭店是一种比较好的做法。绿色饭店要求使用空气净化设备，减少一次性清洁用具，使用无污染或少污染的洗涤用品、绿色燃料等绿色设施；房屋建筑用绿色建筑材料，不使用含化学物质的材料和粘接装饰材料。客房地面宜用未经加工的地板原料或天然石料。家具可选择未经加工的木材和玻璃制品或竹藤制品。此外，客房应使用绿色用品，如天然纤维、棉、麻织品的用品，绿色文具，绿色小冰箱，节能灯等。

（4）绿色餐饮。饭店采用绿色食品生产基地开发生产的系列原辅材料，系无污染、绿色营养食品，采购食品从附有检验检疫合格证的正规渠道进货。食品储存卫生规范，按餐饮服务操作规范的要求进行食品的准备、烹制及分餐服务。

（二）绿色旅游产品的价格定位

绿色旅游产品附加了开发绿色产品的知识、劳动和物质投入，因而一般高于传统旅游产品价格的价格。

旅游业绿色价格的制定，首先要树立“环境有偿使用”的新观念，要合理考虑人们求新、求异、崇尚自然的心理因素。绿色产品的经济效益明显高于非绿色产品，如目前一些酒店流行的现榨果汁，价格与罐装饮料相差 3~5 倍，扣除成本的因素，其利润也是罐装饮料的 3~5 倍。

不过，有些倡导绿色旅游的酒店、景区，不主动提供一次性毛巾、一次性牙膏牙刷等洗涤用品，节省了成本，也相应有了一定的降价空间，增强了竞争力。

（三）开展绿色旅游促销活动

旅游业对经济增长具有关键作用，而我国加入 WTO 后又给旅游业发展创造了新的机会。面对国际大市场，我国旅游业的促销就更具必要性。

绿色促销的核心是通过充分的信息传递，在谋求绿色旅游产品与消费者绿色需求的协调中来树立旅游业的绿色形象，实现绿色旅游产品市场份额的不断拓展。

（四）完善绿色销售服务

绿色销售服务是贯穿于绿色营销全过程的服务，是绿色商品市场交易的重要组成部分，也是绿色旅游营销的一个不可分割的部分。在绿色旅游营销中，要坚决维护旅游消费者的合法权益，要充分考虑废弃物的回收和处理的方便性，努力减少污染和二次污染。

（五）加强绿色旅游营销管理

从 1993 年起，国际标准化组织制定了一系列环境管理国际标准（ISO 14000），极大地推动旅游业绿色营销的发展。近两年，我国一些省市开展的创建“绿色饭店”活动以及旅游景区实施的 ISO 14000 认证，为旅游业的绿色营销注入了新的内容。实施绿色营销，争取环境认证，被形象地喻为通往国际市场的“绿卡”，也是我国旅游目的地与旅游企业进军国际市场的“护身符”。

旅游目的地与旅游企业应设立专门的机构，对绿色旅游产品和绿色形象进行监督管理，注意保护旅游资源和环境，使之不断更新和加强。旅游行政管理部门的职能应逐渐由对旅游目的地与旅游企业直接的、微观的管理向间接的、宏观的行政管理转变。

从整体上而言，我国旅游业尚不具备绿色营销意识，传统的、非持续性的销售观念和营销手段在旅游业中居主导地位，从而影响我国旅游营销绿色化的进程，并对我国经济、资源可持续发展战略的有效实施产生着不利影响。随着绿色时代的到来，人们在生产和消费过程中越来越关注资源与环境保护。虽然旅游业不如能源消耗大、污染重的重工业给生态和生物带来的破坏严重，但也会给环境带来不同程度的隐性或显性污染及资源浪费，要想使旅游业真正成为绿色产业，旅游行业必须推行绿色营销。

第二节 旅游关系营销

一、旅游关系营销的概念和内涵

（一）旅游关系营销的概念

美国从事服务营销研究的学者伦纳德·L·贝瑞（Leonard L.Berry）于20世纪80年代提出了关系营销的概念，使人们对市场营销理论的研究，又迈上了一个新的台阶。所谓关系营销，是把营销活动看成是一个企业与消费者、供应商、分销商、竞争者、政府机构及其他公众发生互动作用的过程，其核心是建立和发展与这些公众的良好关系。关系营销理论一经提出，迅速风靡全球。

所谓关系营销（Relationship Marketing），是以系统的理论为指导思想，将企业置身于社会经济大环境之中来考察企业的市场营销活动，认为企业营销活动的实质是识别、建立、维护和巩固企业与顾客及其诸如消费者、竞争者、供应者、分销商、政府机构和社会组织等相关利益主体的关系活动。

旅游关系营销是把旅游营销活动看成是一个旅游目的地与旅游企业与旅游消费者、旅游中间商、竞争者、政府机构及其他公众发生互动作用的过程，其核心是建立和发展与这些公众的良好关系。

（二）旅游关系营销的内涵

旅游关系营销的内涵主要表现在如下几个方面。

1. 多学科理论的交叉运用

旅游关系营销广泛借鉴、交叉运用了系统论和协同学等多种科学理论。

系统论把社会、组织及其他事物都看作是一个个的系统，而这些系统又是由若干子系统所构成的。整个系统的运转就依赖于这些子系统及其构成要素间的相互依赖和相互作用。依据系统论的观点，旅游目的地与旅游企业就是一个由子系统组成的并与其所处环境有可确认的边界的系统，管理者需要了解子系统内部和子系统之间，以及旅游目的地与旅游企业与环境之间的相互关系。旅游目的地与旅游企业营销则需要处理和管理好上述各种关系。

系统学认为，系统的性质的改变是由于系统中要素子系统之间的相互作用所致。任何系统运动都有两种趋向：一种是自发地倾向无序的运动，这是系统瓦解的重要原因；另一种是子系统之间的关联引起的协调、合作运动，这是系统自发走向有序的重要原因。役使原理表明，无序即意味着杂乱无章，存在大量不同的可能性。占据主导地位的序参数迫使其他因素和状态纳入它的轨道，从而使一切事物有条不紊地组织起来。而协同本身是一种自组织能力，这种组织能力是以信息联系为基础、通过反馈控制来实现的。当系统与环境进行物质、能量、信息交换时，自组织能力就体现在控制与调整环境系统内各子系统，使之协同动作，保持系统的和谐有序运转。系统学的这一原理对于研究企业内部及企业与外部环境之间的关系具有重要意义。可以说，协同实际上正是关系营销所要追求的利益。因为系统虽具有自组织能力，但如何减少旅游目的地与旅游企业无序的状态和无序状态保持的时间，对于关系营销来说无疑是一个具有实践意义的课题。

2. 旅游目的地与旅游企业营销理论的革新

传统营销理论强调的是过程性分析，只注重通过一次性交易、有限的顾客承诺来吸引更多的新顾客，追求的是旅游目的地与旅游企业短期利润最大化，实现旅游目的地与旅游企业的盈利目标。

现代营销传播强调双向沟通。首先旅游目的地与旅游企业要了解旅游消费者所拥有的信息形态和信息内容，然后通过某种渠道和方式明确旅游消费者对信息的需要，最后才以适当的方式传递信息。

关系营销是通过与顾客建立良好的合作关系来保留更多的顾客，而不单纯注重一次性交易。因此，更多地着眼于旅游目的地与旅游企业的长期发展，通过与顾客建立良好的持久关系，实现企业以及社会整体利益的最大化。

可以说，关系营销理论是对传统的营销理论的变革和进一步发展，当然也是适合旅游营销发展、适应社会环境变化的一种新的营销理论。

3. 信息技术对关系营销发展的驱动

现代信息技术的发展为各种营销伙伴关系的建立、维护和发展提供了低成本、高效率的沟通工具，它解决了关系营销所必需的基本技术条件。关系营销自 20 世纪 80 年代后期以来得到了迅速的发展。贝瑞率先提出和讨论了如何维系和改善同现有顾客之间关系的问题。随后，杰克逊提出要与不同的顾客建立不同类型的关系。北欧诺迪克学派的代表人物葛劳罗斯、舒莱辛格和赫斯基则论证了企业同顾客的关系对服务企业市场营销的巨大影响。今天，人们对关系营销的讨论和关系营销的实践，已从单纯的顾客关系扩展到了企业与供应商、中间商、竞争者、政府、社区等的关系。旅游目的地与旅游企业关系营销的市场范围，从顾客市场扩展到了供应商市场、内部市场、竞争者市场、分销商市场、影响者市场、招聘市场等，从而大大地拓展了传统市场营销的含义和范围。

4. 以顾客满意战略为主要内容

顾客满意就是要求企业一切为顾客着想，尽管顾客的类型相当复杂，需求也千差万别，但企业应尽可能地满足顾客的需求。以顾客或消费者为导向，是关系营销为代表的现代市场营销理论的基本经营理念。

传统的营销理论强调的是企业自身利润最大化，而关系营销理论强调的是企业以及顾客和整个社会利益的最大化。顾客是企业生存的根本，企业如果离开了顾客，则企业的发展就成了无源之水、无本之木。市场竞争的实质是赢得顾客对企业的信赖。因此关系营销的主要内容是与顾客建立良好的关系。

要想与顾客建立良好的关系，旅游目的地与旅游企业必须能够在提供各项服务的过程中得到顾客的满意。众多相关理论数据显示，顾客满意是旅游目的地与旅游企业获得更多利润的源泉。

二、旅游关系营销的原则

关系营销的实质是在市场营销中与各关系方建立长期稳定的相互依存的营销关系，以求彼此协调发展，因而必须遵循以下原则：

（1）主动沟通原则。在旅游关系营销中，各关系方都应主动与其他关系方接触和联系，相互沟通信息，了解情况，形成制度或以合同形式定期或不定期碰头，相互交流各关系方需求变化情况，主动为关系方服务或为关系方解决困难和问题，增强伙伴合作关系。

（2）承诺信任原则。例如，不少旅游目的地与旅游企业，与旅游中间商、政府以及企事业单位有着密切的合作关系。在关系营销中各关系方相互之间都应作出一系列书面或口头承诺，并以自己的行为履行诺言，才能赢得关系方的信任。承诺的实质是一种自信的表现，履行承诺就是将誓言变成行动，是维护和尊重关系方利益的体现，也是获得关系方信任的关键，是旅游目的地与旅游企业与关系方保持融洽伙伴关系的基础。

（3）互惠原则。旅游目的地与旅游企业在与关系方的交往过程中必须做到相互满足关系方的经济利益，并通过在公平、公正、公开的条件下进行成熟、高质量的产品或价值交换使关系方都能得到实惠。

三、旅游关系营销的实施

旅游目的地与旅游企业营销过程的核心是建立并发展与消费者、供应商、分销商、竞争者、政府机构及其他公众的良好关系。因此，旅游关系营销的实施，必须从关系营销的组织设计、资源配置以及效率提升几个方面作出努力。

（1）关系营销的组织设计。为了对内协调部门之间、员工之间的关系，对外向公众发布消息、处理意见等，通过有效的关系营销活动，使得企业目标能顺利实现，旅游目的地与旅游企业必须根据正规性原则、适应性原则、针对性原则、整体性原则、协调性原则和效益性原则建立企业关系管理机构。该机构除了需要协调内外部关系外，还将担负收集信息资料、参与旅游目的地与旅游企业的决策的责任。

（2）关系营销的资源配置。面对当代的顾客、变革和外部竞争，旅游目的地与旅游企业的全体人员必须通过有效的资源配置和利用，同心协力地实现企业的经营目标。旅游目的地与旅游企业资源配置主要包括人力资源和信息资源。人力资源配置主要是通过部门间的人员转化，内部提升和跨业务单元的沟通等进行。信息资源共享的主要方式有：利用电脑网络、制定政策或提供帮助削减信息超载、建立“知识库”或“回复网络”以及组建“虚拟小组”。

（3）关系营销的效率提升。首先，要与外部企业建立良好的合作关系，与其他企业结成联盟。合作的前提必然要与之分享某些利益，增强对手的实力。旅游目的地与旅游企业的竞争不能计较一城一地的得失，不能寄希望于一两次轰动效应所带来的微不足道的形象效果，而是注重长远，注重整体，注重信誉。其次，关系营销“网”中，提升顾客满意度是核心。旅游目的地与旅游企业市场营销的实质是一个企业在市场竞争驱动下揭示、创新、满足顾客需求，令顾客满意的尽善尽美的超值服务过程，是一个引导、获得、保留、扩大顾客的尽心尽力的竞争过程。最后，旅游目的地与旅游企业各部门之间也存在着不同利益，这两方面形成了关系协调的障碍。具体的原因包括：利益不对称、担心失去自主权和控制权、片面的激励体系；担心损害分权。对于一个现代旅游目的地与旅游企业来说，要处理好企业内部关系。

第三节　旅游网络营销

一、旅游网络营销的概念和特点

网络营销是以互联网络为媒体，以新的方式、方法和理念，通过一系列网络营销策划，制定和实施营销活动，更有效地促成个人和组织交易活动实现的新型营销模式。

网络营销产生于20世纪90年代，发展于20世纪末至今。网络营销产生和发展的背景主要有三个方面，即网络信息技术发展、消费者价值观改变和激烈的商业竞争。它是企业整体营销战略的一个组成部分，是为实现企业总体或者部分经营目标所进行的，以互联网为基本手段营造网上经营环境的各种活动。

网络营销概念的同义词包括：网上营销、互联网营销、在线营销、网路行销、口碑营销、网络事件营销、社会化媒体营销、微博营销等。这些词汇说的都是同一个意思，笼统地说，网络营销就是以互联网为主要手段开展的营销活动。

（一）旅游网络营销的概念

旅游网络营销是指旅游目的地与旅游企业为了实现企业的发展目标，利用互联网等手段进行的一系列营销活动。

旅游网络营销的实质是旅游目的地与旅游企业借助联机网络、计算机通信和数字交互式媒体，排除或减少障碍，通过网络引导旅游商品或服务从生产者转移到消费者，来实现营销目标的市场行为。

旅游目的地与旅游企业如何在市场上开展网络营销、占领新兴市场，对企业来说既是机遇又是挑战。

（二）旅游网络营销的特点

市场营销中最重要也最本质的是组织和个人之间进行信息传播和交换。如果没有信息交换，那么交易也就是无本之源。互联网将企业、团体、组织以及个人跨时空联结在一起，使得他们之间信息的交换变得轻而易举。正因如此，旅游网络营销呈现出一些新的特点。

（1）跨时空。网络营销能够超越时间约束和空间限制进行信息交换，使得营销脱离时空限制进行交易变成可能。因此，旅游目的地与旅游企业有了更多时间和更大的空间进行营销，可每周7天，每天24小时随时随地地提供全球性营销服务。

（2）多媒体。互联网可以传输多种媒体的信息，如文字、声音、图像等信息，使得为达成交易进行的信息交换能以多种形式存在和交换。显然，旅游目的地与旅游企业可以充分发挥旅游网络营销人员的创造性和能动性，将网络信息多媒体化。

（3）交互式。互联网是一种功能最强大的营销工具，它同时兼具渠道、促销、电子交易、互动顾客服务、以及市场信息分析与提供的多种功能，可以通过展示商品图像，商品信息资料库提供有关的查询，来实现供需互动与双向沟通，还可以进行产品测试与消费者满意调查等活动。互联网为旅游目的地与旅游企业产品联合设计、旅游商品信息发布、以及各项技术服务提供最佳工具。

（4）个性化。网络营销是一对一的、理性的、消费者主导的、非强迫性的、循序渐进式的，是一种低成本与人性化的促销方式，避免了推销员强势推销的干扰，并通过信息提供与交互式交谈，与消费者建立长期良好的关系。旅游目的地与旅游企业可以利用网络充分展现个性，将不同的传播营销活动进行统一设计规划和协调实施，以统一的传播资讯向消费者传达信息，避免不同传播中不一致产生的消极影响。

（5）成长性。互联网使用者数量快速成长并遍及全球，使用者多属年轻、中产阶级、高教育水准，由于这部分群体购买力强而且具有很强市场影响力，因此是一项极具开发潜力的市场渠道。

（6）高效性。电脑可储存大量的信息，供消费者查询，可传送的信息数量与精确度，远超过其他媒体，并能应市场需求，及时更新产品或调整价格，因此，旅游目的地与旅游企业能借此及时有效了解并满足顾客的需求。

二、旅游网络营销的两大原则

（1）互动原则。网络营销的跨时空、多媒体、交互式等特点，注定了旅游网络营销的运作必须注重互动性。旅游目的地与旅游企业利用营销网络，以个性化的服务内容、方式，展现旅游产品与服务，每时每刻与消费者保持互动，吸引旅游中间商或旅游消费者在线下单，并及时提供各项咨询。

（2）效益原则。旅游网络营销的最终目的是盈利，因此注重投入与产出，能否获取效益是旅游网络营销成功的判断标志。注意自身利益与各利益方（旅游中间商、旅游消费者等）的利益平衡，才能吸引顾客、留住顾客，促进企业成长。

三、网络营销步骤

（1）互联网媒体的推广发布与运行方式设计。企业在建立自己的网络营销方案的时候，要考虑到自己的网站属于营销型的网站。旅游网络营销的有效开展，互联网媒体的推广发布与运行方式的设计和确定很重要。首先，进行互联网的种类分析。旅游网络营销属于服务行业，需要与顾客进行互动沟通。其次，进行电子商务分析。旅游网络营销需要利用包括 Internet（互联网）、Intranet（企业内联网）和 Extranet（企业外联网）进行的所有网络营销活动。按交易对象分类，主要采用为企业与企业之间的电子商务（B2B 模式）、企业与消费者之间的电子商务（B2C 模式）。最后，确定旅游网络营销的推广方式。主要有两种：一是搜索引擎；二是自我发布。

（2）制订网络营销的阶段计划。最初三个月通过推广发布整合市场资源，修正和调整目标客户及潜在客户的档案，并制订跟进计划，之后发展巩固措施等。

（3）重组网络营销构架。达到更优化目标（包括网上、网下配合分工划区，立体网络营销模式的应用等）。

（4）网络营销的策划跟进和企业整体战略的调整与实施。通过多种网络营销工具和方法来推广和维护自己的企业网站。企业在互联网做的任何宣传和推广活动都必须以企业的网站为核心。通常采用流量监控与分析系统和在线客服系统来进行宣传和推广。营销型网站需要一套功能齐全的在线客服系统，以此来帮助企业时时主动发出洽谈，能够及时将有效的流量（潜在客户或意向客户）转换为网上销售。

四、网络营销在旅游业中的应用

随着网络与电子商务的迅速发展，旅游业市场竞争日益激烈和营销策略的多样化，旅游业也积极改变陈旧观念，跻身于网络营销的大潮之中，在网上开展营销活动。它的基本营销目的和营销工具与传统营销是一致的，只不过在实施过程中与传统方式有着很大区别。旅游网络营销所涵盖的业务范围主要有以下八项内容。

（1）网上旅游市场调查。网上市场调查主要利用互联网交互式的信息沟通渠道来实施市场调查调查活动。它可以直接在网上通过问卷进行调查，还可以通过网络来搜集市场调查中需要的一些二手资料。利用网上调查工具，可以提高调查效率和调查效果。互联网的出现使信息资料变得极为丰富。在利用互联网进行市场调查时，重点是如何利用有效工具和手段实施调查和收集整理资料。

（2）网上旅游消费者行为分析。互联网用户作为一个特殊群体，它有着与传统市场群体不同的特征，因此要开展有效的网络营销活动必须深入了解网上用户群体的需求特征、购买动机和购买行为模式。互联网作为信息沟通工具，正成为许多兴趣、爱好趋同的群体聚集交流的地方，并且形成了许多特征鲜明的网上虚拟社区，了解这些虚拟社区的群体特征和偏好是网上消费者行为分析的关键。

（3）网络营销策略制定。不同企业在市场中所处的地位不同，在采取网络营销实现营销目标时，必须采取与企业相适应的营销策略。网络营销虽然是非常有效的营销工具，但企业实施网络营销时需要进行投入，因此也是有风险的。同时，旅游企业在制定网络营销策略时，还应该考虑到旅游产品周期对网络营销策略制定的影响。

（4）网上产品和服务策略。网络为信息提供有效的沟通渠道，改变了传统产品的营销策略特别是渠道的选择。网上旅游产品和服务营销，必须结合网络特点重新考虑产品的设计、开发、包装和品牌策略。

（5）网上价格营销策略。互联网络具有信息透明和消费者容易比价的特点，同时旅游目的地与旅游企业发布的产品价格也易被其竞争对手方便地了解，这时企业需要审慎地考虑网站上的产品定价，还需要考虑的是同种产品网站定价与其他渠道价格的对比关系。

（6）网上渠道选择与直销。互联网对企业影响最大的是企业的营销渠道。借助互联网的直接特性，企业建立的刚上直销模式，降低了渠道中的营销费用。但企业建设自己的网上直销渠道必须进行一定投入，同时还要改变传统的整个营销管理模式，增强营销信息管理能力。

（7）网上促销与网络广告。互联网作为一种双向沟通渠道，其最大优势是可以实现沟通双方突破时空限制直接进行交流，而且简单、高效和费用低廉。因此，在网上开展促销活动是最有效的沟通渠道。旅游目的地与旅游企业可以通过电子邮件向潜在顾客发送产品、服务信息和其他促销信息。作为最重要的促销工具，互联网具有传统的报纸杂志、无线广播和电视等传统媒体无法比拟的特性，即网络广告具有交互性和直接性。但网上促销活动开展必须遵循网上的一些信息交流与沟通规则。

（8）网络营销管理与控制。网络营销作为互联网上开展的营销活动，它必将面临许多传统营销活动无法碰到的新问题，如网络产品质量保证问题、消费者隐私保护问题以及信息安全与保护问题等。这些问题都是网络营销必须重视和进行有效控制的问题，否则网络营销效果会适得其反，甚至会产生很大的负面影响，这是由于网络信息传播速度非常快而且网民对反感问题反应比较强烈的缘故。

值得注意的是，网络营销正在经历一场变革，从最初的以自建企业网站、购买搜索引擎竞价排名等为主要拓展业务途径，到购买各类在线商务网站会员资格的使用互联网产生交易，再到如今通过运营行业网站平台与互联网运营商联手运营本行业网站，一个全新的互联网运营商群体开始浮现。

五、旅游网络营销对国内旅游企业的意义

（1）有利于降低成本。传统旅游企业推销产品，必须依靠大量的销售人员和其他各地的中间商，在市场上投入大量的人力、广告以及其他费用，国内旅游企业争取客源的

成本非常高。利用网络营销的国内旅游企业可以从网上直接获取顾客的建议和需求，并按照顾客的要求进行经营管理，可以减少营销费用。

（2）有利于旅游企业实现个性化服务。旅游企业所面对的消费群体的需求具有多样性的特点。通过互联网，旅游企业可以与每一位上网的顾客建立直接的关系。通过双方互动，顾客了解企业，企业也可以通过在线服务了解顾客的需求特点，及时捕捉顾客需求变化信息，形成旅游企业与顾客之间的“双向信息交流”，从而克服传统营销中旅游企业与顾客之间无法及时沟通的“单向信息交流”的弱点。另外，旅游企业还可根据顾客以往的需求信息，不断为其提供经过精心挑选的个性化的产品和服务信息，吸引其再次光临。正是由于网络营销的出现使得旅游企业改变了传统的营销方式，并逐渐向个性化方向发展。

（3）有利于旅游企业提高企业知名度。国内旅游企业一般规模较小，经济实力有限，很难在传统广告媒体上大做宣传。通过互联网，无论旅游企业规模大小，都可以实现广告促销。在互联网上，旅游企业通过制作精美的网页，向顾客传递大量的相关信息，包括旅游产品的特点，服务的特色，以及相应的价格等。顾客通过点击旅游企业的网页来了解企业，通过双方的互动，提高旅游企业的知名度和美誉度。

（4）有利于旅游企业扩大市场份额。旅游企业利用互联网可以 24 小时提供全球性的营销服务，人们可以通过网络了解旅游企业所有的信息。顾客可以轻而易举地找到自己感兴趣的旅游线路、适合自己的旅行社以及相应的信息。除此之外，旅游企业网页上还可以向顾客介绍企业附近的情况，如商业区、中心区、饭店以及其他能引起顾客兴趣的信息，以吸引顾客的注意力，有利于旅游企业扩大客源市场。

【复习思考题】

1. 旅游绿色营销的特点是什么？
2. 如何实施旅游关系营销？
3. 简述网络营销的步骤。

【案例分析】

厦门的“生态型海滨旅游城市”之路

据报道，把厦门建成中国最佳旅游城市，是厦门旅游的近期目标。但厦门发展旅游产业的雄心还不止于此。根据海湾型城市建设的总体目标，厦门要建成亚太地区知名的生态型海滨旅游城市。

厦门现有国家级重点风景名胜区、国家级自然保护区各一处，全国重点文物保护单位三个，4A 级旅游区四家，两个达到国际标准的高尔夫球俱乐部。厦门与武夷山、永定土楼等周边旅游区构成的旅游线路，是国内外旅游市场最具竞争力的产品。

厦门市旅游业发展的思路是，以城市国际化、现代化的发展为依托，以观光旅游为基础，以都市文化旅游、商务旅游、休闲度假等专项旅游为主体，突出“台、海、精、专”特色，从体制创新、环境创新、营销创新等方面加快旅游深度开发，初步形成区域性目的地和旅游口岸，强化厦门在区域旅游中的龙头作用和中心地位。

根据以上案例，回答如下问题：

1. 厦门建成亚太地区知名的生态型海滨旅游城市的思路正确吗？为什么？

2. 如何进一步完善厦门旅游规划思路？

主要参考文献

[1] 菲利普. 科特勒著，梅汝和等译. 营销管理 [M]. 上海：上海人民出版社，1999.

[2] 李丰生，蔡平. 旅游市场营销 [M]. 北京：中国财政经济出版社，2005.

[3] 靳涛. 旅游市场营销 [M]. 北京：冶金工业出版社，2008.

[4] 林南枝. 旅游市场学 [M]. 天津：南开大学出版社，2003.

[5] 罗伯特. 刘易斯. 酒店市场营销和管理案例 [M]. 大连：大连理工大学出版社，2003.

[6] 李天元. 旅游学概论 [M]. 天津：南开大学出版社，2000.

[7] 陶卓明，胡静. 旅游市场学 [M]. 北京：高等教育出版社，2001.

[8] 郭国庆. 市场营销学（第三版）[M]，武汉：武汉大学出版社，2004.

[9] 吴金林. 旅游市场营销 [M]，重庆：重庆大学出版社，2003.

[10] 熊元凯. 旅游营销策划理论与实务 [M]. 武汉：武汉大学出版社，2005.

[11] 迈克尔·波特，加里·哈默尔等. 战略 [M]. 北京：中国发展出版社，2002.

[12] 沈祖祥. 世界著名旅游策划实战案例 [M]. 郑州：河南人民出版社，2004.

[13] A. 佩恩. 服务营销 [M]. 北京：中信出版社，1998.

[14] Ralph W.jackson，Robert D.Hisrich 著. 销售管理 [M]. 李扣庆等译. 北京：中人民大学出版社，2002.

[15] Nigel Hill（英）著. 赵学慧，叶振亚译. 顾客满意度测量手册 [M]. 沈阳：沈阳出版社，2001.

[16] 晁钢令. 市场营销学教程 [M]. 上海：上海财经大学出版社，1999.

[17] Joshua Grossnickle，Oliver Raskin 著. 在线市场营销调查手册 [M]. 王军玮译. 上海：上海人民出版社，2004.

[18] 吴建安. 市场营销学 [M]. 北京：高等教育出版社，2002.

[19] Valarie A.Zeithaml，Mary Jo Bitner 著. 服务营销 [M]. 张金成，白长虹译. 北京：机械工业出版社，2002.

[20] Alvin C.Burns，Ronald F.Bush 著. 梅清豪等译. 营销调研 [M]. 北京：中国人民大学出版社，2002.

[21] 迈克尔·波特著. 竞争优势 [M]. 陈小悦译. 北京：华夏出版社，1997.

[22] 彼得·基恩，马克·麦克唐纳著. e 流程优势 [M]. 杨斌，毛波译. 北京：机械工业出版社，2002.

[23] 刘晓明. 旅游市场营销 [M]. 上海：上海交通大学出版社，2007.

［24］夏绍斌，余远国．旅游概论［M］．武汉大学出版社，2008.

［25］洪帅．旅游学概论［M］．上海交通大学出版社，2010.

［26］Charles R.Goelder&J.R.Brent itchie 著．旅游学［M］．李天元等译．北京：中国人民大学出版社，2008.

［27］李蕾蕾．旅游目的地形象策划：理论与实务［M］．广州：广东旅游出版社，1999.

［28］陈福义，范保宁．中国旅游资源学（第二版）［M］．北京：中国旅游出版社，2005.

［29］菲利普．科特勒著，郭国庆等译．市场营销原理（第 11 版）［M］．北京：清华大学出版社，2007.

［30］梁冬梅．旅游公共关系原理与实务［M］．北京：清华大学出版社，北京交通大学出版社，2008.

［31］孔伟成，陈水芬．网络营销［M］．北京：高等教育出版社，2002.